中国市场品牌成长

IV

主　编　何海明
执行主编　佘贤君

北京大学出版社
PEKING UNIVERSITY PRESS

图书在版编目（CIP）数据

中国市场品牌成长攻略 .4/ 何海明主编 .—北京：北京大学出版社, 2013.9
ISBN 978-7-301-23059-6
Ⅰ.①中… Ⅱ.①何… Ⅲ.①企业管理 – 品牌战略 – 研究 – 中国 Ⅳ.① F279.23
中国版本图书馆 CIP 数据核字 (2013) 第 187715 号

书　　　　名：	中国市场品牌成长攻略Ⅳ
著者责任者：	何海明　主编
责 任 编 辑：	刘维
标 准 书 号：	ISBN 978-7-301-23059-6/F・3722
出 版 发 行：	北京大学出版社
地　　　　址：	北京市海淀区成府路 205 号 100871
网　　　　址：	http://www.pup.cn　新浪官方微博：@ 北京大学出版社
电 子 信 箱：	zpup@pup.cn
电　　　　话：	邮购部 62752015　发行部 62750672
	编辑部 62764976　出版部 62754962
印　　刷　　者：	北京大学印刷厂
经　　销　　者：	新华书店
	787 毫米 ×1092 毫米　16 开本　21.75 印张　340 千字
	2013 年 9 月第 1 版　2013 年 9 月第 1 次印刷
定　　　　价：	68.00 元

未经许可，不得以任何方式复制或抄袭本书之部分或全部内容。
版权所有，侵权必究
举报电话：010-62752024　电子信箱：fd@pup.pku.edu.cn

《中国市场品牌成长攻略 IV》编委会

主　　编：何海明

执行主编：佘贤君

编　　委：刘立宾　黄升民　丁俊杰　倪　宁　尹　鸿
　　　　　　喻国明　陈　刚　黄合水　张树庭　金定海
　　　　　　刘凤军　李　怡　陈荣勇　刘丽华　张宇鹏
　　　　　　尹学东　王佐元　周罕见　杨　斌　孙苗青
　　　　　　石正茂　刘　明　高业赢　杨正良

执行编委：曾盈盈　陈高杰

目　录

序：见证品牌传奇……………………………………001

第一章：战略即选择……………………001

以形象筑梦——多彩贵州品牌升级的智慧………002

一、全面提升形象的战略决心……………………………003
（一）觉醒：天生丽质难自弃…………………………003
（二）突破：迎来"多彩"春天…………………………007
（三）上升：从多彩贵州到醉美之旅…………………010

二、战略制高点下的双轮驱动……………………………012
（一）大外宣：为形象战略服务………………………012
（二）产业化：可持续发展之道………………………017

三、传播之力助形象发声…………………………………021
（一）释放：多彩高空绽放……………………………022
（二）交融：醉美立体传播……………………………025

平衡木上的燕京——国企品牌生长样本…………033

一、破局——机遇因准备而生……………………………036
（一）踩在计划经济尾巴上的"转型"…………………036
（二）燕京为什么不合资？……………………………041
（三）"一女二嫁"的上市之路…………………………044

二、商战——国门里的"世界大战"………………………045
（一）北京保卫战！……………………………………045
（二）商战哲学"1+3"……………………………………047

三、品牌——在更高处高飞 ··· 052
　　（一）燕京的"传家宝" ··· 052
　　（二）决胜制高点！ ··· 054

第二章：产品与激情 ················· 067

"老坛酸菜"出缸前后——统一的大陆征程 ······ 068

一、台湾传奇 ··· 069
　　（一）阿信在台湾 ·· 069
　　（二）统一改变生活 ·· 071
　　（三）"三好一公道" ··· 073
　　（四）被信任是一种责任 ··· 075

二、带刺的王座 ·· 076
　　（一）统一"试错" ··· 076
　　（二）蛋糕只有这么大？ ··· 078
　　（三）改变，势在必行 ·· 079
　　（四）"老坛酸菜"巧搭牛肉面 ····································· 080

三、凤凰计划 ··· 082
　　（一）收指为拳，用力一搏 ··· 082
　　（二）力排众议，共赴时艰 ··· 084
　　（三）市场聚焦，先南后北 ··· 085
　　（四）媒体聚焦，借力强媒 ··· 086

追梦的速度——东风日产全价值链创新之道 ········ 093

一、东风日产，十年奇迹 ·· 095

二、流水线上的团队精神……………………………………100

三、追梦团队的现实步伐……………………………………103
　　（一）把企业做"小"……………………………………103
　　（二）创新营销"三板斧"………………………………107
　　（三）媒介创新有高招…………………………………111

四、创新的"向心力"………………………………………114

第三章：大象的舞步……………………123

千亿海尔的下一步——海尔搏击互联网浪潮……124

一、海尔印象…………………………………………………125
　　（一）名满天下的白电帝国……………………………125
　　（二）家电业界的黄埔军校……………………………127
　　（三）同一战线的良师益友……………………………128
　　（四）聚光灯下的民族英雄……………………………128

二、突破自我…………………………………………………129
　　（一）一家海尔专卖店的蜕变…………………………129
　　（二）"三化"推进品牌升级……………………………130
　　（三）"三步"迈向全球市场……………………………132
　　（四）"三无"迎接网络时代……………………………135
　　（五）战略调整引发营销变革…………………………137

三、再续传奇…………………………………………………140
　　（一）动力之源…………………………………………141
　　（二）挑战中寻路………………………………………142
　　（三）传奇再造要诀……………………………………143

卖水卖出中国首富——娃哈哈为什么这么稳？…149

- 一、帝国成长史……………………………………………150
  - （一）"儿歌"里的大生意……………………………150
  - （二）市场网络的"编织大师"………………………151
  - （三）品牌"长蛇"吃透市场…………………………153

- 二、鉴机识变的品牌基因………………………………154
  - （一）在变化中跟紧时代……………………………154
  - （二）属于所有人的"娃哈哈"………………………158
  - （三）玩转广告的"非常高手"………………………160
  - （四）"立体化"与"扁平化"…………………………164
  - （五）研发经费无上限………………………………165

- 三、"宗氏特色"的品牌管理……………………………168
  - （一）家和万事兴……………………………………168
  - （二）宗氏营销………………………………………172
  - （三）全员创新………………………………………173

第四章：整合的艺术……………177

闯不尽的天涯——华润雪花的整合魔方……………178

- 一、1+N开启雪花整合蓝图……………………………180
  - （一）"聚猫成虎"：高效整合………………………180
  - （二）合N为1：强势出击……………………………182

- 二、雪花纵横之道………………………………………184
  - （一）发展中的渠道困境……………………………184
  - （二）双管齐下破解难题……………………………185

三、雪花"变脸"·····187
 （一）立足高端传播平台·····188
 （二）破局"非奥运营销"·····189
 （三）"勇闯"概念品牌先河·····190
 （四）融入本土文化基因·····196
 （五）打造超高端"脸谱"·····200

金龙鱼的"龙骨"
——多品牌共生的整合之道·····205

一、鱼跃：第一桶油诞生记·····206
 （一）打败粮油店·····206
 （二）广告奇效·····207
 （三）二次革命·····209

二、成龙：60多个品牌共生·····211
 （一）品牌龙骨·····211
 （二）整合的力量·····220
 （三）品牌梦工场·····221

三、游天下：不变的价值链管理·····223
 （一）打造理想企业·····223
 （二）生产的艺术·····230

第五章：传承与超越·····239

新启程·再回归
——中国邮政储蓄银行的普惠金融品牌实践·····240

一、反向定位的战略抉择·····241

（一）大潮之中，逆流而上⋯⋯⋯⋯⋯⋯⋯⋯⋯⋯⋯⋯⋯⋯241
　　（二）抉择背后的考量⋯⋯⋯⋯⋯⋯⋯⋯⋯⋯⋯⋯⋯⋯⋯⋯242
　　（三）挑战？机遇！⋯⋯⋯⋯⋯⋯⋯⋯⋯⋯⋯⋯⋯⋯⋯⋯⋯245

二、普惠金融的品牌实践⋯⋯⋯⋯⋯⋯⋯⋯⋯⋯⋯⋯⋯⋯⋯⋯249
　　（一）"三农"金融服务的践行者⋯⋯⋯⋯⋯⋯⋯⋯⋯⋯⋯249
　　（二）"小微"企业不"微小"⋯⋯⋯⋯⋯⋯⋯⋯⋯⋯⋯⋯⋯253
　　（三）将金融触角延伸进社区⋯⋯⋯⋯⋯⋯⋯⋯⋯⋯⋯⋯255

三、三维传播锻造品牌影响力⋯⋯⋯⋯⋯⋯⋯⋯⋯⋯⋯⋯⋯⋯258
　　（一）品牌高度：聚焦央视，居高声远⋯⋯⋯⋯⋯⋯⋯⋯258
　　（二）品牌广度：创富大赛，梦想起航⋯⋯⋯⋯⋯⋯⋯⋯261
　　（三）品牌深度：百年历史，照亮未来⋯⋯⋯⋯⋯⋯⋯⋯262

文化激活老名酒——沱牌舍得的品牌战略转型⋯271

一、从一枝独秀到双轮驱动⋯⋯⋯⋯⋯⋯⋯⋯⋯⋯⋯⋯⋯⋯⋯272
　　（一）沱牌的辉煌与暗淡⋯⋯⋯⋯⋯⋯⋯⋯⋯⋯⋯⋯⋯⋯272
　　（二）脱胎换骨的双品牌战略⋯⋯⋯⋯⋯⋯⋯⋯⋯⋯⋯⋯272

二、以文会酒、品味舍得⋯⋯⋯⋯⋯⋯⋯⋯⋯⋯⋯⋯⋯⋯⋯⋯275
　　（一）是古酒更是老智慧⋯⋯⋯⋯⋯⋯⋯⋯⋯⋯⋯⋯⋯⋯275
　　（二）是文化更是品牌内核⋯⋯⋯⋯⋯⋯⋯⋯⋯⋯⋯⋯⋯277

三、传奇，从舍得开始⋯⋯⋯⋯⋯⋯⋯⋯⋯⋯⋯⋯⋯⋯⋯⋯⋯278
　　（一）生态酿造：为产品优质筑起安全屏障⋯⋯⋯⋯⋯⋯279
　　（二）营销转型：新模式开启销售大局面⋯⋯⋯⋯⋯⋯⋯284
　　（三）聚焦央视：带动品牌群整体提升⋯⋯⋯⋯⋯⋯⋯⋯287
　　（四）立体传播：传美誉，聚人气⋯⋯⋯⋯⋯⋯⋯⋯⋯⋯289

四、在行业调整中提速突破…………………………………294
　　（一）这边"风景"独好…………………………………294
　　（二）以价值应万变………………………………………294
　　（三）酒业新生……………………………………………295

在你身边的太平洋
——中国太平洋保险的品牌蓝海……………………301

一、专注才是硬道理………………………………………302
　　（一）保险业的未来思考…………………………………302
　　（二）"海派"精髓…………………………………………303
　　（三）品牌永续的秘诀……………………………………305

二、不一样的明天…………………………………………307
　　（一）致力于明天的保险事业……………………………307
　　（二）品牌成就信任………………………………………309
　　（三）平台助力明天………………………………………312

三、你身边的正能量………………………………………316
　　（一）服务在你身边………………………………………316
　　（二）责任在你身边………………………………………318
　　（三）关爱在你身边………………………………………319

后记……………………………………………………327

□序
见证品牌传奇

2013年6月初,我与贝蒂斯董事长陆文金、特劳特中国合伙人邓德隆在青岛相聚,共谈贝蒂斯百年大计。茶余饭后,相约同爬崂山。

一路,听陆总为我们描绘企业的发展蓝图,我忽然间意识到短短几年,贝蒂斯凭借强大的品牌运作能力,不仅变"中国制造"为"中国智造",实现了企业的快速成长,而且,缓解了西班牙的就业压力。

沿着小路拾级而上,我们惊讶地发现换牌后的"加多宝",已经热销进了山间小店。这一点让多年服务于加多宝战略定位的邓德隆,以及长期耕耘于品牌传播与营销的陆文金和我,都大为惊叹。品牌效应一旦建立,将会翻山越岭,深深地扎根消费者中。

《中国市场品牌成长攻略》系列丛书已经出到第四辑,我们要坚持把这些有代表性的品牌成长故事真实地记录下来,点燃更多企业的品牌梦想,照亮它们进军"中国智造"的征程!

一、市场期待"中国智造"

不久前，我在《人民日报海外版》看到一篇报道《中国游客热衷海外购买奢侈品，被外媒称为天使》。韩国各大百货店纷纷出招，为招徕春节期间赴韩旅游的中国客而大打商战。

世界旅游组织数据显示，中国人2012年在海外旅游消费额达1020亿美元，同比增长40%，中国已超越美国，成为世界第一大国际旅游消费国。还有数据显示，2012年中国已成为全球最大的奢侈品消费群体，占全球购买量的25%，以中国为代表的新兴经济体扮演了"拯救"欧洲奢侈品业的角色。

有外媒称，中国春节成为了全世界人民的"黄金周"。在中国政府为国内GDP增速下滑忧心忡忡的同时，中国消费者正忙着为外国的GDP做贡献。

作为"世界工厂"的中国，却缺少全球知名品牌，中国的品牌建设还任重道远！商务部数据显示，中国已连续三年成为世界货物贸易第一大出口国，但目前中国出口企业的平均利润率仅为1.77%。中国拥有世界最大的汽车市场，但中国企业要卖多少辆本土品牌汽车的利润，才抵得上德国人卖一辆宝马的利润？中国企业生产多少个皮包才能与一个爱马仕包的市场售价相同？

目前"中国制造"正遭遇着成长的烦恼。主要原因是我国制造业赖以生存的"低成本优势"正在消失。长期以来，我国制造业依靠低成本取得了全球的自主产品和加工贸易产品很大的市场份额。而随着原材料、劳动力、资源价格不可逆转的上涨，目前我国制造企业低端产品的综合成本已超过越南、印度等其他新兴国家，部分外资企业正在将工厂迁往成本更为低廉的发展中国家。

中国的"神舟"系列飞船上天表明我国已成为航天大国，高铁的发展已领先全球。可我们GDP构成中，品牌因素加分依然很低，与"品牌"大国距离依然很远，我们期待下一个十年。

二、品牌崛起的轨迹

2013年，我们走访了11家企业，虽然他们来自不同地区，分属不同行业，但他们都在品牌建设上做出了亮点。通过近距离感受他们的转型之痛、付出之辛，我们也切身感受到品牌成长中的熠熠光辉。

（一）战略开创新局面

"三年发展靠机遇，十年发展靠战略"，战略是航标，决定了企业的发展方向。有战略支撑，企业的品牌运营才能落到实处。基业长青的企业总能在重大战略决策的关头，做出正确的选择！

贵州旅游的成功绝非偶然。在省政府的战略规划下，由省委宣传部直接对旅游产业进行战略把控，并将改变形象上升到战略高度。形象改变命运，贵州旅游通过形象革命、产业运作、高空传播三大战略举措，实现了"多彩贵州"的升级跳，贵州作为一个欠发达地区却在生态文明的建设上领跑全国。

燕京没走出国门，却在国内的"国际"啤酒争霸战中站稳了脚跟。运筹帷幄之中，方能决胜千里之外。在合资、上市、市场布局、媒介抉择这些发展的重要节点，燕京总能出做正确的战略决策，燕京老总李福成的故事是一代企业家实业振国，实现品牌梦想的缩影。

（二）明星产品打市场

产品是企业的生命，企业要把脉市场，创新出有生命力、符合消费新取向的产品。许多企业选择了集中优势资源打造"明星产品"，进而提升企业品牌形象，再带动企业旗下其他产品的销售。

统一就是一个依靠"明星产品"打了个翻身仗的典范。因为在中国大陆缺乏"明星产品"冲锋陷阵，统一的经营一度陷入窘境，直到"老坛酸菜牛肉面"的横空出世。"老坛酸菜"巧搭牛肉面让统一撬开了市场，在沉寂的方便面市场掀起轩然大波，三年间成长七倍。

东风日产借助"明星产品"新世代天籁的销售佳绩，破除了行业"春寒"带来

的不利影响。新世代天籁在产品、价格、服务方面都极具竞争力，东风日产也随着天籁走俏市场，打赢了漂亮的一役。

（三）比拼体系竞争力

在商界有这样一个故事，被所有企业所崇拜并当作标杆：当年有一家美国企业，不如它日本竞争对手，于是该企业就派人去日本企业学习。回来后对此总结：该企业一共有147个地方做得不如对方。该企业通过努力，在两年之后超越了它的竞争对手，这家企业就是惠普。学习对手，寻找差距，这是一流企业的特质。

率先迈入千亿俱乐部的家电巨头海尔经历了29年的风风雨雨，依然勇立潮头。今天的海尔正在思考的是什么问题？"颠覆性创新"的产品设计，"虚网做实，实网做深"的渠道策略，被认证为"七星服务"标准的贴心服务，深入人心的品牌口号，海尔总能踏准时代的节拍，与时代共舞！

近两年的中国首富不是地产商，也不是IT精英，而是卖饮料的宗庆后。娃哈哈的"饮料帝国"是怎样缔造的？从产品到渠道，从管理到传播，娃哈哈样样精通。宗老板有很多经典战略打法：产品长蛇阵、渠道联销体、销地产、农村包围城市、从土到洋……娃哈哈的发展"稳得可怕"！

（四）整合提升效益

整合是一种本领，有效的外部整合可以帮助企业开疆拓土、迅速壮大；有效的内部整合可以优化资源配置、控制成本、提高效益。

益海嘉里覆盖10多个领域，旗下包括金龙鱼在内的60多个品牌，拥有完全上下游价值链。有人坚信术业有专攻，多元化存在风险。事实上，它体形庞大，却逻辑清晰。有效地整合，带来了高效的利用率，帮助企业抵御了行业成本上涨，利润下降的冲击。

从单一区域市场成功，到攻破中国啤酒市场第一阵营，雪花啤酒一路跑马圈地，并剑指高端。资本整合后，坐拥80多家工厂的华润雪花，重点强化产品质量、渠道营销、品牌传播，将80多只"啤酒猫"整合成一只超级"品牌虎"，效益大增。

（五）转型再造优势

转型，意味着企业长期经营方向、运营模式等都将发生整体性变化。有的企业是主动选择，有的企业是逼上梁山！转型无疑机遇与挑战并存，如何成功转型，迎来发展的第二春，是企业成长到一定阶段不得不思考的问题。

海派文化烙印深刻的太平洋保险，在国内保险业率先实施"以客户需求为导向"的战略转型，转型不是转身，组织架构、营销方式、产品设计都要随之而变，熬过转型的阵痛，成效开始逐步显现。

历史源远流长的沱牌舍得和邮储银行，在遭遇发展瓶颈后，依靠转型突破桎梏，获得新生。一个通过发力高端，实现了老名酒的雄风重振；另一个依托3.9万个网点的先天优势，向金融业务高歌猛进。一个转出了高端文化酒；另一个转出了特色鲜明的大众银行。

三、品牌传播的奥秘

多年的从业经验，让我深切感悟这样一个道理：品牌的崛起离不开有效的传播策略。互联网可以实现病毒式传播，但让人记住的往往是负面新闻。培育一个品牌，要靠以传播正能量为使命的主流电视媒体。传播之道，企业各有高招，仔细琢磨，却也有许多共通之处。在央视这一传播平台上，企业又是如何腾挪滚打大显身手，我们也总结出几大基本套路。

（一）简单而直抵人心的广告，为品牌鸣锣开道

我们的身边充斥着形形色色的广告，有的平庸无奇，有的却让人过目难忘，广告创意与传播平台共同牵引着品牌的传播效果。贵州旅游连续几年集中投放央视，不光喊得足够响亮，声音也优美动听。许多旅游广告是风景名胜的堆砌，而"贵州旅游"是系列大片，"走遍大地神州，醉美多彩贵州"系列广告片用最具代表性的画面、震撼人心的音乐和深入人心的文字，让"新贵州"品牌形象定格在人们心中。

（二）高覆盖传播平台，抢占传播高地

高覆盖的电视媒体是企业进军全国市场，不可或缺的传播平台。统一的"老坛酸菜牛肉面"最初是在南方市场取得成功，而北方市场力量薄弱，统一通过在央视高端平台的发布，在北伐战役中奏响了凯歌。娃哈哈也表示：央视是品牌传播的最高平台，推广全国性产品会首选在央视做广告。

强势媒体的优质资源能够迅速触达全国市场，是企业打品牌的兵家必争之地。

燕京采取的传播策略,就是"抢占制高点",选择在《新闻联播》后黄金时段高频次传播,从而赢取竞争有利地形,占领消费者的心智资源,在激烈的市场竞争中取得优势地位。

(三)借势和巧用事件营销,引爆品牌价值

巧用事件营销,可以迅速提升品牌知名度与美誉度,起到事半功倍的效果。嗅觉灵敏的企业总能捕捉到重大赛事、重大新闻事件等带来的商机,将事件营销的价值运用得淋漓尽致。燕京借2008年奥运会,实现了品牌在更高处高飞,品牌价值激增;海尔借2010年世界杯,传递出积极进取、为梦想拼搏的精神,国际化步伐迈得更加稳健。

(四)独特定位,打破现有市场格局,是企业决胜的关键

在同质化竞争激烈的市场中,差异化营销可以让企业避开与竞争对手正面交锋,在行业中独树一帜。雪花啤酒破局"非奥运营销",给品牌赋予精神和文化内涵,创新性推出"勇闯天涯"活动,从首次的探索雅鲁藏布大峡谷,到2012年的冲破雪线,其倡导的"进取、挑战、创新"精神让消费者牢牢记住。近几年发起的"中国古建筑摄影大赛",在建筑领域、摄影界产生巨大影响,实现了啤酒文化营销的跨越。

优质传播平台可以帮助企业提升品牌形象,实现在中国市场上的跨越式成长。这些年,我们见证了海尔、美的、格力三大家电巨头跃进千亿俱乐部;淘宝、京东商城、苏宁易购、国美等零售企业做大做强电子商务平台;五粮液、茅台、方太、昆仑山等民族品牌通过品牌运作向高端挺进。在品牌成长的道路上,打造好央视这一企业品牌传播的最高平台,为中国的企业服务,这是我们的责任和义务。

何海明

第一章
战略即选择

　　战略常常源于艰难的时局。贵州是一个经济欠发达地区,也有一个容易被误读的形象。燕京啤酒诞生于市场经济的摸索期,刚刚站稳脚跟又面临强敌压境。

　　正是这种艰难,激发了生存的动力,挑战的勇气。也凝聚了人心,迎难而上成为贵州人和燕京人的共识。共识之下他们选择战略而非一点,以大思路、大动作来突出重围,谋求大的格局。

　　战略需要理性的选择。贵州认清自己的禀赋优势,当务之急是改变形象,不仅仅把形象作为旅游宣传的工具,而是作为全省战略的支点。燕京面对首都市场,推行大众品牌;面对外资环伺,高举民族大旗。

　　战略需要一招一招的夯实。贵州上中央、走香港,进行产业化的布局和高明的媒体运作。燕京从胡同到奥运,一场场商战守住北京,向外省扩张。

　　战略和未来趋向何处,贵州和燕京建立了自信,他们的主政者和管理者在不断思考,不断践行。我们相信!

以形象筑梦
——多彩贵州品牌升级的智慧

这是一个以整体形象塑造助推经济社会发展的故事。

2013年3月"两会"期间，贵州省委书记赵克志接受了中央电视台《小丫跑两会》栏目的采访。采访结束时，他在梦想板上写下了贵州的"中国梦"：到2020年，贵州与全国同步全面建成小康社会。

镜头切换至北京天安门广场。

熙熙攘攘的游客群中，不少人盯着广场上两块超大的LED屏，目不转睛。大屏上播的正是以"走遍大地神州，醉美多彩贵州"为主题的贵州形象宣传片：有山水，有风情，有悠远的历史，也有贵州今日的发展。

一对来自浙江的夫妇正看得兴奋不已："原来对贵州不了解，只知道有个黄果树瀑布。现在才知道贵州的人文和自然景观这么令人震撼！"

一边是傲人的资源禀赋，一边却是欠发达的经济和被曲解的形象。

作为经济洼地，发展绝对是第一要义，对于地处内陆的贵州而言，"从某种意义上讲，开放带来的活力比改革更大"。何谓开放？打开一扇山门，拥抱一个世界。开放，意味着交流、互动、自我展示以及奋进和成长。

开放的贵州尤其需要对外充分说明和展示自身形象。它选择了一条独特的道路，那就是以品牌引领产业，以文化实现跨越，充分运用各种传播渠道和手段，让贵州的形象更有生命力，实现欠发达地区对外形象乃至经济社会发展的精彩转身。

一、全面提升形象的战略决心

一个人乃至一个城市的形象好与坏，常常如人饮水，冷暖自知。形象所带来的附加值是影响一个人甚至一个城市发展的重要因素。

但形象改善绝非面子工程。只有实打实地去落地，站在战略制高点上去思考形象问题，才会使形象成为最好的一扇窗口。当迫切需要提振内部的自觉自信，笼络外部资源谋划发展时，一省的形象意识才会觉醒。贵州正是如此。

（一）觉醒：天生丽质难自弃

没有痛楚，不会觉醒。贵州意识到形象改变迫在眉睫，正是因为发展现实与形象误读。

1. 深陷窘迫的发展现实

"八分山一分水一分田"，这是谈及贵州惯有的一种说法。

在这片面积为17.6万平方公里的土地上，山地和丘陵占据了92.5%，贵州因此成为全国唯一一个没有平原支撑的省份。山高谷深，重峦叠嶂，沟壑纵横……贵州的发展，受到了地势的阻碍。

按照农民人均纯收入2300元的新扶贫标准，贵州省共有贫困人口1149万人，占全国总数的9.4%。而在占全省面积80.3%的三个石漠化片区（武陵山、乌蒙山、

娄山关

滇桂黔）覆盖的65个县，几乎涵盖了全省85.4%的贫困人口。作为中国农村贫困面最大、贫困程度最深、贫困人口最多的省份，贵州肩上的担子不是一般的重。

根据测算，贵州全省发展水平总体上落后全国平均水平八年。

八年，对于目前中国的发展速度而言，很可能就是一个时代。回到八年前，2005年，贵州的国民生产总值还不及与其国土面积相当的广东省的十分之一；如今八年时光飞逝，贵州GDP增速骄人，但是挑战依然严峻，贵州能否脱贫事关中国能否在2020年实现全面建设小康社会的目标。

省委书记赵克志在今年两会期间谈及贵州的发展时，曾无限感慨地说道："与全国同步实现全面小康，就是现阶段贵州最大的'中国梦'。"

2. 遭遇尴尬的形象解读

然而，"中国梦"的实现从来不会一蹴而就。令贵州困惑的，也不仅仅是发展的问题。

每每提及贵州，浮现在你眼前的是什么样的画面？是"一栋楼、一棵树、一瓶酒（遵义会议旧址、黄果树瀑布、国酒茅台）"的老三样？还是"天无三日晴，地无三尺平，人无三分银"的落魄景象？抑或是"夜郎自大""黔驴技穷"的历史误读？

不入贵州不知万种风情。

地势虽不占优，但贵州是世界上喀斯特地貌发育最典型、保存最完整、规模最宏大的地区之一，荔波绿色喀斯特和赤水丹霞红色风光都是珍贵的世界自然遗产；54个少数民族以及17个世居少数民族造就了"三里不同风、十里不同俗"的文化原生性；贵州还是当年红军长征途中经历时间最久、路线最长、故事最多的省份，不仅仅是遵义会议举世闻名；更是少有人知贵州全省就是一个天然"大氧吧"，年均15.6摄氏度的气温以及丰富的空气负氧离子含量构成了其独特的天然避暑型气候。

"黔西观音洞""普定穿洞文化"遗址，春秋牂牁古国，夜郎文明，大明屯堡文化遗风，王阳明龙场"悟道"……这些都是贵州灿烂久远、古朴浓郁的历史文明，却在历史文学口碑的传承中被世人一笔带过，留下的是眼界短浅、盲目自大的误解。而"夜郎王"获知汉朝疆域广大、国力强盛后接受招抚主动融入的虚心开放无人提及；"黔驴技穷"故事中配角"入黔之驴"与真正的主角"黔之虎"更是颠倒了原本应有的认知。

百里杜鹃

赤水丹霞

万峰林

坝凌河大桥

如果不是媒体的关注,更不会有人了解在贵州最偏远的麻山腹地,还有着一群死心塌地做人民公仆的"背篼干部"。他们每周背着几十斤的生活物资,跋涉几十公里为山里的空巢老人和留守儿童供给柴米油盐,从未间断。

对贵州而言,形象的桎梏,是一座无形的高山。它造成的不仅是由内及外的文化误读,还阻断了发展的命脉。

3. 改变,从形象开始

在窘迫的发展现实和令人尴尬的形象解读夹缝中成长起来的贵州,逐渐成了一个存在感缺失的省份,那些辛勤耕耘在贵州和在外打拼的贵州人民,更是一度成为了文化自卑的个体。"甚至很多贵州人在外都不愿意说自己是贵州人。"贵州省委宣传部的领导在感慨贵州的形象被严重误读时这样说道。

赵克志书记在激情阐述贵州的"中国梦"时还说过一句话:"每个人都有梦想,有梦想就有希望,有信心才有力量。"

没错,贵州的形象改变迫在眉睫,也正因如此,就像一个内在隽秀但衣衫褴褛的人,因为外在的误解隔绝了世人的亲近,但只要稍加收拾,干净整洁地重新亮相,消除的就不仅是社交上的距离,还为个人的成长拓展出了一个全新的空间。

于贵州而言,形象的改变不仅仅是提振贵州百姓的文化自觉与文化自信,还将改变外界对于贵州的形象认知,这种认知的改善并不止于文化认同,更重要的是能够将无限的人才、技术、资金等发展的资源与机会引入贵州,给贵州带来一股全新的发展推动力。

这是形象改变的力量,更是开放的力量。

或许这也是原省委书记栗战书屡屡强调的"对贵州来说,开放比改革更重要"的意义所在。

(二)突破:迎来"多彩"春天

理论终归要落实到实践,形象也总归要有具体的落地方案。具体落在哪儿?怎么落?贵州从零星的探索起步,探索中有意外之惊喜,也有艰苦卓绝的奋斗。

1. "多彩贵州"的全新聚焦

"我们从1986年就开始搞大型活动,也是年年搞,但是搞完了就完了。长期下来既没有形成品牌概念,也没有形成强大的品牌力,形象也很模糊。当时我们就

感觉到急需一个全省性的品牌。到了2005年,新的领导过来后,才开始提出新的品牌形象。"贵州省委宣传部副部长周晓云如是说。

正是在2005年春节期间,胡锦涛同志曾视察贵州,明确提出了"贵州要实现经济社会发展的历史性跨越"。

对于后进的贵州而言,历史性跨越怎么实现?

基于发展现实和文化上的资源优势,贵州提出了建设文化旅游大省的战略目标,将文化与旅游相结合发展特色文化产业作为全省经济的重要突破口。而文化产业本身的突破正好落在了形象与品牌的塑造上。

2005年初的贵州并没有一个整体性的、鲜明的形象符号,而周边的"七彩云南"、"天府之国"等一批省旅游形象早已打得火热。为了呈现一个更为清晰的贵州面孔,贵州省领导亲自带队在进行科学研究论证的基础上,推出了"多彩贵州"的新形象。不过,与"七彩云南"等口号不同,"多彩贵州"初始就占据高地,代表的是贵州的整体形象,而非局限于文化旅游产业的一句口号。

无论山、水、人,还是民族风情和历史文化,甚至是贵州的能源、矿产、生物资源,都呈现出一种多样性,这种多样性似乎只有"多彩"才能加以承载。实际上,新形象与其说是一种定义,不如说是一种信号的释放。它告诉人们:贵州正要重新出发。

因此,以何种形象出发并非最关键的,更重要的是如何摆脱过去无法形成持续品牌力的形象建设困境?如何将"多彩贵州"一炮打响并持续给力,成为真正能够凝神聚气的贵州品牌?

2. 形象革命第一枪

"多彩贵州"第一次绽放光彩是在2005年的春夏。

在省政府的助推下,从3月末至8月初,近5个月时间里,首届"黄果树杯"多彩贵州歌唱大赛吸引了省内外5万多名选手报名,16个赛区,1812场基层选拔赛,52274个参赛节目,340多万人次现场观众,8场决赛,8820.24万人次电视观众收看颁奖晚会……这些数字创造了贵州史上群众性文化活动的新纪录。

比赛结束后,"多彩贵州"已经成为街谈巷议的热点话题,全省形象品牌第一次被贵州百姓清晰而高度地认同。"多彩贵州"四个字正是由这场比赛打响了漂亮

多彩贵州歌唱大赛

的第一枪,成为贵州响亮的文化品牌。

辛苦积累下来的口碑与品牌资产不能被搁置,被消耗殆尽。贵州省开始思考,如何才能继续借力大赛的火热势头,不断释放"多彩贵州"后续的品牌影响力。

3. 艰苦环境中如何继续形象革命?

贵州面临的现实始终很残酷。对于任何实体来说,品牌的打造都是投资巨大的差事,尤其是欠发达的贵州,如何在集中资源搞发展的同时将"多彩贵州"做大做强,是一个需要智慧开路的命题。

在沉淀下来的口碑之外,首届歌唱大赛还有一个更重要的价值:那就是让贵州看到了持续运作品牌的希望。

比赛方案最初确立之时,就明确了"向市场要经费,政府不出一分钱"。经过不断地摸索,贵州最终以"党政推动、社会参与、市场运作、媒体搭台、文化唱戏"的市场运作模式,实现了组委会、媒体和商家间的互动多赢。这可谓贵州市场化运作文化品牌的成功试水。

其中,关键的要素在于"自造血",依靠市场的力量、产业化的带动养活品牌。

简而言之，就是从产业化突破，充分盘活内部资源。

2005年10月13日，歌唱大赛组委会向省里提出组建多彩贵州文化产业发展中心的建议。仅一周后，贵州省委常委会就做出了批复："同意组建多彩贵州文化产业发展中心，隶属省委宣传部，副厅级事业单位，编制20人，实行企业管理，负责政府引导的文化产业项目的投资建设和经营管理，负责文化产业项目建成后的资产收益管理、产权管理、资产经营和资本运作等。"

一条实战的血路，就此杀开。

（三）上升：从多彩贵州到醉美之旅

"开放比改革更重要"。于贵州而言，内部资源的盘活仍旧是墙内开花，若能撬动更大的局，贵州的发展才能融入中国甚至世界的发展大潮中去。

然而，只有战略才能解决大局的事。

如果说"多彩贵州"的初期探索是零星的革命实践，那么进入2010年以后，这一革命实践开始有了更高的战略支撑和更集中的战略布局。

1. "多彩贵州"的升级跳

2010年8月，新一届贵州省委高层对于提升形象，促进经济改变命运有着强烈的意识。他们认为，贵州作为后进省份要实现跨越发展，必须扩大开放、强化招商引资，利用外部资源发展贵州。从"多彩贵州"形象宣传片广告语的确定，到宣传片的视觉表现力，再到外宣活动的一线实践，领导们亲自把关贵州形象传播的细节，高度参与决策的制定，甚至很多时候还亲自带队组织各项推介并屡屡为贵州站台发声。

"积极推进品牌引领战略，继续做响做强'多彩贵州'品牌，推动形成以'多彩贵州'为主的品牌集群。"这是2010年10月通过的贵州"十二五"规划中的内容。接着在2012年初，《国务院关于进一步促进贵州经济社会又好又快发展的若干意见》明确提出："做大做强以'多彩贵州'为代表的民族歌舞、工艺美术、节庆会展、戏剧影视、动漫等文化品牌。"国发2号文件的出台，意味着贵州发展和"多彩贵州"品牌的发展上升至国家战略层面。

一开始，"多彩贵州"就是在整体发展战略的意图下起步的，有了战略支撑的"多彩贵州"，品牌内涵的包容性更强，落脚点也更扎实，真正开始代表整个贵州的形象。涵盖的是贵州的工业化建设、城镇化发展、农业产业化、信息化等经济社会发展的方方面面，成为了真正的大贵州的概念。

战略升级需要相应的顶层设计，贵州继而从省的高度在战略架构上展开了新的布局。

2. 一个主脑的战略把控

主管机构的设置是"多彩贵州"是否具备战略高度最直接的体现。在省政府的战略规划下，由省委宣传部对"多彩贵州"直接进行战略把控，这成为贵州与其他省份最鲜明的差异化。

从主体的相对分散到聚焦，贵州也并非一步到位，而是不断摸索的结果。

2010年前后是一个明显的分水岭。

在此之前，围绕贵州的整体形象宣传大致可划分为相对独立的三大板块：其一是贵州省委外宣办一直从事的各项外宣事业；其二是2005年开始探索的"多彩贵州"品牌产业化运作；其三是旅游局等系统实施的媒体投放，主要是一些零星的文化旅游广告。

因此，基于贵州整体形象的对外传播一直处于缺位的状态。2009年，省委宣传部进行了统一形象传播的尝试与探索，推出了《多彩贵州，梦幻之旅》形象宣传片，以传递贵州的精气神。2010年，有专项经费的省旅游局以《多彩贵州，醉美之旅》的集群展示推出广告投放，与"好客山东"等外省旅游广告投放属同种性质。

至2010年底新一届省委高层履新后，基于贵州发展现实，他们认为贵州应最先打响整体形象牌，再伺机而动，从战略高度提出了贵州形象的对外传播应该高度聚焦。

因此自2011年开始，省委宣传部承载了多彩贵州形象传播的核心工作，交由外宣办具体负责。作为全省形象战略规划的主脑机构，省委宣传部在全省发展战略的指导下，对全省形象建设与传播进行总体规划，成为贵州形象宣传的决策中心，并在资金、政策等方面为贵州形象宣传提供多种支持。

由此，先前独立的三大板块实现了二次集中：形象战略指导下的外宣事业（同时将统一的对外形象传播纳入其中）+"多彩贵州"品牌的产业化运作。

于是，省委宣传部的主要阵地转变为具有全新意义的两大板块：其一是外宣办

主导的涉及文化、旅游、经贸等内容的各项外宣事业；其二是直属宣传部的文化产业发展中心对"多彩贵州"品牌的产业化运营。

因此，就贵州的外宣工作而言，在新的战略推动下，已经衍生出了全新的内涵。如今的外宣变成了为整体形象战略服务的实践，原来各自分散的文化、旅游、经贸外宣工作成为为全省形象战略服务的多元手段，而形象宣传片的媒体投放也集中到了宣传部，并成为外宣事业的重中之重。

二、战略制高点下的双轮驱动

在整体形象战略下，贵州选择两条腿走路：产业化运作以盘活内部资源，自我造血给养品牌生命活力；大外宣事业系统性升级，集中资源与管控，以更好地笼络外部资源，助力品牌后续发展。

（一）大外宣：为形象战略服务

在形象战略的推动下，贵州原本的外宣格局发生了一些微妙的变化，"大外宣"开始有了实质性的意义。顺应这一战略高度与发展现实，贵州外宣事业从路径、资金、政策到各项工作的组织协调都注重高度整合与集中，只求资源利用能够最大化。

1. 外宣开启重要转型

基于贵州省委各项外宣事业的传统，战略下的外宣转型主要聚焦三个层面：

首先是外宣内容与手段的外延。之前的外宣工作聚焦文化、旅游，经贸推介活动的组织与各种时政交流一直没有间断，但只是就商贸谈商贸，就时政聊时政，这些看似落在形象宣传外围的外联事业没有被纳入为形象传播服务的行列。而贵州的转型就是经贸、时政、社会、新闻、体育等外宣全部纳入"大外宣"格局，不只要做，还要"宣传"。

手段的多元化只是一个开端，怎样在实践中借力新外宣领域的活动为形象战略服务才是关键所在，这就涉及外宣方式方法的改善。贵州的实践给出的答案是灵活与融合：经贸也谈文化、谈形象；文化中也谈展示经济发展的成果和丰富的资源。彼此交融、借势，释放能量。

此外，贵州外宣的对象与范围也正在不断拓展，从境内为主到境内外并重，希

多彩贵州风

望墙内开花墙内墙外都香。我们常说"民族的才是世界的",极具特色与多样性的少数民族原生态文化正是贵州走向世界的杀手锏,如大型民族歌舞表演《多彩贵州风》吹过中国台湾、香港,吹向日本、美国、澳大利亚、欧洲诸国,多彩自然而然令人迷醉。

苗族银饰

侗族大歌

地戏

2. 坚持以公益培育品牌

以公益性活动培育品牌意指何处？

这是贵州在产业化之外的另一条主线。如果说产业化的品牌运作是在造牌的同时抓效益，那么公益性活动就是直接对接贵州的形象传播，为造牌服务。两者相得益彰。

"多彩贵州"品牌的起步就是从公益化的培育开始的，相对产业的运作更显细水长流，给予品牌持续的滋养。2005年首届"黄果树杯"多彩贵州歌唱大赛就是由贵州省委宣传部主导的最早的公益化培育品牌的开端。

公益化活动的主导者是贵州省委省政府，不过活动的运作模式遵循的是"党政推动、三级联动、社会参与、市场运作"的原则。近几年颇具规模和体系的公益性活动已经不在少数，如一年一个主题的多彩贵州歌唱大赛、旅游形象大使选拔大赛、舞蹈大赛、小品大赛等文化活动，原生态国际摄影大赛，以及旅游商品"两赛一会"等等。

不同于商业化运作，合乎定位的公益性活动对于贵州形象品牌的塑造更加潜移默化，很多活动的定位本身就是立足于推动文化与旅游的深度融合，活动本身也能吸引很多人的参与和关注，从而加深对于贵州形象品牌的理解，提升贵州形象品牌的知名度和美誉度。

八年的培育，"多彩贵州"沉淀了巨大的品牌价值，不论是对于提振贵州人的文化认知与文化自信，还是借机邀请更多人走进贵州、了解贵州，公益化活动发挥的作用都极为显著。

3. 扁平化运作的专业执行

细究贵州在形象传播中的实践，其落地执行颇有些扁平化运作的意味。

决策可以由主脑单位集中解决，但是专业化的执行不是宣传部及外宣办力所能及的事业领域。每每制定有关贵州形象传播的核心决策，贵州省委宣传部便将涉及创意表现、视觉设计、宣传片拍摄与制作等后续工作交由专业的品牌机构去完成。所谓"术业有专攻"，这样的做法再寻常不过。而贵州的专业化与差异化在于其合作的执行者就在系统内部，这样的合作不仅效率高，还能使得最后呈现的效果最贴近宣传部本身的需求。

2011年开始，由省委外宣办牵头，贵州广播电视台具体组织实施，制作了贵州形象宣传片。并且综合贵州广播电视台自身优势，必要时通过联合外部更为专业的执行团队去合力完成完成最终的视觉呈现工作。如与广东喜马拉雅合作拍摄形象广告片，聘请天进品牌机构做"多彩贵州"的品牌管理与规划，均取得较好的效果。

要说这样的关系有多持久和稳固，从首届多彩贵州歌唱大赛的宣传机构就能略知一二，因为当时负责大赛宣传工作的正是现在贵州广播电视台。

有最了解自身需求的专业机构承接形象落地与执行，贵州的形象战略才能真正地有的放矢。

（二）产业化：可持续发展之道

山东，这个在旅游品牌塑造上卓有成效的省份，曾先后两次组团来贵州交流"多彩贵州"产业化运作的经验；而品牌定位比贵州早起步的云南，也曾来人感慨："我很羡慕你们贵州，你们做品牌很有路数。"

"多彩贵州"还接连斩获第七届中国最佳品牌建设案例唯一大奖"城市品牌奖"，第六届中国元素国际创意大赛最高奖"年度文化贡献奖"等多个品牌大奖。

是什么让旅游大省纷纷前来贵州考察学习？又是什么让后进的贵州飞出了一个如此有口皆碑的品牌？

1. 探索：前途光明，道路曲折

具有自造血功能的品牌才可持续，才有持久的生命活力，尤其是对于贵州这样的后进省份而言。

在首届多彩贵州歌唱大赛成功掀起第一浪后，多彩贵州文化产业发展中心（以下简称"文产中心"）于2005年底成立，这意味着贵州从一开始就打算走一条产业化的路，以这种可持续的运作方式激发"多彩贵州"的品牌价值，这样资源优势才有了转化为品牌优势进而赢取经济效益的可能。

然而，没人走过的路总是特别崎岖。

由于尚无先例可循，"多彩贵州"的商标光是在申请注册上就经历了长达五年的波折。其实在首届歌唱比赛启动后的一个月，贵州电视台就向国家商标局提交了"多彩贵州"商标注册申请，并于2008年初再度提交了42个类别的全面注册申请。但由于各种原因，部分申请注册被国家商标局驳回。

省委省政府致函国家工商总局，多位高层亲自上北京到国家工商总局咨询，甚至写亲笔信给国家商标局领导，表明贵州的发展现实，请求国家对"多彩贵州"商标注册给予支持。一番艰辛努力下，至2011年初贵州取得了"多彩贵州"商标注册证46件，涉及460个商品项目。

此外，探索的过程中，中心最常遇到的就是缺乏项目运作资金和运作平台的挑战。但是这种无法言说的困难无法通过外力解决，无论经费还是效益，都只能在继续发展的过程中向市场要空间。

几乎从2011年开始，随着商标注册到位，有了法律层面的保护，"多彩贵州"的产业化运作开始进入实质性的加速发展阶段。

然而，不禁要问："多彩贵州"这样一个省级文化品牌，究竟如何实现真正的产业化发展？核心，就在于标准。

2. 管理：品牌价值的标准化

标准化是一个公共品牌进行产业化运作的核心。"多彩贵州"的标准基点又是从何出发？

"多彩贵州"的品牌价值一直在被不断梳理，直到基于文化多样性的"多元、和谐、原生态"的品牌内涵最终跳脱出来。"多元"是贵州民族、历史、生态文化的多样性；"和谐"是多元文化间的共荣共生；"原生态"则是特色所在，即多民族文化的原生性，它也被视为"多彩贵州"品牌的核心价值。

正是基于"原生态"的核心价值，中心坚持以原生态文化的原生性和本真性对与之关系紧密的行业企业进行授权，并实施动态的监管与维护。且不同性质的授权申请对应不同的许可级别和费用收取模式，比如公益类与特色文化类申请，只要符合标准就可免费使用商标授权。

促使中心的品牌管理更精进的还有母子品牌的架构设计。在"多彩贵州"母品牌与多种产品品牌之间搭建"多彩贵州·酒"、"多彩贵州·风"、"多彩贵州·艺"等新的一层子品牌，方便分类以及更具针对性的管理。

管理有效，还需要规划来保障发展线路一致且可持续。中心面向社会进行招标，借力专业品牌智囊机构制定了多彩贵州品牌发展十二五规划，成为未来五年品牌运作的核心思路。

多彩贵州子品牌

3. 营运：事业运营，企业管理

从产业发展的角度考虑，文产中心自成立之初就直属宣传部，是副厅级的事业单位。但与其他事业单位不同的是，文产中心实行的是企业化管理——没有省财政拨款，没有专项经费，完全依靠实打实的市场化运营自力更生。

文产中心对群体品牌营运模式进行了探索，构建了"一二三四五"的模式架构：一个中心（文产中心）、两大体系（品牌授权与认证）、三大标准（品牌认证准入与管理标准、品牌授权与管理标准、公益品牌申请与管理标准）、四个平台（群体展会、群体宣传、项目投融资、品牌研发孵化平台）、五大利润模式（品牌授权费、认证费、产业股份分红、展会经营利润、营销服务费）。

此外，文产中心为了应对资源松散、规模不足、研发发力、人才紧缺等现实困境，在 2012 年启动实施了多彩贵州品牌研发基地项目，以补充后备能量。

文产中心的自给自足对于"多彩贵州"的产业化运作而言只是一个必要条件。贵州瞄准的，是品牌价值的释放和市场效益的实现。

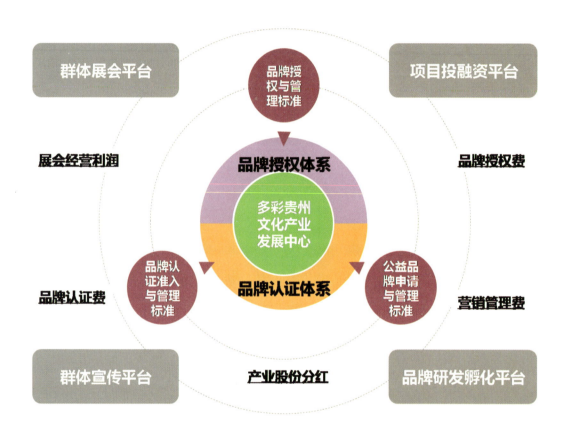

多彩贵州群体品牌运营模式

4. 效益：撬动市场的品牌杠杆

经过近两年相对扎实的品牌化运作，"多彩贵州"授权企业的投资拉动力明显见长。如多彩贵州酒目前已累计投资1.3亿元；多彩贵州城的开建吸引了众多商家要求进驻投资发展；《多彩贵州风》突破了2100场演出，2011年至今演出总收入达5000万元；多彩贵州核桃乳更是每年以40%的增幅实现目前3000多万的年销售额……"多彩贵州"整体拉动投资已达40亿元以上。

除了市场效益，"多彩贵州"的公信力也正在不断转化为授权企业的品牌竞争力。借力品牌传播和中心搭建的各种传播、营销、展示平台，品牌集群的影响力正在不断释放。

将利益反哺至产业链源头是产业化正向发展的理想结果。"多彩贵州"的产业化运作已经开始初步显现对贵州百姓致富增收的拉动。尤其在茶、工业品、核桃乳等产业资源的整合中，实施的是"公司+基地+农户"的模式，解决了当地的就业。

"十二五"期间，中心还将对部分形象、效益、示范性、带动性强的优势项目进行资本化改造，推动上市融资，纳入更多的社会资源为"多彩贵州"服务。

多彩贵州品牌授权十八家企业 2012 年度数据统计表

资产总额	118291.66 万元
销售总额	10417.63 万元
利润总额	1264.61 万元
上缴税金	3431.48 万元
职工人数	1141 人
带动就业	5250 人
农民增收	8820 万元

三、传播之力助形象发声

一切因战略而变。落到贵州形象传播的实践上，也是如此。

其传播路径乍看与他省无异，不过只要稍加细琢，就会发现个中的战略意图。高投入、重借力、重融合、抓热点、追媒体，还有频频站台发声的高级别"形象大使"……这些抓人眼球的举动是贵州在释放信号：开放、奋进、希望，才是贵州的真实面貌！

如此来看，贵州近两年不断高涨的曝光率，也就并非无心插柳的随意之举。

（一）释放：多彩高空绽放

贵州发射的高空信号弹直指颇具影响力的优质媒体。

1. 高投入借央视发声

贵州连续几年在央视坚定的广告投放，只因贵州迫切地想要向全国人民发声，并且喊得足够响亮，央视作为一个拥有丰富黄金资源、直指上亿受众的高性价比平台，自然成了不二之选。

贵州倚重央视为自己发声的渴望比我们的想象更为强烈。一般而言，在全国旅游大省的传播资金中，央视平台的广告投放通常占据其整体电视广告投放60%以上的份额，好客山东更是将80%左右的电视广告投放在了央视。而贵州，这一比例在2011年竟达到了96.1%。

如此高的投入容不得一丝马虎。省长、副省长、宣传部部长、贵州电视台台长，还有广州喜马拉雅广告公司的同事，坐在一起，一字一字推敲、斟酌、热议，最终达成一致，定格在"走遍大地神州，醉美多彩贵州"的最新宣传语上，自2011年8月起开始集中投放央视。高投入换得的是高回报——据CTR监测统计，至2012年12月31日，有9亿人通过央视收看了贵州形象片，平均每人收看20次，收看过3次以上的观众达6.3亿人……

走遍大地神州，醉美多彩贵州

喜马拉雅广告公司拍摄"走遍大地神州 醉美多彩贵州"广告片

2011年，在经过大量调研与考察，接触了多家国内一流创作团队、知名导演后，贵州省委最终确定了由广州喜马拉雅广告公司担纲，在创作形象片及形象标识的同时，将品牌化、符号化的系统传播理念植入其中，使贵州不仅仅是一个地方、一个省份，而是将其打造成一个具有独特形象标识系统的品牌。

从8月1日起，央视各大频道已在黄金时段开播全新的"贵州"形象宣传片——走遍大地神州 醉美多彩贵州。喜马拉雅广告拍摄的广告片以"走遍大地神州 醉美多彩贵州"为主线，通过《醉美篇》《避暑篇》《人文篇》《航拍篇》《旅游篇》《山水文化篇》向世界展示贵州绚丽的自然风光、多姿多彩的民族文化。

其中，广告语"走遍大地神州，醉美多彩贵州"，体现出了贵州的自信和多姿多彩。在中国大陆各省市当中贵州虽然知名度欠缺，虽然不是热点，但却是一个将自然、人文、民族、风俗、历史熔于一炉、百花齐放的地方，在这一点上，全国无省市能出其右。

广告语还特别点出了贵州名闻天下的一样最重要的东西：酒。一个"醉"字足以说明一切，强化贵州与中国酒文化之间天然的血缘关系。既有酒的醉人，也有对多彩贵州的陶醉，可谓一字双关，回味悠长。

广告拍摄过程中，在贵州广播电视台和贵州天马传媒公司的大力支持和协同下，组合了中国内地、中国香港、中国台湾、欧洲的国际化影视制作团队，团队先后深入黔东南、黔西南、黔南、安顺、铜仁、遵义、贵阳等多个地区进行拍摄。最终选取了最具代表性的画面、震撼人心的音乐和深入人心的文字，制作出《醉美篇》《避暑篇》《人文篇》《航拍篇》《驴友篇》《山水文化篇》六条广告片，充分展现出贵州"多彩"的属性。六条广告片用"走遍大地神州，醉美多彩贵州"的宣传口号，构架起贵州与外部世界的关联，大胆完成了在传播核心内容与形式上大刀阔斧的创新。

随着广告片的播出，民族文化已成为贵州的一张名片，为世界所熟知。它是贵州的山，它是贵州的酒，它是贵州的民族风情……

2. 讲述贵州故事

高频次、高强度的宣传片让"多彩贵州"的品牌力得到了强力释放，但贵州历史悠远、多元交织的文化魅力只能娓娓道来。

2012年的国庆期间，贵州故事在央视多个节目平台渲染开来。央视特别节目《秘境之旅》——《手指间的时空旅行》，挖掘了贵州民间手工艺者的故事，将黔南平塘、黔东南镇远等地的风土人情和文化资源展现得淋漓尽致；新闻频道还在遵义绥阳的双河溶洞洞穴奇观进行了大型探秘直播，《江山如此多娇》栏目更是亲赴梵净山做了直播；《新闻联播》还赴黔对"民俗游""自驾游"进行了深度拍摄……

贵州尤为看重影视艺术作品对贵州形象的塑造，诸如《奢香夫人》《绝地逢生》

《奢香夫人》

等贵州题材的电视剧在央视一套黄金时段播出,为贵州形象做了很好的注解。

《多彩贵州 神奇之旅》《今日中国 多彩贵州》等纪录片则直接呈现了贵州的神奇与多彩,52集的《多彩贵州》专题片投放到凤凰卫视欧洲台、美洲台等高端平台。

(二)交融:醉美立体传播

1. 打破界限,彼此交融

与其他省份一样,贵州自组织和参与了各种性质的展会、推介、交流活动:省内有生态文明会议、原生态国际摄影大赛、茶博会、酒博会等;省外有面向香港、央企、民企的投资贸易推介,以及各种文化、旅游、时政等领域的会议活动。

不过彰显贵州自信的,是其打破活动界限、时刻为形象发声的机动与智慧。

纵使经济欠发达,在建设生态文明上,贵州却一步一个脚印,走在了全国的前面。2013年7月19日,生态文明贵阳国际论坛2013年年会拉开帷幕,从2009年至今已连续举办4届,并不断升格为国际最高端、前沿的生态文明论坛。就在论坛举办前夕,美国前国务卿基辛格还亲自"探营"贵州,评价生态文明贵阳国际论坛是"一件能够对人类社会未来产生重要影响的事情"。

2011年、2012年贵州经济增速居全国第三和第二位,2013年第一季度更是以12.6%领跑全国。有人担心一面是经济高歌猛进,一面要建设生态文明是在"走钢

2013贵州·香港投资贸易活动周

丝"。实则不然,用省委书记赵克志的话说,贵州就是"坚持以生态文明理念引领经济社会发展,建设生态文明先行区,努力走出一条经济发展与生态保护双赢的新路子"。

因此,生态文明贵阳国际论坛打开的不仅是一个与世界对话的窗口,还是推动贵州经济社会与生态环境平衡发展的窗口。

"贵州·香港投资贸易活动周"就是贵州打开的一扇山门。它是贵州省迄今为止在境外地区开展的最大规模招商引资活动,已连续举办三届,贸易周没有就投资谈投资、就贸易谈贸易,而是从一开始就将文化的、旅游的元素融入其中,并千方百计通过多方媒体为"多彩贵州"曝光。若依照原来外宣工作的逻辑,这或许是几篇经贸新闻稿就能了结的事情。

第一年举办期间,贵州就借机组织了摄影展、商品展销等文化旅游活动,还与香港旅游发展局签署了相关协议。此外,连续三年的媒体高层见面会第一道菜都是"多彩贵州"宣传片,只不过年年有变化、有惊喜。2013年的贸易周更是让多彩贵州走上了香港的街头,向港人展示贵州的风采。贵州还在香港电视多频道循环播放宣传片,总之,每一次都是贵州风强烈地席卷了港城。

2013贵州·香港投资贸易活动周

2. 依托背书,相互借力

除了外宣手段之间的交融,围绕"多彩贵州",省委、省政府的外宣与企业自身的营销推广构建了另一种品牌合力。

一方面,诸如文产中心等政府单位会持续搭建传播和营销的平台,以整合品牌集群内的各方资源,还会通过年度多元化的品牌研讨会议帮助授权企业更好地去实施品牌营销推广；另一方面，品牌授权企业自筹资金进行的广告投放也会直接对"多彩贵州"形成巨大的拉动力，进而强化了品牌的影响力。

这种政府传播与企业营销之间的互为背书的关系与共荣共生的状态，最大化地释放了"多彩贵州"的品牌集群能量。

3. 问媒体要曝光

贵州抓热点、抓媒体的决心不止步于外宣平台的借力，还主动建立与媒体的沟通机制，向媒体"要"版面，这成为贵州提升曝光率、传播形象的一大策略。

搭载省内展会平台邀请境内外记者只是贵州与媒体互动的很小一部分，更多直接的做法是贵州为媒体记者量身打造若干个主题活动，邀请不同的媒体同仁到贵州走走看看，深度体验后再把贵州传扬出去。

这是一种直接促成媒体传播贵州形象的效率很高的方式。在贵州，这种与媒体打交道的机制已经制度化、常态化。

多彩贵州踏春行、全国名家看贵州、全国党刊贵州行、"听多彩之声 说魅力贵州"全国50家广播电台著名节目主持人入黔采访大型直播、"聚焦多彩贵州·记录奋进历程"全国卫视看贵州、全国画报类媒体贵州行……活动一个接一个，每一

贵州高速公路

西电东送

次都是贵州向全国媒体记者发出的真诚邀请。透过体验，再度转换为感知深入的文字，媒体记者成了贵州最专业的代言人，向大众展示一个相对更为真实的、现代的贵州形象。

结束语

形象改变的影响力究竟能有多大？

一只小小的蝴蝶在巴西上空扇动翅膀，可能在一个月后的美国得克萨斯州会引起一场风暴。这就是混沌学中著名的"蝴蝶效应"。

贵州形象战略也许无法与"蝴蝶效应"直接作比，但是就转变落后、陈旧的省域形象所做出的努力而言，只要有创新的发展思路和相对科学的发展模式，改变命运也就没有什么不可能。

而实际上，贵州的形象战略也并非空中楼阁。它依靠强大的落地支撑，一步步稳扎稳打，因此战略最终扎扎实实地落在了"多彩贵州"的品牌上，落在了品牌的产业化运作上，落在了多元灵活的传播实践上。

案例组与贵州外宣办座谈

  围绕着"多彩贵州"品牌的运作,贵州的文化产业开展得如火如荼,虽称不上大繁荣,但是效益已初步显现。与此同时受惠的还有贵州的旅游业,近几年以年均超30%的高速增长领先全国旅游业增速。

  此外,还有贵州不断改善的投资环境。央企3000亿人民币,民企1203亿人民币,香港几百亿美金……招商引资的成果让贵州的发展前景日益被看好。正如马云所说:"如果全国有三个发展最好的地方的话,贵州一定是最后一个。如果大家错过了三十年前广东、浙江的投资机遇,今天一定不能错过贵州。"

  不过最重要的,莫过于贵州人民逐渐回归的文化自觉与文化自信。这种文化上的内在认同感,应该也是全面小康的题中之意。

中国传媒大学广告学院:黄升民、邵华冬、刘兰博、徐煊
《新营销》杂志:闫芬
中央电视台广告经营管理中心:周罕见、薛梅、徐婷婷、董思秀

采访手记

接手案例初始,因为先前有了与"好客山东"和"江西风景独好"的接触,我们一度先入为主,认为这次面对的只不过是另一个省级旅游品牌。

直到越走越深入,才发现这个案例并非想象的这么简单。

山东是通过挖掘品牌价值,整合优势资源,创新了省级旅游品牌的发展方式;江西,则是坚信星火可以燎原,以红色带动三色、以品牌带动旅游、以旅游带动全省产业结构的转型。而贵州,一下子跳出了旅游业的框框。

欠发达地区如何同步实现小康?落后地区如何实现经济社会发展的历史性跨越?贵州用工业化、城镇化、农业产业化、信息化"四化带动"战略回答了这一问题。但作为一个后进省份,仅仅靠自力更生实现梦想着实有些费力,唯有举全省之力,甚至向国家要政策、向全社会要资源,才能获得更大的空间、更快的发展。

对致力于以开放促发展的贵州而言,落后形象的重塑是一道跨不过的坎,是纳入更多发展资源的第一扇山门。因此,贵州将形象塑造上升为战略,不仅是省的战略,还努力让它走进了国家的战略。在"多彩贵州"背后,我们能看见一个欠发达省份对发展的渴望,并且它相信品牌的力量、相信市场的力量、相信传播的力量,相信整体形象塑造将为经济社会发展提供强大助力。

只要相信,且坚持,又有什么不可能?

案例组与贵州外宣办合影(右五为贵州省委宣传部周晓云副部长,右六为黄升民教授)

黄升民

1955年出生，广东佛冈人。中国传媒大学广告学院院长、教授、博士生导师，中国广告协会学术委员会常务委员、国际广告协会中国分会个人会员、中国广告主协会专家委员会常务委员，中央电视台广告中心策略顾问。

1972年高中毕业，在《广州日报》编辑部担任文字记者工作。1978年至1982年，就读于北京广播学院新闻系编采专业。1986年至1989年，日本留学期间主攻传播学、广告学等，获日本一桥大学研究生院社会学硕士学位。1990年底回国，在北京广播学院任教。1998年经人事部批准为有突出贡献的中青年专家。

在媒介经营与产业化研究、中国广告生态研究、新媒体、消费行为与生活形态研究、中国当代广告史研究、高龄沟通与传播等多个领域具有杰出成就。常以农民自居，是一个质朴、持重、踏实并有着强烈社会责任感的学人。

案例点评

看完"多彩贵州,醉美之旅"宣传片,久久沉醉其中……贵州之美,有太多要说,山水之美、民族歌舞之美、工艺之美、历史之美……这些美再加上央视的传播平台,在宣传片播出期间,势必能够招揽到不少旅游人士,但是,如果贵州想进一步形成长远的影响,广普的口碑,稳定的游客,那么贵州需要一个让人首选贵州的理由。大多数游客,想看国际大都市首选上海,想探神秘高原首选西藏,想游红色革命根据地首选江西……什么时候首选贵州呢?

提起贵州,有一个比较普遍的印象是"欠发达""落后",而它的优势就在它的弱势之中:正因为欠发达,贵州没有被过度开发,它是一个天然、质朴的世界,它拥有世界上发育最典型、保存最完整、规模最宏大的喀斯特地貌;拥有54个少数民族以及17个世居少数民族"三里不同风、十里不同俗"的原生性文化;还是个天然"大氧吧"……这或许可以成为贵州的定位吧——一个人文和自然未受到破坏的、"原生态"的世界。

全力把贵州=原生态,做成旅行者心中的常识,贵州旅游业的未来将不可估量。

特劳特(中国)高级分析师

郭禹芊寻

第一章：战略即选择

平衡木上的燕京
——国企品牌生长样本

2002年，时任顺义区委书记的孙政才询问燕京啤酒集团董事长兼总经理李福成："你认为燕京发展过程中最大的困难、桎梏是什么？"李福成不假思索地说："最大的问题就是老国有体制。如果改得太快，如何掌握相对平衡？如果改得太慢，怎么参与国际市场竞争？"

同一年，燕京收购桂林漓泉啤酒后，李福成决定以漓泉分公司为试点进行奖惩机制改革。通过细致可行的五项绩效考核等机制，漓泉分公司推行上不封顶的奖励

清爽感动世界

机制和严格的末位淘汰机制。改革收效明显，不仅提高了企业的生产销售业绩，更在企业中形成了公平竞争的氛围。

其实，燕京还面临另一个更为艰巨的挑战——品牌升级。燕京用以"打天下"的主力军是中低端啤酒，当市场竞争挤压主力产品利润率的时候，燕京"普啤"的形象在一定程度上成了进入高端市场的"拦路虎"。2010年，燕京啤酒在北京等市场推出了鲜啤，在四川、广西、河南等市场新建或扩建易拉罐、纯生等中高档啤酒生产线，使中高档啤酒销量同比增长达36%。燕京啤酒的发展战略是进一步提高中高档产品比重，逐渐形成以普通酒为基础，以中档酒为主突破口，以高档酒提升品牌价值的合理架构。

潮白河滋养着京城东北方向的顺义，这里自古就有"京郊粮仓"的美誉，又因地理位置和上游水源，有着105米的落差，从而形成了地下200米的优质矿泉水。这些含有锶、偏硅酸及多种微量元素的水催生了顺义地区特有的酿造工业。中国国际航空公司班机上提供的饮用水中，有两种就是来自顺义——汇源果汁和燕京矿泉

燕京厂区外观

水。不过，对北京人而言，人们更愿意把"燕京"这个名字看作是啤酒的代名词。

略知北京燕京啤酒集团公司发展历史的人都知道，计划经济时代，北京地区的啤酒市场是双合盛五星啤酒和北京啤酒两家老厂的天下，随着中国经济市场化进程的加快，京郊顺义燕京啤酒厂凭着悟性和胆识，不仅打破了两个老牌子的"统治"，还愣是突破了消费者的心理防线，让燕京这个品牌从老百姓心里逐步成长起来。

燕京啤酒集团随着中国的改革开放而诞生，在市场经济大潮中，燕京啤酒经受住了考验，没有让时代赋予的机会白白流失，更在命运攸关之际，运筹帷幄，为自己创造机会。

通过对品质的执着追求和不拘一格的市场策略，燕京啤酒的企业规模不断扩大，成为了国际性啤酒品牌。30年的发展是历练，更是积淀，"以情做人，以诚做事，以信经商"，既是燕京的经营理念也是燕京人的真实写照，更是燕京这一民族品牌所特有的长青基因。燕京坚信，品质是品牌价值的坚实基础，依靠科技铸就品质，坚守住民族品牌的阵地，发扬独立精神，一定能够酿造出最炫丽的民族之魂。

2010年燕京啤酒产销量503万千升
位列世界啤酒行业第8位

In 2010, Yanjing Beer Group was ranked at eighth in beer industry worldwide with sales volume of 5,030,000 Kilolitre.

一、破局——机遇因准备而生

局是一种环境、一种势力,一种看似顺理成章的气氛。把握局势,抓住机遇,是燕京发展的首要条件。在许多国企经营者的眼中,国企的发展策略似乎应该是四平八稳的。但燕京却善于打破常规,通过破局杀出一条生路,实现跨越式发展。在燕京啤酒发展的每个阶段,它都有破局之举。

(一)踩在计划经济尾巴上的"转型"

20世纪80年代初的北京,啤酒只能限点供应。1980年,时任《北京日报》工商部记者的蔡赴朝,撰写了"借问啤酒何处有"的报道,对北京市场啤酒供应不能满足市场需求的现状表达了担忧,希望通过提高产量和增加供应,来满足群众喝啤酒的需求。在这样的市场环境下,北京市的第三家啤酒厂——燕京啤酒厂被批准组建。

然而,这时北京市大大小小的啤酒厂有几十家。如何在竞争对手林立的市场环境中破局,脱颖而出,是摆在燕京人面前的首要问题。

在建厂初期,燕京作为一家国企要破局离不开政府的政策和资金支持。燕京啤酒得到了北京市和顺义县政府的大力扶持。

地方政府给予了燕京啤酒充分的自主管理权,厂长有副厂长以下级别所有干部的聘任权。顺义为了加大燕京啤酒的扩大再生产速度,没有着急"取鱼",而是加速"放水"。当地政府经过讨论,决定对燕京实行了延缓上缴利税、继续扩大生产规模的利好政策。燕京在几年的时间内迅速扩大了生产规模,成为北京地区最重要的啤酒生产商。正是通过这几股"活水",燕京实现了"滚雪球"式的快速发展。

当时,受到计划经济体制的影响还比较大,要求啤酒企业每生产10瓶,9瓶要纳入国家计划,由烟酒公司统购包销。这种统购包销的体制,也被燕京率先打破了。燕京人独立自主地建立了适应市场经济发展的生产和销售体系,所生产的啤酒不再由糖业烟酒公司统销。燕京组建了自己的销售系统,主要由当时的果品公司、蔬菜公司、副食品公司承担,并形成了多个燕京啤酒个体批发网点。到1988年,燕京产销量成为了北京地区的龙头老大。

燕京问鼎北京市场后,企业发展进入了瓶颈期。如何提高产品品质,突破同质化的困扰,进一步打开消费市场?面对这样的局势,燕京管理者在思考。时任燕京啤酒厂厂长的李福成提出了以科技铸就品质,通过提高产品质量和档次促进燕京加速发展的战略决策。

为此,燕京加强了与技术界的合作,加大了科技研发投入的比重,对啤酒工艺进行了改良,消除了传统啤酒中的"马尿味",使口感更加清爽。燕京还研发出更受消费者欢迎的新型产品,如11度清爽型啤酒,成为中国啤酒行业单品销量冠军。2010年推出的燕京鲜啤采用"三重除氧"技术和独特的低温发酵工艺。瓶装鲜啤经过一系列的特殊处理后,不仅延长了鲜啤的保质期,还保持了桶装鲜啤的"新鲜",饮用后有消暑解渴的享受。2013年6月,燕京啤酒再次推出创新产品——白啤。这种啤酒与普通啤酒最大的区别就是它不做过滤和巴氏杀菌处理,含活性酵母,最

燕京鲜啤三层过滤

纯生画面

大限度地保留了活性营养物质,其比例也最易让人体吸收,喝起来更健康。同时,啤酒在制作和配送中直接取自发酵罐无菌灌装,全程冷链运输。即便每扎啤酒的价格过百,也没有阻挡人们尝试美味的愿望。"加大新产品的科技研发,丰富消费者的不同选择,给人们带来美的享受,不断满足人民日益增长的物质需要,是燕京啤酒集团多年的追求与目标。"

李福成三请管敦仪促燕京与食品发酵所合作

科技进步在发展生产中发挥着重要的作用。燕啤主动与科技实力雄厚的原轻工业部发酵研究所签订长期技术合作协议,为他们提供科研设备、材料和部分经费。一切研究成果归发酵研究所所有,但燕京享有优先、无偿使用权。通过这项战略合作,燕京得到了"高点嫁接"的回报,先进的生产技术快速转化为生产力。

为了提高产品质量和档次,李福成"三顾茅庐",请来了中国啤酒工业的泰斗

李福成董事长和管敦仪教授

级人物管敦仪教授,长期担任燕京的技术顾问。管敦仪对燕京的技术工艺进行了改良,建议由高温发酵工艺改为低温发酵工艺,糖化工艺的煮沸法改为浸出法,使啤酒的保质期由原来的40天延长至360天,啤酒获得清爽的口感,质地更加清亮光泽。燕京啤酒形成了独特的鲜爽口味风格,受到了消费者的喜爱。

世纪之交,1999年,燕京当年产销量达到104万吨,破百万吨大关,在北京的市场占有率已经超过85%。20年的时间里,燕京发生了翻天覆地的变化。世界最大的啤酒饮料机械设备制造商德国克朗斯公司董事长、总裁宫喜德先生总结道:"燕京用20年的时间走过了大型啤酒集团100年走过的路。"

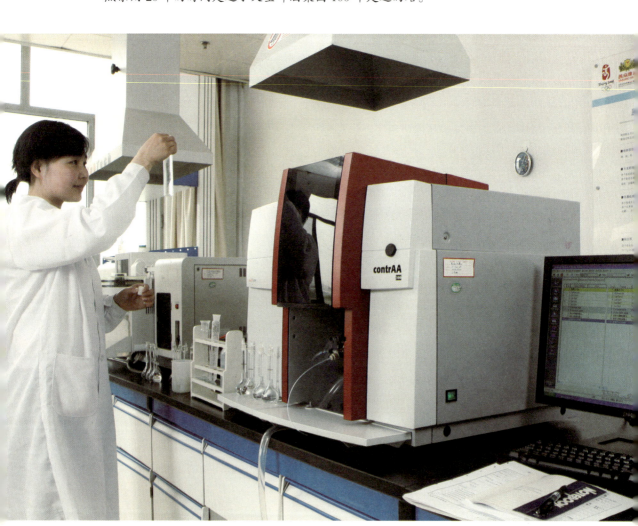

科技燕京

（二）燕京为什么不合资？

1992年邓小平南行讲话之后，国内掀起了经济发展的新高潮，这亦是一轮引进外资的高潮。在1979-1991年这13年里，全国累计引进外资233亿美元。而经1992-1996年这5年的发展，这项指标便突破了400亿美元。

引进外资的水平，也是考核政府政绩的一项重要标准。燕京作为北京市的龙头企业，自然应该在各个方面都走在别的企业前面。在当时，北京市的一位领导曾提出：像燕京这样的大型企业，出售70%的股份并无不妥。他认为，作为一家国有企业，政府是企业的直接出资人和宏观管理者，企业的一切活动都必须严格按照国家下达的指令性计划进行。此时，中国啤酒市场正掀起合资浪潮，外国资本大举进攻中国啤酒市场，百威、喜力、贝克、达能、朝日、麒麟都有意收购燕京。无论是政府的态度，还是市场的动态，都催促着燕京加快外资合作的步伐。

某天，政府部门开会商讨落实燕京啤酒厂合资的问题。会议开到一半，领导发现被讨论的"主角"不在场，于是临时把李福成叫过去。告诉李福成合资意向已定，只需要看看找谁合资。李当时说："为什么呀，我们不缺资金，消费者也认同燕京品牌，生产水平是最新的，管理也是。利润一年1个亿，合资后让人家拿走7000万？"听李福成这么说，在座领导也觉有道理。李福成接着说："我想在我当厂长期间，不考虑合资。"听到李福成这么说，整个会场的空气凝固起来鸦雀无声。这时，主持会议的领导说："你讲的虽有道理，但你并没有说服我。"

但是，"最后上级领导还是尊重了我们的选择"，李福成说。

燕京一边和络绎不绝的外资厂商谈判，一边紧锣密鼓地搞市场调查。

他请教了中国发酵食品研究所的总工程师、燕京啤酒的顾问管敦仪教授，询问中国啤酒工艺比国外的到底落后多少？管教授告诉他：一点都不落后。日本朝日啤酒公司的副总裁来中国时也证实了管教授的说法，中国啤酒的工艺水平不低于日本。

为了证明自己的判断，李福成向外国同行取经。1994年夏天，德国一家啤酒设备企业的副总裁金保罗来北京，李福成前去请教。对方坦诚地说："第一，我不是厂长，很难说该不该合资，但有一条，不是外国的钱进来了就是利用外资，有一个谁更多地利用谁的问题。第二，通常我不会花一亿马克去建一个厂，而是用1.2亿马克买2个厂的60%股份。如果你能控制市场，最好不合资，更不能失去控制权。"

在广泛调研取证的同时，1996年李福成在《经济日报》刊登了一篇题为《"燕京"为什么不合资》的署名文章。李福成在文章中说："其实我不是一概不赞成合资，但要看怎么合。这应视具体情况而定，不应该一哄而上，更不能以建多少个合资企业为目的。就说啤酒行业吧，有的企业资产负债率过高，资金周转困难，管理落后，市场难销，搞合资是无可厚非的。发展中国家在资本积累阶段，利用外资是十分必要的。但是，真正的龙头企业，经济效益比较好，又有广阔的市场销路，就不应该让外商控股，把大头给人家。"

那段时间，李福成始终没有停止对合资的思考。他借当时慕尼黑世界啤酒饮料设备博览会之际又表示："我们没有合资，不能闭关自守、固步自封。我是坚决反对没有任何意义的，就为了口号振奋民族精神、发展民族工业、创造民族品牌，最后有利于公司发展也不搞对外合资，我想我们公司董事会不会这么做的。"

当时，燕京在北京的市场占有率达到70%，在天津达20%，总产能达50万吨。李福成的心理早有了打算：如果诚心诚意来合作，不是来吃掉我的，股份在30%以下，我欢迎。

尽管如此，有一位大公司总经理萧总问起"燕京红旗还能打多久？"时，李福成还是说出了心里话。

李福成在回忆当时两人对话的情景时说："我当时就说：'老兄，我先把门关上，现在这屋里就咱俩，实话告诉你，燕京红旗能打多久，现在我也说不清楚。但是有一条，我们这场商战不亚于甲午海战，作为中方企业，已经参战了，我告诉你一句，我宁可战死绝不投降。'"萧总对李福成的决心不抱任何希望，他说："我佩服你的胆量，我怀疑你的结果。"听了这话，李福成又加了一句："誓与燕京共存亡。"这段话被北京电视台做成电视片《燕京啤酒为什么不合资》在电视台播放。巧的是，中国佛教协会主席、全国政协副主席赵朴初先生看到了这个节目，称赞道："这小子还真有点咱中国人的骨气！"随即挥毫"中流砥柱"四个大字，托人赠予李福成。在四个字的旁边还有8个小字："庄严国土 勇猛精进"。

自此，燕京正式提出："燕京以自己特有的发展思路融入资本市场，坚持民族工业的发展道路，为民族品牌在国内纷争的啤酒市场占据强有力的地位。"李福成在媒体公开表示："总的来说，合资不是目的而是手段，要把合资当成目的就错了。

手段是什么？作为中国的企业必须得打造自己的品牌，实践来看，中国的啤酒行业感到幸运的是，我们中国的几大啤酒集团没有像可乐饮料似的都让外国资本控制着，作为行业来说我们感到自豪。"

燕京的技术装备

李福成表示:"一个企业只有把有形的产品、服务、管理和无形的道德和责任结合起来,才能在成功的路上走得更远。还是那句话,小赢在智,大赢在德。"

(三)"一女二嫁"的上市之路

燕京在发展过程中坚持走民族啤酒工业发展之路,并不排斥外来资金,进行资本运作,在资本市场中获取资源,增强经营实力。1997年,时任北京市政府副市长的金人庆看到一篇《燕京啤酒为什么不合资?》的报道,对燕京啤酒有了初步印象,也对支持燕京进入资本市场心中有数。1997年香港回归之前的5月29日,燕京啤酒与首都机场高速路、八达岭旅游、王府井百货大楼等八家企业捆绑参加了北京控股在香港红筹股上市。与此同时,燕京A股的上市工作也正在着手准备之中。

就在李福成为燕京上市做精心谋划之时,一个难题突然摆在燕京面前。中国证监会领导提出:燕京啤酒不能"一女二嫁":既然已经参加北控上市,燕京A股必须停止发行。1997年6月5日,中国证监会专门召开会议讨论燕京A股上市。会议从下午一直开到凌晨。李福成据理力争,坚持认为燕京的上市符合国家法律法规并有利于企业的长久发展。最终,李福成用激情与理智成功说服了在场的领导。与会的领导专家纷纷表示要想尽一切办法帮助燕京渡过难关。

之后,在北京市政府领导的主张下,由北京市政府出具了一份承诺函:虽然燕京啤酒参加了北京控股红筹股上市,但是国有企业性质不变,经营管理层不变,隶属关系不变,三年连续业绩不变,符合A股发行条件。如果这种运作有悖于国家的法律法规、政策规定,产生不良后果由北京市人民政府承担责任。燕京由"一女二嫁"变成了"一家女儿嫁两家",姑姑嫁香港,侄女嫁深圳,从而合理又合法地解决了两地上市问题,成为了集深圳、香港两地上市,兼具红筹股背景和国内A股身份的公司,先后募集资金56亿元,为企业发展奠定了良好的发展基础。

通过一次次破局,燕京成功的企业战略为企业的发展壮大提供了源源不断的动力。北控集团前董事长衣锡群曾这样评价燕啤所破的局:"啤酒业是全球市场化竞争程度最高的行业之一……在不出门的国际竞争中,燕京啤酒一直保持着平均每年30%的增长速度。"

二、商战——国门里的"世界大战"

价格是改变市场格局的重要手段，企业为了某种战略需要，在一定时间和范围内进行价位的调整，以便能够迅速有力地占领某个市场，图谋获得更好、更快的发展。在这个阶段，中国啤酒行业主要是以增量为主、提质为辅的增量调整，而燕京通过正确的营销战略，逐渐树立起大众对燕京品牌的认知高度。

（一）北京保卫战！

北京市场不同于其他国内市场，作为全国的政治、经济和文化中心，北京市场向来是商家必争之地，啤酒业尤甚。1992年开始，国际品牌轮番进入北京市场；2004年，青岛啤酒大举进攻北京市场；2008年之后，青啤、雪花等品牌加大在北京市场的投入，试图从被燕京垄断的市场份额中分得一杯羹。对于燕京人而言，守住北京市场如同打入纽约市场一样艰难，但经过十年来的激战，燕京仍然牢牢控制着北京85%以上的市场份额。

在燕京的历次进攻防守战中，最艰险的一战当属燕京与青啤主推的大优之战。2005年青岛和燕京从收购暗战转为直抵销售终端的阵地战。青啤高调进攻北京市场，从产品品质到营销方式，完全效仿当年燕京攻掠北京市场的战术。

2005年刚一入夏，北京市民在电视上看到《大宋提刑官》的主演何冰一身小老板打扮，热情地招呼着："都改喝大优了，您还真懂，好啤酒有麦香，青岛啤酒，走好了您呐！"一夜之间，北京公交站牌广告也都换上了大优的平面广告。已经习惯燕京啤酒的北京消费者在自家门口发现了一个叫大优的啤酒，不仅口味接近燕京，就连售价、销售模式都和当年燕京攻占北京时的做法如出一辙。

据说当时为了在燕京的根据地上夺取市场，青啤准备拿出集全国各地上千万的利润狂砸北京市场，并组建了3000多人的零售终端销售队伍，穿梭于京城的大街小巷，以最直接、最优的方式把啤酒"送"给消费者。青岛大优进入社区后搞活动、做促销，与消费者做互动体验和游戏，拉近与消费者的距离。对于终端小卖店十分关注，给予支持、鼓励和奖励。消费者以前在社区里见不到青岛啤酒，现在却能买到价格合适的青岛大优。消费人气一时陡升。

此前青啤在北京市场的占有率不足 5%，而且都在高端，但高端市场只占整个市场的 20%，啤酒市场 80% 都是中低端。青啤要想在北京站稳脚跟就必须下沉中低端市场。"啤酒这种快速消费品毕竟要靠量取胜，让消费者一瓶在 1 元左右的价位差中既可以选择'普京'，也可以选择'大优'，从而对燕京啤酒形成直接的威胁，对其品牌形成杀伤力。"

在大优简报中，有一段这样描述：青啤北方销售公司自建渠道，这套销售体系可以保证 10 天之内将所有啤酒送到北京的 3 万个终端。产品名称"大优"符合北京人的口语方式，打破燕京的地缘优势。因此要求广告也要和北京市民贴得更近。针对当时燕京啤酒主推的爽、鲜，打出了"好啤酒，有麦香"。影视广告中，"给您送家去。"这正是当年燕京夺得北京市场的策略。

燕京应战。这是一场巷战，燕京则进行了有针对性的防守反击。稳固防守是燕京的第一要义。为此，燕京在北京成立了两个办事处，一个负责在中高档饭店掌控终端，另一个专门针对大众市场。跟经销商签订"排他协议"，即在协议中规定经销商不经销其他品牌的啤酒。燕京在京城有 160 家一级批发商、900 多家二级批发商，这些经销商都和燕京有稳定的合作关系。针对这种铁桶般的防守，燕京方面充满自信："若竞争对手在北京市场不用燕京的销售网络，是很难成功的。"

针对青啤在北京市场主推的产品"大优"，燕京有针对性地推出了战术性产品——10 度本生，并以陈宝国为主角拍摄了新广告，力求与消费者进行情感沟通。该产品与"大优"的价位和促销政策一致，然后燕京在销售终端方面进行全面掌控。"我们用'情'字抓住了北京消费者和燕京啤酒经销商的忠诚度，别的品牌想在北京站住脚是不可能的。"

"我认真拜读了定位大师特劳特的三大基本战法，战略防御战的三项基本原则。"李福成回忆道："防御战、进攻战、侧翼战、游击战……各自都有三项作战原则。这些战法光背下来不行，还要和实践相结合。"

李福成是位擅长学习、活学活用的企业人。1986 年，在利用出访外国啤酒企业的机会，李福成发现国外同行都有研发部门，注重啤酒生产的科技含量，因此，燕京从建厂初期，就坚持和国内顶尖科研机构合作，确保质量稳定与产品创新。

他在参加了全国大中型企业厂长经理统考培训时，对其中的三本书印象最深，这三本书也是影响李福成经营思想的重要文献。一本是《党的十一届三中全会以来的路线方针政策》，一本是《工业企业管理纲要》，一本是《精读文粹一百篇》。第一本让李福成意识到：埋头拼搏的同时，也要抬头看路，瞅准了方向跑。曾有媒体把燕京比作啤酒行业的健力宝，但是，在时间这位总导演的剧本里，如今已经难见健力宝的"身影"，也再没有人用健力宝来比喻燕京。第二本从专业管理知识上开阔了李福成的思路。李福成至今能够脱口而出书中所讲细节：量本利分析法，网络技术的应用，价值工程，现代企业管理的 18 种方法，这些枯燥的管理手段都被他后来应用到了实践中。最后一本是关于写作的，不知道李福成从中悟到了什么，但至少有一点可以肯定，李福成注意到了媒体高地的传播价值。

针对大优的"麦香""喝啤酒，美的享受"等诉求点，董事长李福成亲自参与广告创作，推出燕京新广告语："喝来喝去，还是燕京清爽；啤酒，还是燕京醇香。"李福成回忆当年商战情景时，每个时间点、事件经过讲述得非常清晰。有意思的是，燕京启用的主演是电视剧《汉武大帝》中的陈宝国。"我们的广告上去 20 多天，对手就把广告撤了。"李福成说："衡量一个广告好与坏，一个是自己最清楚，第二是竞争对手最清楚，消费者后来才纳过闷来。"

谈论当年战事的同时，李福成也表露出对对手的钦佩之情，佩服对手把一个百年老品牌重新焕发生机，勇于提出"百年归零"。

经过十多年的激战，燕京牢牢控制了北京 85% 的份额。

（二）商战哲学"1+3"

品牌在全国范围内的快速扩张，必然带来品牌整合的问题。对此，燕京创造了"1+3"品牌结构，即以"燕京"为主品牌，同时培育漓泉、惠泉、雪鹿 3 个区域优势品牌。目前，燕京啤酒旗下的 4 大品牌的集中度已达到 92%，其中"燕京"品牌占 60% 以上。

燕京选择保留并培养 3 个区域品牌是出于两方面的考虑：一方面，如果直接放弃了这些品牌，等于放弃了其原本就具有的每年 20 多万吨啤酒的市场，这对于燕京不仅是个损失，而且增加了当地消费者的认同成本。另一方面，燕京的并购理念是强强合作，而非吃掉对方。"1+3"结构是在品牌上的互惠互利、共同发展：不仅丰富了"燕京"品牌的价值内涵，而且使区域品牌得以升级。

以漓泉啤酒为例,开放式的管理与注重实效的激励制度,充分达到了人才、管理、市场、经验等资源的有机融合与优势互补,这使漓泉从一个年产不足24万吨的小型啤酒厂跃升为年产115万吨的大型啤酒企业,总产值从4.22亿元增长至36.85亿元;漓泉也成为燕京啤酒在西南、华南啤酒市场的一枚关键棋子。

这实际上体现了燕京一贯的商战哲学。一方面在激烈的市场竞争中坚持有所为有所不为,展现出一种大局意识、大将风范;一方面又奉行包容并存的精神,实现互惠共赢。

进入新千年以后,中国啤酒第一集团军每家的产销规模均在500万千升以上,竞争格局随之升级。

面对青啤、华润雪花、百威英博的正面进攻,燕京啤酒能否达成2015年实现800万千升年产销量的目标?

和20世纪90年代末开始的跑马圈地不同,燕京要面对的竞争对手既有资本雄厚的国际老牌啤酒集团,又有资本、市场长袖善舞的双料高手,作为民族酿造工业的代表,燕京集团表示:新增加的300万千升产能主要来自三块,一是对燕京啤酒从全国19个省的41家啤酒厂挖掘出100万千升产能;二是建新厂,新增产能100万千升;三是继续寻找合适的对象兼并收购,增加100万千升。

进军中西部是燕京啤酒主动调整市场结构的重要举措。自2002年以来已经在西部地区累计投入56亿元,在中部地区投入22亿元,取得了预期效果。但燕京啤酒并不是简单地发挥资金、品牌、技术、管理和市场的优势,而是创新性地在西部实现了工业反哺农业。在接受央视案例组采访时,李福成特别强调说:"这不是扶贫,而是实现双赢。"

自2012年以来,结合市场区域特点、竞争地位、品牌影响力等实际情况,燕京啤酒采取了差别化的调整策略,一方面继续巩固与扩大基地市场及新兴成长型市场,另一方面对区域市场采取针对性措施,以实现市场恢复和拓展。将市场发展方向继续向有市场潜力、有发展前景的广西、云南、贵州、新疆、四川等中西部地区转移,持续深化"1+3"品牌发展战略。着力扩大鲜啤酒、纯生啤酒、听装啤酒等中高档产品销售,在调整中促进了市场发展、品牌提升与效益增长。

其中,广西市场开展精细化管理,推进深度分销模式,市场占有率提高到85%。

作为燕京集团"1+3"品牌战略重点打造的核心品牌之一,"漓泉"啤酒成为国内继燕京在北京之后,第二个在省级市场占有率达到85%的基地市场。漓泉啤酒在广西采取精细化管理,不仅抓住元旦、春节的黄金销售时机,同时持续推进乡镇、城区推广项目、特约二批划区等管理提升项目,出台市场升级、乡镇模式、月度劳动竞赛、年度超销量等激励方案,确保了战术和策略的有效落地。

同在西南的云南市场,成为滇东市场领先品牌,目标直指年销量24万吨。作为燕京啤酒集团"大西南"战略的"主战场",2009年10月,燕京啤酒和燕京漓泉公司共同出资,在杨林工业园区新建40万千升的国际领先水平的啤酒生产基地。

在"巩固广西、发展云贵、配合友邻、维护湖南"的燕京大西南战略指引下,燕京云南公司在进攻初期采用聚焦策略和滚动式发展的策略,取得了快速的发展,从2009年云南市场还只有2.5万吨,2010年云南昆明建厂,2012年实现销量18万吨,成为云南第二品牌,实现了自身滚动发展的良性循环。

2013年,燕京云南公司根据滇东市场的强势地位,除继续按照滚动发展乡镇的模式拓展乡镇市场,强攻餐饮实现品牌落地外,还在城区调整零售策略,通过在引入深度分销模式打造滇东利润基地,同时在滇南和滇西继续强攻,力争销量达成24万吨的高挑战目标和3000万的利润,实现云南第一品牌和利润的双丰收。今年1-4月份,云南市场实现销量8.1万吨,同比增长33%,为云南2013年实现销量24万吨的特别挑战目标奠定了坚实的基础。

作为在西南地区布下的第一枚"棋子"——四川市场,燕京啤酒南充工厂于2008年11月投产。南充市是川东北中心城市,位于四川盆地东北部,居于"西通蜀都、东向鄂楚、北引三秦、南联重庆"的特殊地理位置。燕京四川工厂拥有3条纯生啤酒灌装生产线,是四川首家全程纯生化的啤酒生产工厂。自投产以来,销售非常火爆,仅在南充一地,只花了5个月时间,就占有了南充啤酒市场80%的份额。

公司通过优化产品结构,着力发展中高档产品,引导消费时尚,逐步提高中高档产品的市场份额和影响力,从而提高公司产品的盈利能力和综合竞争力,同时全面加强渠道建设,积极推进现饮、流通市场的渠道发展建设,建立健全一对一渠道分销模式。为服务优级夜场、拓展农村市场,公司有针对性地推出了新品小支装和大支装系列产品，进一步完善市场结构与品牌结构，收到了很好的效果。2012年公司实现销量17.5万吨，实现利润3600万元。

2013年以来，四川燕京公司创新市场操作模式，将市场操作分化为四个模块，即"现饮模块""流通模块""听装模块"和"小支模块"，缩短渠道长度，拓展市场宽度，引导渠道管理向专业化、直销化转变。同时，不断深化"爽"系列和"鲜"系列产品的两大优势，强化了燕京品牌的市场优势地位。2013年一季度，四川燕京公司实现销量4.92万吨，同比增长22%。

另外，针对成长性较高的潜力市场，新疆燕京公司因地制宜地学习和借鉴广西漓泉的深度分销模式，创新营销模式与管理机制，增强了网络覆盖和渠道控制力，促进了燕京品牌在全疆落地。近几年，燕京啤酒在新疆的销量迅速增长，啤酒产销量已由3万吨增至2012年的14万吨。2012年燕京啤酒在南疆喀什的销量增幅高达105%，阿拉尔的销量增长32%。

燕京漓泉公司

2013年3月18日，由燕京啤酒集团和新疆燕京啤酒有限公司共同投资3亿元兴建的燕京啤酒（阿拉尔）有限公司，正式投产运行，生产的燕京啤酒自4月初开始供应南疆市场。这样，燕京啤酒在新疆市场的产能由20万吨提升至30万吨。燕京阿拉尔公司的建成投产，将解决从位于石河子市的新疆燕京公司长途运输啤酒造成的成本过高、产品供销脱节等问题，同时将以南疆为中心，辐射周边和青海市场，进一步完善新疆市场的布局，提高市场占有率、扩大品牌影响力。

燕京走过的30多年商战，正是中国啤酒行业高速发展的30多年。在这30多年中，面临行业环境的剧烈变化和企业发展的日新月异，燕京不断调整着自己的品牌推广战略，以一次又一次成功的转型在啤酒行业马拉松式竞赛中，无可置疑地稳居第一梯队。

如今，燕京的产量居世界啤酒生产商的前六位。燕京啤酒在这场足不出户的国际市场竞争中站稳了脚跟，稳步发展。

燕京包头雪鹿

三、品牌——在更高处高飞

品牌是产品质量的象征，企业信誉的保障，市场竞争的源泉。没有品牌的企业产品质量是脆弱的，企业信誉是危险的，市场竞争是无律的。燕京在长期的品牌传播中，积累了宝贵的经验。

（一）燕京的"传家宝"

在燕啤建厂初期，采取了口碑营销的品牌推广方式，依靠消费者之间关于啤酒品质的口耳相传，增强品牌吸引力。口碑营销最重要的特征之一，就是可信度高：口碑传播一般发生在朋友、亲戚、同事、同学等关系较为密切稳定的群体之间。"胡同送酒"营销模式中，燕京啤酒依靠的正是基于人际传播建立起来的口碑。燕京啤酒懂得这样一个道理：通过简单有效的"消费者告诉消费者"的方式能使地方消费者迅速建立对品牌的认知。

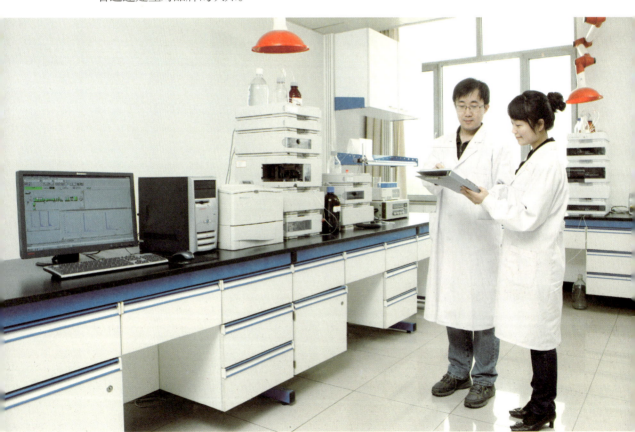

研发实验室

市场营销专家特劳特认为,占领消费者的心智资源,是企业在市场竞争中取得优势地位的最重要依托。燕京人灵活运用了特劳特的商战理论,通过进攻战、防御战、侧翼战、游击战四大战法,如今已牢牢控制着北京市场85%以上的份额。

　　更重要的是,通过这种口碑营销所建立起来的消费者忠诚度往往更具长期性和稳定性。北京啤酒市场往往被视为最难守的市场,因为大大小小的国内外啤酒品牌都想进入这个市场。而燕京能做到20多年来能在北京市场上一家独大,很大程度上就来自于其多年口碑传播所积攒下来的"传家宝"。这种"有口皆碑"不仅是其他企业靠大手笔的广告公关活动所达不到的,同时也无形中提高了外地啤酒企业进入北京市场的门槛。

　　燕京通过长期经营的实践,一直重视消费者意见和市场调查。作为一家坚持创新的啤酒企业,燕京每推出一种新产品或对产品进行改良,都要征集消费者的意见,反馈给技术人员。

研发设备

对原材料进行严格把握，才能保证产品的品质，才能取得消费者的信任。1996年。燕京收购华斯之后不久，传来了一个惊人的消息：燕京将1214吨华斯啤酒倒入了地沟。这些倒入地沟的啤酒价值接近150万元，在当时是一家中等规模企业一年的利润。许多人质疑，这么多啤酒倒入地沟岂不可惜？这些啤酒怎么啦？

这些被倒掉的啤酒并不是不能喝了。燕京的质检人员在对这些啤酒进行检测后，发现这些华斯啤酒的啤酒浊度超标，二氧化碳含量偏低。与坚持严格质检标准的燕京啤酒相比，这些啤酒在口感上有明显差距。不过，如果通过技术处理，采取填充二氧化碳的方法，能够使这批啤酒的泡沫丰富起来，还能把其他毛病遮掩住。

但燕京的管理决策层认为，燕京啤酒要坚守自己的产品质量标准，不能为了节约成本而做糊弄消费者的事情，仍然坚持倒掉了这1200多吨啤酒。除此之外，燕京还发现，华斯还有一大批酿酒原料已经变质，又坚决地予以处理掉。在处理这些原料的过程中，燕京又损失了136.3万元。燕京如此果决地处理掉华斯啤酒和原料一事，反映了他们从源头上真抓质量的实在措施，切实保障消费者利益的真切愿景。而这种行为，也赢得消费者的口碑和信赖，保障了燕京的品牌营销。

（二）决胜制高点！

对于游走在市场经济中的现代化企业来说，利用广告等信息传播方式，提升品牌知名度，也是必不可少的经营方略。但是如何长袖善舞，却是见仁见智。在运用广告战略方面，燕京也有其独到之处。与青岛、雪花、喜力等品牌相比，燕京所采取的基本策略，就是"抢占制高点"，通过居高临下赢取竞争对手。

对于燕京啤酒而言，有两个"制高点"必须拿下。一个是要在中央电视台投放广告，这是燕京打造全国性品牌、国际知名品牌影响力所不可或缺的大本营。多年的实践证明，这也是最具成效的广告传播平台；另一个是做好北京卫视每天《晚间新闻》后，《天气预报》前插播的广告，这种日复一日的广告宣传，可以巩固本地市场消费者对于"喝来喝去还是燕京清爽，啤酒还是燕京醇香"的品牌认知。

与央视进行战略合作，是燕京广告战略中的最重要议题。燕京与央视的合作可谓珠联璧合，相得益彰。燕京选择了央视黄金时段播放广告，产生了极佳的传播效果，符合燕京作为国际啤酒品牌的定位。燕京从北京顺义区起家，逐步走向北京市场、全国市场、国际市场，在各个消费市场上取得了极高的品牌知名度和美誉度，获得了经销商和消费者的认可,所获取的效果与央视的合作密不可分。

"央视播哪个品牌的啤酒广告,我们就认哪个品牌,燕京啤酒全国人民都知道。"谈到燕啤在央视的广告战略,一位经销商如是说。对于地区经销商来说,央视的广告投入是他们选择代理品牌的最重要指引,是一个啤酒品牌展示实力的主要标志。燕京正是抓住了这一点,取得了经销商和消费者的信任,得以迅速在国内市场推广自己的品牌。

善于利用重大事件营销,也是燕京开展营销战略的拿手戏。赞助北京2008年奥运会,就是燕京抢占的另一座制高点的典型案例。

早在2001年7月13日,北京在俄罗斯申奥成功,当时燕京就赞助了中国代表团在俄罗斯的申办活动。2005年8月,燕京啤酒被确定为北京2008年奥运会赞助商;随后,燕京啤酒提出了"感动世界、超越梦想"的品牌主张,不失时机地冠名北京女排,并与中国皮划艇队结为合作伙伴,先后开展了"燕京啤酒社区行""喝燕京啤酒看奥运盛典""奥运火炬进燕京"等品牌宣传活动。在整个北京奥运期间,燕

奥运营销

京共花费 3.2 亿元人民币做推广，全力打造燕京品牌，全面展现燕京形象，把燕京啤酒深深地镶嵌在人们的脑海中。

名牌从来不是自己封的，而是消费者和市场授予的。2012 年，第 18 届中国品牌价值研究结果在英国伦敦揭晓，根据评估，燕京啤酒集团的品牌总价值达到了 365.94 亿。燕啤品牌得到了市场和消费者的充分认可。

奥运火炬传递

燕京在北京奥运会后的事件营销路线

2009 年，燕京啤酒董事长李福成荣膺"2009 品牌中国年度人物"，以表彰其在燕京品牌 20 年高速发展中的巨大贡献和 2008 年系列奥运营销活动的巨大成功，这使得国内外媒体纷纷对这一民族品牌及其掌舵人不吝好评。

2010 年，在上海世博会上，"燕京啤酒"作为名优产品在世博会江西馆展出，这是一次向国内外游客展示燕京产品质量和品牌文化的绝佳契机。

2011 年 4 月，燕京啤酒正式成为中国探月工程官方合作伙伴，双方在品牌建设、科普教育及公益事业方面开展深度合作,通过"燕京邀您看发射""喝燕京,为中国探月工程喝彩""月球车全球征集命名"召集"中国首支民间逐月团"等系列活动,强化品牌在广大消费者心目中的位置,使"燕京"品牌真正成为国际化知名品牌。

2012年,在伦敦奥运会期间的"北京文化周"上,燕京啤酒出资1200万在伦敦举办"燕京之夜"系列文化活动,活动得到了海外媒体和当地居民的关注,成功将自身的品牌文化与奥运精神以及北京文化底蕴结合起来,扩大了燕京品牌的海外影响力。

极品纯生

漓泉鲜啤

举办燕京啤酒节,是燕京借助节日的吸引力和文化的感召力宣传燕京品牌,联系消费者的重要形式。早在1992年,燕京就每年在顺义举行为期三天的燕京啤酒文化节。啤酒节是充满友情、充满欢乐的盛会。燕京啤酒节文化色彩强烈,营造出浓郁的酒文化氛围,吸引了越来越多的海内外游客。到2012年,燕京啤酒节已经举行了21届,并成为北京顺义地区的一项文化盛事。

结束语

美国投资大师威廉·欧奈尔说过:"市场自己会说话。"从燕京的市场地位就可得知,燕京啤酒在商业上的成功毋庸置疑。

但是,本案例的关注点绝不仅仅于此。燕京啤酒最重要的社会价值和研究意义在于,它是国有企业在改革开放中获得基业腾飞、品牌成长的鲜活标本。

诚然,改革开放为国有企业带来了前所未有的机遇,同时也带来了始料未及的挑战。有许多国企对焕然一新的市场经济手足无措、水土不服,在风云变幻的改革大潮中疲于应付、粉身碎骨。也不乏燕啤之类的国企成为了新局势下的弄潮

燕京啤酒(包头雪鹿)股份有限公司
包头雪鹿

儿，实现了腾飞式发展。

燕京啤酒始于改革开放初期，它用了30年的时间跨越了大型国际啤酒集团走过的百年发展之路。燕京啤酒在经营战略、机制改革、品牌塑造等方面的探索和实践，回应了市场的需求、满足了改革的需要、锻造了企业的竞争力、促进了品牌的健康成长。燕京的宝贵经验值得其他国企参考借鉴。

燕京啤酒品牌的管理者深谙品牌经营之道，燕京啤酒向我们讲述了一个国企如何在改革开放大潮中应势而上、矗立潮头的故事，也向我们展示了一个产品过硬、市场认可、发展稳健、机制完善、文化沉淀的民族品牌所具备的无限可能。

中国人民大学新闻学院：倪宁、陈硕、王铭
《国际品牌观察》杂志：王纪辛
中央电视台广告经营管理中心：赵忠仁、田宁、张璇

案例组考察燕京啤酒（桂林漓泉）厂区（右四为桂林漓泉公司毕贵索董事长，左五为倪宁教授）

采访手记

比起其他竞争对手,燕京是一家相对年轻的啤酒企业。在30多年的发展历程中,燕京由小到大,逐步成长。燕京是中国民族啤酒工业的中流砥柱,在外资纷纷进驻中国啤酒品牌的大潮中,燕京坚持外不合资,独立自主的发展方针,坚持将民族红旗扛到底。

《第一财经日报》总编辑秦朔这样评价燕京:"我不愿把燕京啤酒当作一个王朝,因为任何王朝都会消失。我愿意把燕京啤酒当成一股清流,努力地朝着消费者的方向流淌。"占领消费者的心智资源是燕京最重要的品牌依托。

案例组成员合影(右四为李福成董事长,右三为倪宁教授)

通过课题组在燕京总部和桂林漓泉分公司的采访，以及对燕京30多年来的发展历程的梳理，我们管窥到了令燕京基业长青的内在基因。

一是燕京的核心企业文化——"以情做人、以诚做事、以信经商"。正因为对这一信条的坚守，燕京啤酒才能真正占领消费者的心智资源、才能真正获得经销商的认可、才能真正将4万余员工凝聚在一起，业界也才有"没有燕京攻不下来的市场"这一神话。

二是改革精神。正因为数十年如一日的锐意进取、厉行改革，燕京啤酒才能应对惊涛骇浪、才能先人一步独占鳌头、才能反求诸己切除弊病，使业界看到了一个不断扩大版图的啤酒企业和被誉为发展"最健康"的啤酒品牌。

同时，我们也应该注意到燕京啤酒当下和未来发展的几个问题。

在品牌方面："民族品牌"虽然对内很有凝聚力，但对外的号召力则有限。如何用广告的形式展现出"民族品牌"的品牌核心主张，如何寻找到"民族品牌"与啤酒产品特质、消费者诉求的契合点，如何真正让"民族品牌"在消费者心里"落地"，如何避免"民族品牌"引发海外市场的负面反应，这是燕京必须考虑的问题。

在市场方面：在过去十年的全国市场开辟中，燕京一直抱持着"以情做人，以诚做事，以信经商"的价值观，持续稳健的进行并购扩张。这也是由于这一阶段国内啤酒行业处于跑马圈地的阶段，大型企业各自寻找市场空白、划定势力范围，彼此之间形成一种"井水不犯河水"的均势。但随着国内啤酒市场逐渐划分完毕、新增市场潜力逐渐下降、国外品牌大举进入，中国啤酒企业间的正面交锋必将加剧。这是对燕京未来发展的新考验，新的环境需要新的战略战术。如何变防守姿势为进攻状态、探索不同形势下的取胜之道，是摆在燕京面前的新课题。

倪宁

中国人民大学新闻学院执行院长，教授，博士生导师。学校图书馆馆长、文化科技园管委会副主任、国家清史纂修领导小组办公室副主任。

《广告传播学》（合著）《广告学教程》曾获得中国人民大学优秀科研成果奖；《新闻教学实践的组织与管理》《报纸编辑学课程教学法研究》等三项北京市优秀教学成果奖获奖成员。2004年全国十大广告学人之一。被教育部连续三届聘为新闻学学科教学指导委员会委员，中国广告主协会咨询专家。

社会兼职：中国广告协会学术委员会副主任。

研究方向：新闻业务、广告传播研究。

近期专著：《广告新天地》《广告学教程》《广告学教程（第二版）》《广告传播学》（合著）《广告精点》（合著）《广告学》（合著）《广告学概论》（合著）等；《广告学教程》被列为普通高等教育十五、十一五国家级规划教材。《试析我国期刊广告经营的现状与发展》《试论我国新闻教育的流变及其启示》《试论电视节目赞助的决定性因素》《报业经营应该怎样做》《知识经济催促媒体创新》《试论新闻媒体的信息交流》《经济低谷中的日本报纸广告》《语言观在传播中的地位和作用》等。

案例点评

燕京啤酒一路走来，实在可圈可点。面对强势对手青啤、雪花及众多国际大品牌的猛烈进攻，经过十年来的激战，燕京仍然牢牢控制着北京85%以上的市场份额，不免让人惊叹。诚如董事长李福成所言，他深刻的领悟了定位之父特劳特防御战的精髓，并很好地实践了这一理论。

防御战原则一：只有领导者才能打防御战。这条原则看起来很显然，其实未必，很多企业都认为自己就是领导者，但大多数企业把它们的领导地位建立在自己的定义上，而不是市场现实上，只有顾客认准的领导者才是真正的领导者。燕京啤酒在北京市场已深入老百信心中，是真正的领导者，所以面对青啤的猛烈进攻，燕京以"喝来喝去，还是燕京清爽；啤酒，还是燕京醇香"提醒了自己的地位，激发了百姓的认同，防御了竞争。

防御战原则二：强大的进攻必须加以封锁。自负使然，很多领导者不愿意阻击对手，或是轻视对手，从而错过了最佳防御时机，而燕京反应敏锐，第一时机稳固防守，渠道封杀，和经销商签订"排他协议"；调整广告，加强投入；推出针对性产品等一系列动作，把竞争对手扼杀在摇篮中。

防御战原则三：最佳的防御就是有勇气自我进攻。也就是通过不断推出新产品和新服务，让既有产品和服务变得过时，以此强化领导地位。燕京啤酒没有满足于现状，而是不断自我进攻，从11度清爽型啤酒，到"新鲜"，再到"白啤"，燕京总是再不断自我否定，自我升级，更好地巩固了领导地位。

防御战的三条基本原则学起来容易做起来难，要想打一场漂亮的防御战，企业需要认真参悟。

特劳特（中国）高级分析师
郭禹芊寻

第二章
产品与激情

　　品牌的根基是产品，缺乏强大产品的支撑，品牌就是无源之水，无本之木。企业之败，常败于产品，企业之赢，也赢在产品。

　　统一、日产都曾面临这样的困惑。问问消费者，这个品牌是什么，可能面目模糊，什么都在做，但缺乏亮点。第一印象无比重要，这是最直接的购买理由。统一和日产这些年的努力得到了认可。如果现在再问，消费者会清晰作答：统一就是老坛酸菜，日产就是天籁。明星产品的成功，也带动了品牌的清晰和全线产品的提升。

　　在这场转变中，其实充满了故事，产品和品牌体系的重构往往是"壮士断臂"，需要极大的魄力，伴随着内部的争议和管理者的决断。但是一旦抉择，把资源聚集起来，产品就能爆发出巨大的激情和力量。好的产品是有生命的，能够感染消费者，形成口碑，为品牌聚拢众多的粉丝。企业创造好的产品，就能改造整个市场格局。

　　产品的激情，产品创造者的激情，为品牌赋予了强大的魅力。从统一、日产身上，我们感受到了！

"老坛酸菜"出缸前后
——统一的大陆征程

机会永远都是留给有准备人的，对于企业而言，这个道理一样适用。统一企业集团（简称"统一"）的大陆发展史，印证了这一点。

1992年进入大陆市场以来，拥有46年历史的统一企业集团，由于经营思路过于稳健，一直处于行业跟随者的地位。虽然成功打响了品牌知名度，但市场规模总无法做到令人满意程度。在统一各业务板块中，企业的方便面业务甚至一度跌入低谷。

作为台湾市场行业"王者"的统一，并未一蹶不振。在战略失当、业绩滑坡时，统一大胆变革，以独到的眼光和创新的精神、集中一切资源、凝聚企业人心，全力打造出一款全新的方便面明星产品——"老坛酸菜牛肉面"。短短几年，"老坛酸菜牛肉面"就为统一企业集团谱写出品牌发展的新篇章。

2011年，即统一"老坛酸菜牛肉面"面市三年后，该方便面品类的年销售额就从1.5亿元冲到36亿元，成为了中国大陆方便面市场新的"单项冠军"。当年，台湾TVBS民意调查显示，统一荣登台湾最具影响力品牌榜首。

现代企业间的竞争关系，经常被比喻为一场赛跑运动。在台湾市场，统一一直是领跑者的角色；而在大陆市场，统一在过去二十余年间，长时间扮演的不是领导者，而是扮演跟跑者的角色。统一"老坛酸菜牛肉面"的横空出世，可以看做是统一的阶段性领先。如何在长距离赛跑中保持活力，统一的故事值得玩味。

2012年5月，波澜不惊的方便面行业发生了一件大事。

事件的导火索，是统一最新的"老坛酸菜"系列广告大规模上线。当年5月间，"有人模仿我的脸，还要模仿我的面"，统一代言人汪涵说出的这句广告语，伴随中央电视台的电视直播平台迅速进入千家万户。一场围绕谁的"老坛酸菜牛肉面"

真正正宗的争论，也由此展开。

以央视广告形式为一个快消单品正名，在国内品牌传播史上并不多见，这使得整起事件充满了"病毒式"传播的噱头。伴随广告的诱导作用，千千万万的消费者被吸引到统一"老坛酸菜牛肉面"上，关注点由"老坛酸菜牛肉面"真正的本源延伸到统一是一家什么样的企业等话题。

一、台湾传奇

"三好一公道、诚实苦干、创新求进"，是统一企业集团的经营理念，自1967年7月1日算起，这一理念被"统一人"坚守了46年。所谓的"三好一公道"，是指品质好、信用好、服务好、价钱公道。

这种朴实无华的经营理念，在21世纪的今天，听起来甚至有些过时。

但是，"三好一公道、诚实苦干、创新求进"，作为统一企业集团经营驱动的内核，却让统一屹立商海46年之久，其中的真谛，耐人寻味。

（一）阿信在台湾

提到统一品牌，不能不提它的创始人——高清愿。在台湾，高清愿的大名，可谓无人不知，无人不晓。有人说他是"台湾的阿信"，还有人称他为"台湾的松下幸之助"。之所以拥有这样称呼，与他白手起家、艰辛创业，最终成功地建立一个庞大的企业集团有关。

13岁父亲去世，高清愿勉强读完小学，就此中断学业。16岁，他成为新和兴布行的学徒，勤勤恳恳地从基层开始做起。26岁，年轻的高清愿就成为台南纺织公司的第一任业务经理。从1954到1966年，高清愿在台南纺织工作了12年，虽然老板很赏识他，工人们尊重他，但高清愿却想创造属于自己的事业。1967年7月1日，统一企业正式于台南市成立。本着"嘉惠地方"的创业精神，高清源与他的82名员工共同开启了品牌腾飞的漫漫长路。

20世纪60年代末，台湾经济正处于快速增长期，很多年轻人面临生活和事业的压力，需要一种快速而方便的食品。高清愿看中方便面这个未来的市场，于1968年派研究科吴昭雄到方便面工艺已经较为成熟的日本，学习方便面制作工艺。

当时，方便面的工艺还与纯手工技艺密不可分。凭借着天赋和勤劳，吴昭雄学成了方便面生产技巧，为统一奠定了方便面事业的技术基础。他回台湾后，与统一同仁一起开发大众化的速食面，并迅速地占领了台湾市场。随后，统一又在食用油、饮料、乳品、罐头等方面大显身手，经过十多年的创业，渐渐成为台湾食品业的龙头老大。

1991年，中国台湾开始准许大型企业到大陆投资。高清愿也萌生了到大陆办企业的念头，于1992年在大陆正式注册成立了统一中投企业，并派遣166个台湾

统一企业台湾大楼

统一员工将母公司良好的企业文化移植到大陆的新企业。依托台湾母公司雄厚的经济基础,以及成熟稳健的品牌经营理念,统一中投在大陆做得风生水起。1999年,统一企业集团已经拥有42家子公司,年营业总额近1384亿元新台币。从坐落于台南永康的面粉厂,到如今国际化的企业版图,统一企业一步一个脚印地走过46年的风风雨雨。

(二)统一改变生活

渴了,饮一杯统一冰红茶;饿了,吃一碗统一方便面。2300万台湾人,每天的生活都离不开"统一"这个名字。

凭借着自己拥有的全世界密度最高、遍布全台湾5000家的Seven-Eleven(7-11)便利店,凭借着不断的产品创新和质量创新,四十多年来,"统一"不仅将自己打造成台湾人最喜爱、最信赖的食品品牌,而且推动着台湾人民生活方式的变革。

统一深谙,产品是品牌的根本。要想让品牌长远经营,产品必须受到消费者的欢迎。统一认准食品这一与民生息息相关的领域,根据台湾消费者的需求准确把握细分市场。在统一的饮料柜里,各式各样的饮料产品五花八门、琳琅满目,每一款饮料,都有精准的定位,并进行差异化营销。

在方便面领域,统一的子品牌就达13种之多,每个子品牌下又细分多种口味,累计超过50种。例如,统一肉燥面属于经典款,曾经位列方便面市场"四大天王"

之首。统一还根据四大节气的特性，研发"寒、热、温、凉"性质的补品方便面，符合消费者在不同时间点的需求。这一系列叫好又叫座的产品帮助统一在台湾坐上

统一方便面超市陈列

了方便面的头把交椅,而这些产品的成功运营也给在大陆的统一中投应对瞬息万变的市场打下了坚实的基础,积累了非常宝贵的经验。

(三)"三好一公道"

在台湾,统一连续十余年被评为"大学生最想就职的企业"之一。这样良好的口碑,得益于统一的企业文化。统一有一个非常值得骄傲的地方,就是不管企业处于什么样的发展困境,从来没有裁员过。统一奉行的"家"文化,让每个统一人深爱这个家,以这个家为荣。

不管是台湾的统一,还是在大陆的统一中投,员工们时常提及企业的经营理念。"如果您留心过统一的企业标识,便不难发现,它是由'President'之首字母'P'演变而来。但您可能有所不知,表示翅膀的三条斜线与延续上扬的身躯,却有着更深的一层涵义。在统一人眼里,它栩栩如生地诠释了统一自建立之初,延续至今的

回报社会活动

回报社会活动

品牌精神——'三好一公道'。"为统一人津津乐道的"三好一公道"指的是：品质好、服务好、信用好、价格公道。

如此朴实无华的理念，便是统一多年来一直秉承的经营之道，也是统一企业笑傲食品制造业四十多年最根本的原因。它深深地影响着每一个统一人。统一始终如一地坚持产品不仅要达到行业标准，甚至超过行业标准达到国际一流水准，不违背良心制造有害健康、偷工减料的产品，不以不实的广告欺骗顾客，并且定价一定要合理，如有盈余要回馈社会，做到"取之于社会，用之于社会"。

除了悉心经营自己的事业外，统一还重视对社会的回报。从2000年起，统一企业集团以"千禧之爱——A Touch of the Millennium Love"为主题，打造为期十年的人文工程，包含"尊重生命""亲近自然""彼此关怀""乐观进取"四个主题。统一时刻重视消费者身心健康，倡导幸福快乐的生活价值观。正是"三好一公道"的经营理念深入人心，统一员工始终上下一心，即使在企业面临困境时，也不离不弃，与企业同甘苦共患难。

（四）被信任是一种责任

在 46 年的经营中，统一体会最深的管理信念就是：质量与信用是企业永续发展的基石。在大陆市场，统一的老板为营销人员配备了计步器，目的在于督促他们随时走到终端对产品进行检测。无论是经销商仓库，还是渠道最末端的店面，这些营销人员不厌其烦地来回走动，随时监测产品的质量问题。

"民以食为天"，经营食品业的统一深知，每天都有无数的消费者吃着统一的面、喝着统一的饮料，每一道工序每一次质检，都影响着消费者的健康与安全。消费者在购买统一食品的时候，已经把一份无声的信任交付给了统一。

正是这份信任，时刻提醒着所有的"统一人"，要以最专业的技术，最成熟的安全生产系统，制造最令消费者安心的产品，提供最贴近消费者需求的服务。这套成熟的安全生产管理模式使企业在多年的经营中并未出现任何大的食品安全事故，赢得了消费者的信赖，也成为统一面临困境和挑战时最为坚强的后盾。

生产流水线图

二、带刺的王座

如果统一的故事止步于台湾市场,就不会有统一在央视投放"老坛酸菜"系列广告的一幕。在亚洲企业商战史以及统一的企业史中,也就缺少了颇为精彩的一个华章。

进军大陆市场,使得统一从台湾市场的行业老大宝座,跌落谷底。因为,最早成功进入大陆方便面市场的台湾品牌并不是统一,而是康师傅。从进入大陆市场开始,统一便扮演着品牌跟随者的角色,一路艰辛、一路拼搏。统一认为,做市场与做人一样,凡事戒急用忍,事缓则圆。在成长的道路上,统一慢慢积累实力,遇到困境时咬牙坚持,期待并创造机遇的到来。

(一)统一"试错"

1992年,统一进入大陆方便面市场,其实并非最好的时机。彼时,康师傅红烧牛肉面因其创造性地在方便面包装中加入"秘制酱料包"而风靡整个大陆市场。虽然看似小小的创新,却使方便面的口味提高了一个层次,与之前的方便面以及大陆市场上其他所有品牌方便面形成差异化,风头一时无人企及。相比之下,刚刚进入大陆市场的统一则还忙着熟悉大陆市场。

跟台湾相对比较单一的市场不一样,大陆市场幅员辽阔,东西南北口味差异巨大。刚进入大陆市场的统一,虽然依靠"小浣熊干脆面"将品牌打响,但是没有意识到口味差异的问题。统一采用市场跟进的策略,把在台湾卖得不错的几款产品(如杂酱面、辣酱面等产品)直接照搬到大陆市场,试图与康师傅分庭抗礼。遗憾的是,这些产品在大陆的市场反响,没能令人满意。

在残酷的市场现实面前,统一逐渐明白,简单地把台湾成功的产品复制到大陆市场,成功概率微乎其微。为此,统一借鉴台湾方便面事业的品牌化经验,改变市场战略,于1996和1997年相继推出"统一100""来一桶"等子品牌。与之前的产品相比,这两个子品牌在产品包装方面下了不少工夫,消费者的辨识度也有了明显的提高。可是,当时的中国消费者对品牌这个概念仍然比较陌生,常常把母品牌和子品牌搞混。此时恰好又是康师傅红烧牛肉面在市场一家独大之时,统一的两个子品牌根本无法撼动康师傅的地位。

随着方便面市场竞争品牌越来越多,行业老大康师傅采用低价格策略拓展市场份额,统一也跟进低价面市场。在最初的几年里,靠价格等优势统一逐渐占有一定的市场份额,品牌知名度也随之提升。然而,由于利润率过低,原材料普遍涨价等因素,统一逐渐陷入到低成本、低价格混战的泥潭中。又由于产品线拉得过长,获利产品不多,缺乏明星产品冲锋陷阵,统一企业的经营陷入了窘境。2008以前,在统一拥有的338个方便面单品中,毛利率高于27%的只有32%,而占比很大的"好劲道"毛利率仅有4%,部分产品甚至出现负毛利。换言之,将近三分之二的产品不赚钱,部分产品从生产出来就开始赔钱。

在台湾,统一方便面的成功秘诀之一是拥有并控制着产品的流通渠道Seven-Eleven连锁便利店。在大陆,统一方便面无法延续在台湾的神话,其原因也与产品渠道密切相关。首先,统一在渠道布局上投入有限,通路流程也比竞争对手长,管理效率低,成本高。其次,统一在全国的销售渠道非常不均衡,西南、华中、华东

小浣熊干脆面

尚可以与竞争对手抗衡，东北、西北、华北地区则根本不是人家的对手。再次，统一的绝大部分市场是靠人力铺就的一、二线市场，三线市场几乎就没有进入。最后，统一仍不熟悉利用权威媒体广告投放来打通渠道的做法。在大陆市场，这是许多企业成功的法宝。统一在渠道的拓展上迷失了方向。

对市场变化的迟钝，则是统一在早期中国市场难以打开局面的另一原因。统一在大陆市场也曾经开发出一些创新性的产品，但很快就被竞争对手快速模仿跟进，并利用领导品牌的效应后来居上。

（二）蛋糕只有这么大？

品牌跟随战略，使得统一既没能挑战康师傅的行业老大地位，也无法保持理想的市场占有率与销售利润。缺乏创新的产品，盲目的低价策略，保守的市场应对，使得统一方便面事业在大陆市场的业绩远远低于预期。2000—2008年底，统一方便面的业绩基本在原地踏步，销售净额保持在25亿元左右，到2009年甚至跌到了冰点21.2亿元。

统一方便面业务下滑的原因，不仅仅是自身经营的问题，也与方便面日益饱和且萎缩的市场空间紧密相关。2008年至2009年间，随着全球金融风暴的压力，供给与需求双方的不平衡、气候异常、国际游资炒作等原因，全球范围内的棕榈油、面粉等方便面重要的原物料价格呈持续上涨态势。

中国方便面行业也进入自1984年以来最艰难的下行期。方便面产量由2007年的498亿包降至2008年的449亿包，拉响了产量下跌的警报，到了2011年，全国销售量更是整体下滑近两个百分点。与此同时，方便面在方便食品市场的销售比重，也由1997年的85%下降至2008年的62%，十余年间缩小了23%的份额。

蛋糕只有这么大。方便面行业似乎进入了"零和博弈"阶段，一个品牌销量的增长，也就意味着其他品牌销量的下滑。作为行业老大的康师傅，即使在这种严峻的情况下，依旧取得了骄人的业绩。数据显示，2009年康师傅方便面业务的销售净额为157.56亿元，是统一的七倍之多，销售净利润达到22亿元，甚至超过统一的销售额21.2亿元。2008年，统一已跌落出行业前三（依次是康师傅、华龙今麦郎、河南白象）。AC尼尔森的报告显示，此时康师傅在中国方便面市场的份额已经超过50%，统一则在10%上下徘徊。

超市里各类方便面

（三）改变，势在必行

方便面属于产品同质程度高、产品差异化和形象差异化低、消费者对价格又极其敏感的产业，晚一步进入大陆市场的统一为了避开康师傅的锋芒，一直都实行跟随战略。统一中投副董事长罗智先曾经说过："在中国大陆也没有什么诀窍，像我们这种企业，家大业大庙大，每天安安分分做事，只要不闯祸出错，时间长了就变高僧了。毕竟大陆市场很大，一到十名都有得吃。"

统一的亦步亦趋的跟随战略，从一开始就决定了它不可能成为行业霸主。不仅如此，想成为行业老二也不容易。在新的品牌不断涌入的情况下，由于在产品上缺乏革命性的创新，也没有找到有效的渠道策略，统一慢慢地跌出市场前三位。

在市场逐渐萎缩，竞争逐渐不利的现实面前，统一逐渐意识到，企业战略上再不做出调整，连跟随者的地位也难保，变革势在必行！然而，对于一个已经在香港上市，市值上百亿元的大公司来说，变革谈何容易？如果仅仅是战略上的微调，对企业的发展来说根本是隔靴搔痒。如果要彻底地改变十几年一直沿用的企业战略，对企业来说将面临前所未有的挑战。

尽管困难可想而知,但母公司46年的经营管理经验,进入大陆后快二十年的打磨沉淀,已经拥有的江湖地位和品牌知名度,使统一企业拥有十足的底气和信心。于是,统一方便面事业开始了一场脱胎换骨的变革——凤凰计划。

2006-2011年度统一中控营收数据(单位:千元)

年度	2006	2007	2008	2009	2010	2011
销售量	7,883,692	8,656,777	9,241,571	9,108,610	12,590,784	16,931,929
毛利	2,327,940	2,914,680	3,155,718	3,616,667	4,043,057	4,942,612
纯利	146,070	424,005	343,841	896,471	682,465	396,391
方便面收益占比		28.2%	24.4%	23.3%	28.2%	35.1%

数据来源:根据已公开的年报整理

(四)"老坛酸菜"巧搭牛肉面

凤凰计划之前,统一内部的意见分歧很大,主要是关于梦幻产品的确定。很多人都认为,如果公司集中资源打造一个产品,一旦失败,后果不堪设想。这就要求"梦幻产品"必须成功,而成功的前提是:梦幻产品必须跟市场上已有的传统口味形成差异,让消费者产生独特的味觉体验,同时梦幻产品又必须能够适应中国幅员辽阔的市场,能够被广大消费者普遍接受。"老坛酸菜牛肉面"这个梦幻产品就是在这样艰难的抉择中被选出来的。

为什么新产品会是"老坛酸菜"+"牛肉面"呢?这还得从"老坛酸菜牛肉面"的诞生说起。

2003年,成都统一针对当地消费者喜好,推出了一款深具地域特色的产品"老坛酸菜牛肉面",面中创新性地加入了秘制酸菜包。酸菜在西南是家喻户晓的传统美食,腌制酸菜、泡菜的工艺已经绵延传承了上千年,特别在四川,几乎家家户户都会有一只酸菜坛子来腌制自己独家的酸菜。当年的成都统一吸取了传统川菜里的这一口味精华,研发出了这一基于中华传统美食口味的方便面——"老坛酸菜牛肉面"。

对于将这个区域性销售的产品作为统一凤凰计划着力打造的梦幻产品,统一有自己的思考。2008年的中国方便面市场依然以牛肉配料为主，市场占有率高达58.7%，其中又以红烧牛肉独大，所以梦幻产品必须将根扎在最大的牛肉配料市场上。而在口味上，当时市场上的大多数方便面都"不辣"，所以梦幻产品必须与"不辣"的产品相区别，这样以"辣"为口味就成为一种差异化显著的选择。

"辣"是一种"大众口味"吗？在大陆地域上，湖南、湖北、四川、重庆、贵州、江西等省普遍吃辣，因此新产品在这些地方的推广肯定适合当地消费者的口味需求。从2003年区域性推出的业绩来看，"老坛酸菜牛肉面"还是通过了市场的检验，在西南和华中地区取得不错的成绩。仅2003年一年的时间，在西南地区就达到月销售额1000万元。2006年，扩大到饮食习惯相似的华中地区，上市仅10个月也达到月销售额500万元的规模。

其他地方（如东北地区、华东地区）的消费者也能够接受吗？统一方便面的目标消费群体是学生、白领、蓝领工人这三类流动性比较大的人群。这些人比较年轻，适应性强，勇于接受新事物，能够适应各种口味的食品。更为关键的是，多年来以辣为主要口味的川菜，席卷大江南北，在全国各地都能落地生根。因此，"辣"俨然已经不再是一种地方口味，而是畅行全国的"大口味"。

老坛酸菜牛肉面

不仅如此,"老坛酸菜牛肉面"创新性地加入酸菜包,口味有别于市场上的香辣、油辣等口味,侧重酸辣,且辣度适中,食用者有酸爽、可口、开胃的感觉。综合这些分析,统一人有了自己的答案。"老坛酸菜牛肉面"必定是一种"大口味"产品,非常适合作为凤凰计划的"梦幻产品"推向全国。

三、凤凰计划

统一在中国台湾的发展史和大陆的发展史,解释一个真理:任何一个优秀的企业品牌,都无法永远顺风顺水;问题的关键是,一家企业优秀在遇到困难之时,需要能够找到解决问题的办法,重新崛起。

面对饱和市场被垄断、战略失当的情况下,统一开始对市场情况和自身资源进行充分的分析。在统一高层,统一中投副董事长罗智先先生,原统一中投总经理林武忠先生的大力支持下,统一制定出了凤凰计划,并通过凤凰计划的实施,推出"老坛酸菜牛肉面"这一创新性产品。

所谓凤凰计划,其核心就是"聚焦、聚焦、再聚焦"。

(一)收指为拳,用力一搏

到2008年,面对萎靡不振的市场,统一内部几乎所有人都清醒地认识到战略变革势在必行,问题是如何变革呢?如何在已经趋于饱和的方便面市场异军突起杀出一条血路呢?

这并不是一个容易回答的问题,也不是一个能够容易做出的抉择。大陆的方便面市场一直以来超过70%的销售,都是由中低价方便面支撑,但是巨大的产量和销售因利润过于微薄,很难给企业带来足够的成长空间,行业超过七成的利润来自高价面市场。选择销量或是利润?八年未尝成长滋味的统一,毅然决然地选择了利润,大规模撤出中低价面市场。

当时的中高价面市场,康师傅红烧牛肉面一枝独秀。但是康师傅红烧牛肉面从1992年上市之后,十几年口味基本没有太大的变化。产品已经达到成熟期,消费者或多或少已经对其产生了味觉疲劳,只是市场上没有任何产品和口味能与之抗衡或替代之。到2008年,伴随红烧牛肉面一起成长的消费群体随着时间的消逝也逐渐老化，新生代的消费群体需要新的产品来代表新的价值观。这为统一推出新的大口味的产品带来了市场契机。

民以食为天，食以味为先。作为一个传统的食品行业，统一开始进入大陆市场时，只注重继承台湾"口味"，却忽略了大陆"口味"，这就决定了其发展空间有限的命运。而随后奉行的亦步亦趋的追随策略，更是让统一方便面走进绝境。结果，尽管大陆的统一人竭尽全力地努力拼杀，仍然无法提高消费者对统一产品的兴趣，仍然无法提振渠道商对统一产品的信心，统一方便面市场始终是难以激活起来。在这种情况下，对于统一来说，最重要的事情就唯有推出一款"梦幻产品"，以期能够符合广大消费者的口味，激发广大渠道商的信心，凝聚因业务受挫的业务团队战斗力。

凤凰计划

痛定思痛，冷静分析局势后，2008年统一毅然推出了他们酝酿已久的凤凰计划。该计划的核心是明确中高价面为战略市场，放弃低价面，集中一切优秀资源创新并培养符合消费者需求的"梦幻产品"——"老坛酸菜牛肉面"，让该产品成为行业品类领袖。这个决策，在当时是非常冒险而大胆的，但统一要改变市场格局，唯有此路。

在确定以"老坛酸菜牛肉面"为主打产品之后，为了充分发挥已有营销资源的优势，统一还决定利用原来比较成熟的两个子品牌"来一桶"和"统一100"来撬开市场。在大规模砍掉诸低利润的产品（如"好劲道"等）后，在统一精心挑选后留下的子品牌中，"来一桶"的毛利水平最优，在消费者中知名度最高，销售增长也最为可观，适用于推广"老坛酸菜牛肉面"容器面；中等价位的"统一100"在市场中也相对成熟，有利于带动"老坛酸菜牛肉面"的中价位袋装面。

（二）力排众议，共赴时艰

凤凰计划出台后，关键在于如何执行。而执行的关键，又在于人。

然而，凤凰计划带来的战略变革对统一内部来说无疑是一场前所未有的挑战，反对声音纷至沓来。业务团队反对的理由是，近三分之二的业务被砍掉，业务人员何去何从；事业本部反对的理由是，很多曾经有所辉煌的品牌被砍掉，生意规模必然缩小，如何填补品牌被砍掉后的业务缺口；经销商反对的理由是，一下子砍掉数百个口味产品，必然达不到出货量要求，是否放弃统一呢？生产部门的理由是，生产线一旦停产，很多一线工人就待岗，如何安抚他们？

面临开始有些涣散的人心，统一高层出动了。关键时刻，统一中投副董事长罗智先生飞赴各区舌战群儒，力排众议，向下属的各团队说明统一现状和战略改革的必要性，让员工明白统一痛苦而艰难的抉择，同时要求所有员工摒弃非议，齐心协力，共赴时艰。在高层的有力说服下，平时就受到良好企业文化熏陶的统一员工，即使最初认为凤凰计划不现实，也立下军令状，愿意全力以赴做好本职工作，力保凤凰计划的顺利实施。

此外，为了保证凤凰计划的有效实施，统一还将当时仍在西南区任职的营销奇才刘新华调任统一方便面事业部总经理，全盘具体负责凤凰计划的执行。刘新华上任后，在统一高层的支持下，于2008年10月份果断推出酝酿已久的凤凰计划的核心产品：老坛酸菜牛肉面。刘新华还为"老坛酸菜牛肉面"的全面启动举行了一个别开生面的"开坛仪式"。这一仪式不仅扩大了媒体对老坛酸菜牛肉面的关注，而且大大地提高内部人员对凤凰计划的接受度，增强他们对新产品的信心。

统一的工作会议

（三）市场聚焦，先南后北

中国大陆幅员辽阔，在企业资源有限的情况下，统一"老坛酸菜牛肉面"想要占领全国市场并取得领先地位，必须稳扎稳打，集中优势兵力，逐个击破。

统一方便面业务传统优势区域是西南、华中、华南、华东等南方各区。在这些市场，统一与主要竞争对手的差距最小，容易集中优势资源和兵力，克敌制胜。经过对品牌竞争优势、市场容量等各种因素的综合分析，统一确定把安徽、苏南、苏北等十个南方的区域市场作为"老坛酸菜牛肉面"第一阶段攻城略地的主战场。这

些区域的一、二线城市,拥有统一最为强势的通路布局,可以建立优势的市级销售基地,特别是可以将人口超过一百万的地级市列入重点发展的基地,拉开与竞争对手的距离。之后,再逐渐向周边渗透,将产品影响力辐射到邻近的城市和乡镇。

在这一战略思想的指导下,统一人经过三年的努力,即从2008年凤凰计划开始至2011年,"统一100""来一桶"的品牌知名度快速提升;统一公司打破行业的"传统淡季";"来一桶老坛酸菜牛肉面"的年销售额从1.5亿增长到35亿,单品销售量翻了20余倍;2010年全年业绩高达35.68亿元,解除八年来未尝成长滋味的魔咒,比实施计划之前增长172.1%;老坛酸菜口味成长率高于整体冲泡面成长率,占整体冲泡面市场的51.2%。统一方便面食品部终于感受到"忽如一夜春风来,千树万树梨花开"。

在凤凰计划取得阶段性成果的同时,统一方便面的北方市场仍然空白一片,而三北市场占据方便面整体市场的69%,战略地位极其重要。能否拿下北方市场,对统一方便面在全国方便面行业中的地位转变至关重要。于是,在2010年11月,统一公司打响北伐战役第一枪,在南方区域继续精耕细作的基础之上开始进攻华北、东北、鲁豫三北市场。继续凤凰计划的聚焦战略思想,在三北市场上,统一选取了相对有优势的北京、山东、辽宁、河南四个区域市场作为主战场,以期在扎根之后,向周边地区渗透。为此,凤凰计划负责人刘新华将办公室都搬到了北京,频繁往返于上海、北京两地办公。

通过2011年整年的稳扎稳打,北伐终于初战告捷。北伐区域全年冲泡面大幅成长,增长率高达170.5%,单月累计成长率均高于全国平均水平。在全国方便面市场中,老坛酸菜继续保持高速的成长,全年实现营收36.3亿元。从2009年到2011年,老坛酸菜成长了7倍,并正式超越康师傅香辣牛肉面,成为辣口味市场的第一天王,全国方便面市场第二大天王口味。截至2012年4月,统一方便面的市场占有率持续提升,从2010年的11.2%提升到15.5%。

(四)媒体聚焦,借力强媒

任何品牌的成功,都必须满足两个基本条件:一是占领消费者心智,即让消费者知道、喜欢该品牌;二是占据渠道,即将产品铺设到消费者方便购买的渠道终端。

统一方便面在台湾的成功,主要得益于拥有垄断性的销售渠道——Seveneleven连锁便利店。统一一方面可以利用该店为消费者购买统一食品提供方便，同时借助于品牌的有力展示，进一步占据消费者的心智；另一方面也可以利用该店抑制竞争对手的终端竞争。因此，即使在媒体传播上无所作为，统一也能牢牢地控制市场。

统一进入大陆市场之后，迟迟未能获得预期的成功，其原因也在于渠道策略。借鉴台湾的成功经验，统一方便面在大陆依然看中渠道拓展，但其渠道拓展模式是以业务人员的人力铺货以及适当的线下推广活动为主，没有媒体传播的鼎力支持。这种渠道拓展模式虽然也取得一定的成绩，但难以获得成功。其原因有三：第一是，铺货和推广活动是一点一点展开的，渠道发展速度缓慢；第二，没有媒体广告的支持，难以让消费者熟悉品牌，更难以占领消费者的心智，因而也无法通过消费者的品牌需求来促进渠道的拓展；第三，在统一进入大陆方便面市场之前，大陆市场已经被康师傅这一市场大鳄牢牢控制着，康师傅的阻击无疑会成为统一方便面渠道拓展的最大障碍。

因此，在凤凰计划实施之后，统一改变了过去的推广模式，线上、线下活动同时展开。在线下，统一进行了密集式推广，将"完美酸爽体验"体验站引入到学校、社区等通路，逐步俘获学生、民工等目标消费群体。2010年、2011年统一连续两年在重点区域高校举办的"统一老坛4S行动——校园营销大赛"，让大学生以参与校园销售、营销视频的创意与制作等方式主动地传播产品与品牌，活动结束后，仅"统一校园营销大赛"词条的百度搜索量就达到179000条之多。

在线上，统一则集中大量的资金在焦点区域的电视媒体上密集投放广告。凤凰计划伊始，为了占据湖南、华东等南方市场，统一每季度在各区域卫视的广告投入就超过6500万元。在老坛酸菜牛肉面逐渐被市场接受之际，统一签约了当红电视节目主持人汪涵，并集中资金在各焦点区域卫视密集投放汪涵的代言广告。此举不仅增加了老坛酸菜的知名度，也为统一打通渠道立下汗马功劳。在汪涵代言广告投放之前，有些经销商只愿意代理统一饮品，对统一的"老坛酸菜牛肉面"百般推让，好似烫手山芋不愿接纳。汪涵代言广告的推出，不仅为凤凰计划的顺利推进提供了保障，也为"老坛酸菜牛肉面"走向全国做好了准备。

当统一老坛酸菜牛肉面在南方市场取得成功成为明星产品后，进入北方市场势

在必行。然而统一方便面在北方的市场通路极为薄弱，要想迅速打开整个北方市场，仅仅依靠业务人员的努力是不现实的，即便使用聚焦南方市场时密集投放区域电视媒体的方式也很难迅速有效地覆盖整个北方市场。所以统一公司在北伐战役打响之后，便加强了与中央电视台这一高端强势媒体的合作，在央视密集投放汪涵代言的"来一桶老坛酸菜牛肉面"广告。2011年，统一公司在中央电视台的广告投放过亿元，2012年又以30%的增幅持续投放。

汪涵的央视广告词生动活泼，朗朗上口："有人模仿我的脸，还有人模仿我的面，模仿再像也不是统一老坛。"凭借着央视的高端的媒体平台优势，统一脍炙人口的广告词在大街小巷流传。甚至有消费者到商店，指名要买汪涵代言的那款方便面。消费者因为广告而记住了品牌，因为尝试而爱上了这个口味，经销商在其中看到了商机。统一这次抓住机会，乘胜追击，推出了一系列如"Q版招聘广告"等创意独特、制作精良的广告继续在央视等强势媒体上投放，将消费者对广告的喜爱逐渐演变为对统一老坛品牌的偏爱。

于是渐渐地，统一在北方的渠道掀起了一场紫色风暴。同时，凭借前一阶段在南方的营销推广经验，统一在北方市场的聚焦经营终于奏响了凯歌。

厦门大学新闻与传播学院：黄合水、唐晓、吴小冰、黄丽诗、梁艺麒、罗艺漫、张莎莎

《金融观察》杂志：丁磊

中央电视台广告经营管理中心：赵忠仁、朱斌、段广宏

结束语

阿基米德曾说：给我一个支点，我可以撬动地球。

企业能不能从困境中走出来，在于它是否能找到那个撼动市场的"支点"。在近年来增长乏力的方便面市场，老坛酸菜牛肉面无疑是最为耀眼的明星。作为一个明星单品，它不仅使企业业绩快速增长，2010年10月突破10亿、2011年突破36亿、2012年突破45亿；同时，还让统一内部士气大振，市场影响力盖过竞争对手。可见，市场绝对不会辜负一个创新、有生命力、符合消费新取向的产品，这给本就创新乏力的方便面行业带来了力求创新的正能量。只要能够找准创新方向，为消费者提供更新更好的选择，方便面行业前景仍然一片光明，因为中国乡镇农村的三、四级市

场仍是一片富含金矿的处女地。

回首来时路,老坛酸菜牛肉面这只单品的成功最重要的原因还是统一企业能够痛定思痛,拿出前所未有的魄力和决心针对大陆市场的特殊性做出战略调整,这对于一个市值上百亿的公司并不是一件容易的事,但统一人做到了!

经历烈火的煎熬与痛苦,统一这只凤凰已经开始它凤舞九天的旅程!

案例组采访统一(左一为统一杨寿臣总经理,左二为黄合水教授)

采访手记

每年写案例时,正值硕士、博士毕业生论文答辩,下一届硕士生、博士生选题、开题之际。学生在毕业论文选题时,经常会遇到这样一个两难问题:有些选题,已有的研究文献浩如烟海,所有问题似乎都被别人研究过,难以发现需要进一步探讨的问题;有些选题,几乎没有人研究过,文献非常少,几万字论文如何完成呢?我们发现,不管哪一种情形,只要学生用功,都能做出不错的论文来。

去年写可口可乐,我们遇到的情景是资料浩如烟海。今年写统一方便面,我们遇到的情景则是资料极其有限。尽管如此,我们还是从统一方便面在大陆的有限发展历程中感悟到了一些做品牌的真谛。

感悟之一,是先入为主的弥足珍贵。可口可乐因为先入中国市场,获得市场的主导权。今年我们从统一方便面得到了另一个例证。在台湾市场，统一方便面有先入为主的优势，结果多少年来，其他品牌难以撼动其垄断性地位；相反，在大陆市场，统一错失先机，让康师傅领先一步。即使是成功的老坛酸菜牛肉面的推出，使统一方便面声威大震，但也未能从根本上撼动康师傅在大陆市场龙头老大的地位。

感悟之二，是成功经验固然重要，因地制宜更加可取。统一方便面事业在台湾取得了辉煌的业绩，无人可以匹敌，自然也有一整套成功的品牌运作模式。但是简单地将这套模式复制到大陆，不一定就能取得成功。进入大陆市场很长的一段时间，统一试图依靠人力资源慢慢地进行渠道建设。这对于广而大的大陆市场来说，绝对不是行之有效的方法。

感悟之三，是做事只要集中力量、坚持不懈，最终会如愿以偿的。在大陆市场推出若干新产品屡遭挫折的情况下，统一方便面并没有黯然神伤地退出大陆市场。在吸收多个产品挫败的教训的基础上，统一终于逐渐地认清自己在方便面市场的弱势地位，终于推出老坛酸菜牛肉面，并一举在市场上获得了成功。

案例组成员合影

黄合水

　　心理学博士，厦门大学新闻传播学院常务副院长、博士生导师，中央电视台广告中心策略顾问。习惯于从人（受众或消费者）的角度，采用实证方法研究广告、媒体和品牌。中国广告实证研究的先行者。中国最早的几位广告教师之一。中国广告协会"学院奖"发起人。《广告学报》创办人，《现代广告》学术季刊主编。著有广告学科唯一教育部推荐"研究生教学用书"《广告调研技巧》，全国普通高等院校"国家级十五规划教材"《广告心理学》，《广告五字诀》等。教育部广告特色专业建设负责人。国家教学成果二等奖获得者；喜欢围棋、中国象棋、乒乓球；不爱喝酒、极少喝茶、已戒烟；追求严谨、科学、诚信。

案例点评

看过统一"老坛酸菜牛肉面"的案例,对统一的品牌定位打造感觉非常好。总结中提到的三个收获,也足见作者的感悟颇深。定位理论告诉我们,一旦品牌率先进入心智,其他的品牌就被排斥在外,不被关注。康师傅在台湾与统一比,那是小企业。可是在内地市场,康师傅方便面是大品牌,统一反而是跟随品牌。再次证明了,"先进入心智比先进入市场更重要"。这也正是定位理论的精髓之一。

作为后进的统一,通过聚焦一个产品——"老坛酸菜牛肉面"进行突破,难能可贵的是只集中一款产品,砍掉其他业务,这一置死地而后生的战略选择,是统一能够战胜康师傅牛肉面笼罩性影响的关键。

值得注意的是,统一"老坛酸菜牛肉面"的战役其实刚刚开始,统一可以借助康师傅的跟进,加速推进牛肉面向酸菜面的转化,而统一因为是"老坛酸菜牛肉面"的开创者与领导者,或许将有机会改变行业格局——这是一个稳定行业十年难遇的大好时机,持续追击,将有机会获得更大成功——成为方便面第一品牌。

特劳特(中国)高级分析师

徐廉政

第二章：产品与激情

追梦的速度
——东风日产全价值链创新之道

广州花都，一个以农业为主的郊区，随着东风日产的到来，正在形成全新的制造、物流服务港。在这里，昔日杂草丛生的土地上，东风日产两个占地超过百万平方米的现代化汽车制造工厂已经赫然屹立。这样的变化仅仅发生在10年左右的时间里。同样，分布在襄阳、郑州、大连的分厂也在创造着制造业奇迹。

尽管合资的年头并不长，但是东风日产创造着中国合资汽车企业中，最具效率的全产业链竞争模式，在温暖的、亲和的、有责任感的企业人格背后是东风日产在文化、管理、品质、营销、服务等方面稳健成长。

天籁

在广州花都东风日产乘用车有限公司的一楼展示大厅,有一件令人叹为观止的汽车解构艺术品。来自荷兰的世界级解构艺术大师保罗·范罗德耗时3个多月,把一部东风日产天籁进行了艺术解构,并命名为"Journey In Motion"(天马行空)。

"天马行空"将天籁的内部构成完整地展现出来,整车拆解零件达3421个,是迄今拆解车辆零件数量最多的一次。每个螺钉和螺帽都会依照实际位置和真实比例悬挂起来,并且可以在任何时候重新组装起来成为一辆正常运作的车。

这一件蔚为壮观的汽车解构艺术品让人们透过一个个零件感受到机械带来的先进与生命的气息。

品牌管理大师柯林斯在其著作《基业长青》中提到所有伟大的公司都是"务实

天马行空

的理想主义者"。而"天马行空"这件艺术品恰恰是对"务实的理想主义者"的最好诠释：一辆汽车必须由数以千计的零部件组合而成，缺一不可；而悬挂的展现形式仿佛让这辆汽车插上了翅膀，在空中驰骋，令人震撼和不可思议。

东风日产就是这样"务实的理想主义者"，作为一家合资汽车品牌，在中国汽车市场"天马行空"般前进；一方面带有日式企业的低调严谨，稳扎稳打持续推进技术革新；另一方面又有着中国企业的灵活矫捷，层出不穷的创新让其在市场上不断超车并持续领先。

一、东风日产，十年奇迹

东风日产乘用车公司成立于2003年6月，是中国东风汽车公司与日本日产汽车公司各出资50%的合资企业，是迄今为止中国汽车行业合作规模最大、合作领域最广、产品最全的合资项目。

2013年，东风日产正好走过十年的发展历程。十年间，东风日产从初建时的80亿元年产值上升到2012年的超1000亿元；从0到超过450万辆的产销规模；从成立之初的年销量6.5万辆，到2012年的77.3万辆；从100家销售服务网点（4S店及二级网点）发展到了超过1400家；从最初十名开外的市场占有率上升到行业前五；东风日产的十年发展，以现象级的速度成为了一个行业奇迹。

东风日产2003-2012年整车销量（单位：辆）

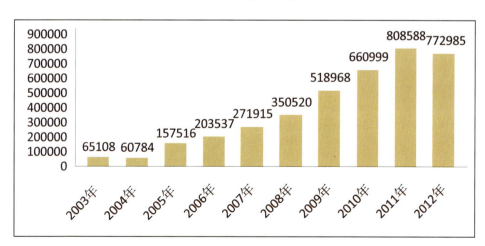

2001年底中国正式加入WTO，其后10年，也就是2001年到2011年，中国汽车市场年增速高达20%以上，成为全球第一大汽车生产国和销售市场。业界普遍认为这是中国汽车业的黄金十年，这一时期中国车企完成了做大的过程。东风日产的高速发展显然也搭乘了中国车企发展的快车道，但东风日产从2003年的6万辆起步，迅速扩展到2008年的30万辆，再到2009年的50万辆，其平均增速一直保持行业平均增速3倍以上，复合增长率更是达到68%。截至2013年6月，东风日产超越其他合资车企，打破行业增速，一举创下10年达成450万产销量的发展速度，成为国内最快达成产销规模的合资汽车企业。

2011年是中国车市的一个分水岭，汽车产销增速明显回落，业界认为中国汽车开始进入相对平稳的"微增长"时期。在这种情况下，2011年东风日产整车销量80万台，年累计销量首次进入行业四强；2012年，在宏观经济环境的作用下，中国车市再次步入"低谷期"，大多数车企"全面歉收"已成既定事实。在此背景下，东风日产在未受"限购"和"钓鱼岛事件"影响的上半年，仍能保持平均20%以上的同比增速。也就是说，在全行业都高速发展的时期，东风日产以高于行业发展均速加速前进，而在市场增速放缓甚至进入市场淡季却能实现"弯道超车"，这不能不说是东风日产全价值链竞争体系在发挥作用。

2012年，东风日产花都工厂获得日本能率协会"Good Factory"大奖的"优秀工厂管理奖"。同年，花都工厂在雷诺－日产联盟工厂的评选中，以8个项目5个满分的水平成为全球标杆工厂。这些奖项是表彰那些对产品品质进行极其严格把关的企业。一直以来，东风日产遵循"不接收不良，不制造不良，不流出不良"的"三不"原则。东风日产的PPM（工厂纳入不良率）、Short-AVES（以客户角度快速评价指标）、C-SPEED（市场品质快速对策的管理指标）等指标一直处于日产全球的标杆水准。

面对汽车市场的高速发展，东风日产凭借NISSAN和启辰两大品牌共计14款车型的产品布局，超过1400家遍布全国的服务网络，以及覆盖售前、售后、汽车金融、保险、租赁、二手车的感心服务品牌，为广大消费者创造了安心、便捷、精彩的汽车生活。

企业的生命体征也表现在它的社会责任上。多年来，东风日产四大基地十年累计纳税总额达650亿元，为地区经济发展和社区建设形成推动力。对自身的企业公民义务，东风日产在环境保护、社会公益、安全等领域积极行动，开展"天籁绿洲"行动、设立"阳光关爱基金会"、提出"汽车公民"理念，推出"安全保障承诺"等，以实际行动承担企业社会责任，致力于成为备受信赖的企业。

文化是推动企业永续成长的动力源泉，东风日产内部已经形成了一个值得信赖、充满信心并具备强大执行力的融合文化。通过以《东风日产行动纲领》为代表的一系列动作，中日双方达成了高度契合，这种独特的融合文化释放出彼此的优势潜能，形成中外双方的正能量叠加。

我们试图探究东风日产的动力内核。

东风日产办公楼外观

二、流水线上的团队精神

日产汽车公司创立于 1933 年，是日本的第二大汽车公司，日本三大汽车制造商之一，也是世界十大汽车公司之一。注重技术研发是日产的传统，从 20 世纪 80 年代起，日产便坚持将其销售额的 5% 用于产品研发，在业内一直享有"技术日产"的美誉。

但是，东风日产并没有教条的执行日产所特有的"不懈追求"理念，而是本着"汇聚力量 整合资源"的基本判断进行本土化改造，开创出东风日产式制造模式。

走进 2010 年投产使用的花都第二工厂整装车间，汽车制造的自动化程度之高令人惊叹。呈现在眼前的是亚洲最先进的多车型共线混流生产线。在每条流水线之间，播放着欢快音乐的 AGV 无人搬运车自动导引车穿行于流水线旁，为各个工位精准输送所需物料，遇人能自动停止，空驶车自动避让载货车；柔性化的生产线，可根据客户的订单第一时间进行排产，从而缩短交车时间；生产线上的工人细分成只需完成一道工序，部品拿取无选择、无步行、无弯腰、无转身实现作业者作业便利化；生产线旁，每间隔两米都会有一条醒目的绳子，如果作业工人发现任何异常，必须立即拉铃，向班长申报或请求支援，班长有 3 分钟权限对拉铃故障进行快速解决。如果 3 分钟内无法解决，则需要根据解决所需时长依次向上一级汇报，实现"有异常就停线"的品保管理；在成品车检测区域，每台车都会装上一条"大辫子"，那是尾气采集器，确保成品车在成品检测过程中产生的尾气能够被统一收集处理，避免对车间内外造成污染。成品检测环节多达 395 道检测工序，100% 实时检测，重点工序检测频率甚至超过 300%。据不完全统计，总装部品同步排序集配供给率达 90%，二次物流供给 AGV 输送达到 60%，显性效益达 370 万元／年，最令东风日产人骄傲的是，通过挖潜，大到新车型导入物流规划，小到改善器具，物流改善理念无处不在，因此，花都工厂的生产线已经超过规划最大产能的 16%。全自动化的电脑精密检测技术进一步确保了产品的质量。

东风日产保持着业内总装线停线时间为 0 分钟的创纪录 IT 运行指标，单线的生产节拍 78 秒，设备综合开动率达 99.7%，下线一次合格率高达 97%。花都、襄阳工厂在每百辆车的缺陷点数、市场不良率、部分零部件的库存周期等指标上，超越追滨、枥木、九州等日本本土老牌的标杆工厂，一举夺得2010年日产全球工厂排名的冠、亚军。2011年，东风日产花都工厂在雷诺日产联盟全球38家工厂的产品品质等各方面综合评比中，蝉联全球"年度工厂"冠军。

从卫冕雷诺日产联盟全球标杆工厂大奖，到力夺日本能率协会"工厂管理奖"，到逍客、骐达和骊威囊括中国质量协会中国汽车行业用户满意度（CACSI）调查的各细分市场第一，这一系列高含金量的奖项，从各个侧面体现了东风日产强劲的品质竞争力。尤其是，能率协会"工厂管理奖"作为面向全球的品质管控类大奖，以严苛的评判标准和公正的审核程序著称，东风日产能成为全球范围内唯一获奖的汽车企业，更标志着东风日产品质管控已臻全球顶尖水平。

为了快速及时获取客户意愿并付诸改善，东风日产建立了国内乘用车行业第一家市场品质解析中心(FQC)，联合研发、制造、售后、供应商等力量对客户的诉求

东风日产花都工厂

进行快速准确的把握和持续有效的改善,从满意度层面确保每位客户得到最优质的产品。

在2012年的广州车展上,东风日产郑重发布了"品质无忧承诺":自11月22日起,消费者在东风日产全国各专营店购买NISSAN品牌(不含进口车)和启辰品牌新车,在特定的品质问题范围内,均可享受7天包换。

"品牌资产的鼻祖"戴维·阿克在其著作《创建强势品牌》中提出:强势品牌具有高度的知名度、良好的知觉质量、稳定的忠诚消费者群和强有力的品牌联想等四个特性。换言之,品牌知名度、知觉质量、品牌忠诚及品牌联想是品牌价值的重要来源。日产经过八十年的发展,已经成为一个消费者信赖的强势品牌,而东风日产一开始便顺理成章地获取了日产的品牌资产:"技术日产"在东风日产得到了继承和发扬。

东风日产乘用车公司总经理松元史明说:"在东风日产,日方可以感受到,中方团队是学习意愿很高的团队。当日产的高新技术来到中国的时候,中方团队能够快速吸收,所以,东风日产就有一个非常好的成长速度。"

东风日产花都工厂

三、追梦团队的现实步伐

很难想象,现在令人瞩目的东风日产,其前身起于广州花都一处杂草丛生的废弃厂房里。在这块土地上,现任东风日产乘用车副总经理任勇和他的早期团队缔造了为后人所津津乐道的"风神奇迹":来自东风汽车的几个创业者在花都建立了风神汽车公司,当年建厂,当年投产,当年盈利。而在合资公司成立以后,风神时期激情梦想交织的创业精神和做事不拘一格的灵活思维,依然传承在每个东风日产人的血液里。

任勇回顾东风日产的历史时说:"东风日产的前身是风神汽车收购的一家濒临破产的企业——云豹汽车,当时的收购只花费了 2000 多万,在汽车行业这是非常小成本的投入。20 世纪 90 年代的南方到处充满着创业的冲动,东风公司充分注意到了这一时代特点,给予了我们相对宽松的环境,充分发挥了我们创造的智慧和创业的激情。同时,我们也赶上了汽车市场成长的大好机会,一路走下来,无论是在资本运作,还是在商品运作的层面,我们保持着激情的梦想,并用创造性的智慧实现了看似不可能的梦想。"

(一)把企业做"小"

1. 扁平化组织架构 扁平化管理

随着企业不断发展,员工规模从几十人发展到了现在的 16000 多人,为了实现团队的高效管理,东风日产一直在努力把企业做"小",任勇说:"东风日产一直要求自己在具备大企业规模的同时兼具'小企业的灵活',成为一只灵活舞蹈的大象。"

东风日产实现了企业内部扁平化的组织架构,从科员到总经理之间不超过五级。东风日产干部员工与一线员工之间更是形成了 2:8 的比例,远远低于全行业其他企业普遍存在的 5:5 或 4:6 的比例。扁平化的管理让东风日产各项工作都能顺畅地上行下达,保证了对市场环境变化的快速响应。而每年的 4 月 1 日,公司都会对机构做出调整,撤并一些冗余的部门,确保企业"轻装上阵"。

每年举行高管论坛,在公司的层面进行各方面、跨领域的研讨。此外,在日常运营管理中,组成 CFT,即跨职能部门的合作小组。通过这个小组,集合各部门的人才,解决公司的问题。

东风日产乘用车有限公司总经理松元史明说："大家都知道,当企业很小时,每个人负责的业务都很广泛;但随着分工精细化、企业壮大后,员工可能会陷入只考虑自己工作领域的思维限制,而我们需要打破固有思维,所以我们组织了CFT,让员工可以突破部门和所属关系的限制,而且也得到了很好的反映。"

2012年1月1日,东风日产推行地区营销部制。设立东西南北四个地区营销部,四大地区营销部高度"自治"。每个地区营销部下设1个营销支持科和多个大区管理科,其中涵盖市场推广、服务提升、水平事业发展、网络开发等职能。小区及专营店目标可由地区营销部调整。地区可结合总部营销策略制定地域性营销活动,同时地区营销部在商务政策上拥有较大自主权,可根据地域特点和消费者特性制定地区性商务政策,对全国性商务政策形成有效补充。

2. 高管论坛根治"大企业病"

东风日产从初建时的80亿元年产值上升到现在的过千亿元,支撑"东风日产速度"的是它创业者的情怀:出身"老二汽"的东风日产,中方股东是央企,有强烈的国企情怀;风神时代在南方起家,其传奇的创业历程让它有民营企业的创业激情与灵活思维;后来携手日产成为大型合资企业,自然而然地引入了外企先进的管理与技术。

东风日产有效融合了三大体制的优势,发展出了自身独有的"三有体制"——有外企的视野和技术,有民企的激情与灵活,有国企的员工关怀与集体主义。这三者的优势互补所产生的聚合能量也是东风日产高速发展的动力所在。

其实在合资公司成立初期,中日双方并没有现在看到的那么和谐,信任缺失造成的工作不配合,几乎将刚出生的东风日产拖入绝境。

一边是日方严谨和讲求规则的文化,另一边是中方务实灵活的文化,冲突自此产生。一位老员工说,车间的保险丝经常烧掉,按照日方的做法,必须写一份分析报告,并且对所有的保险丝进行检点。这位员工说:"换个保险丝3分钟就能搞定,让我写分析报告,3个小时都搞不定。就算把所有保险丝检查确认,电压波动时仍然会烧掉。"

2004年,东风日产度过短暂的合资"蜜月期"后,面临的是年度目标没有完成,行业排名跌出前十,迫于严峻的市场环境而限产一个月。

任勇回忆说:"业绩不理想一定程度上加速了双方融合的进程。2004年整个汽车行业都增长,而我们的业绩却出现了倒退。"

2004年年底,东风日产启动了对员工的大范围调查,把最细节的冲突总结归纳了217个问题,寻求解决办法,调查结果显示:

中方员工对日方员工的主要意见包括:日方员工没有真正站在合资公司的利益角度工作,乘用车公司面临东风有限和日产总部的多重指导,导致管理流程过长,决策效率低;日方人员缺乏对中国市场的理解,不能灵活应变,常常错失机遇等。

日方员工对中方的抱怨则主要集中在:会议或日常讨论中不能开诚布公地发表自己的意见,会下意见很多;做各种提案时,经常缺少合理理由或者数据和事实的支持,要说服日产总部的相关部门十分困难。

针对调查反映的问题,2005年1月,东风日产召开"东莞会议",将调查反映的问题归结为6个分组议题,进行了2天的分组讨论,每个小组针对议题提出改进方案。

东莞会议使整个团队认识到,合资只是一个开始,成功只能靠共同的价值观。会议确定制定"基本法"来构建沟通的价值观和企业基本规则,时任人事总务部部长、现任经营管理总部副总部长李军被安排以《风神基本法》为基础,制定《东风日产基本法》。

从2005年3月设立负责"基本法"的事务局开始到2005年11月完成,整个过程长达8个月,最后"基本法"被命名为《东风日产行动纲领》。1.8万字的《东风日产行动纲领》以企业生存和发展为宗旨,以文化融合为核心,中日双方各取所需,中方借日产的实力弥补技术和管理的不足,日方也借助中方的平台拓展中国市场。

文本形成之后,如何贯彻到数千名员工身上去?东风日产发挥合资企业党组织和工会的作用,以征文、演讲比赛、讨论会这样的方式发起了学习《东风日产行动纲领》的运动,使共同纲领传达到了每个员工。

"制定《东风日产行动纲领》不是目的,更重要的是要经历这个过程,在不断沟通的过程中解决问题。"在这样的理念指导下,中日双方对企业未来的发展所涉及的基本规则达成了共识,将中日之间的摩擦和问题消弭在《东风日产行动纲领》的制定过程中。双方的信任感大大加强,达成日方主管生产制造,中方主管营销,

将最合适的人放到了最合适的位置上。双方形成了默契,各主抓一块,但又相互配合,融为一体。

在讨论《东风日产行动纲领》的 2005 年当年,中日双方共同发力,东风日产实现了 159% 的销售增长,让中国汽车界震惊。

东风日产通过制定实施《东风日产行动纲领》来促进文化融合,这在中外合资企业中尚属首创,它对企业并购重组与合资合作中的文化融合提供了一个典型范例。

市场销售总部副总部长杨嵩说:"和我类似职位的另一个车企的同行跟我说,他每天有 40% 的时间是在和外方沟通甚至吵架。但是我们呢?每天 99% 的时间都在业务上,很少需要花时间在协调日方领导和员工,这个我理解是东风日产很核心的竞争力,应该是合资企业做得最好的。"

这些在组织管理及文化上的举措使东风日产在具备大企业规模的同时兼具"小企业的灵活"。任勇说:"东风日产一直以一个小公司的态度来做大事业的,就是要保持的是小公司的灵活、敏锐,踏踏实实创业的激情;事业上我们要不断地扩张,但是在公司的形态和组织上拒绝长大,让这个组织保持更高的效率。"

3. 稳定的领导核心 "两人三足"互信互助

品牌管理大师柯林斯认为,一个公司要想从优秀转变为卓越,有 7 项因素是至关重要的,其中,在讲到人的作用时,他把领导者分为五级,第五级领导者,也就是处于塔尖的领导者,担负着引领企业变革、超越自我的使命。他们具有典型的双重性格:谦逊而坚定,腼腆但无畏。在职业上表现出钢铁般的坚强。正是凭借这一看似矛盾的结合创建了可持续的卓越企业。

制定一部《东风日产行动纲领》并不难,难的是中日双方都能在纲领的框架之下"各司其职",以合资公司的利益最大化为决策出发点,并确保这一共识能在企业发展的过程中不断延续和强化。稳定互信的领导集体在这一过程中显然发挥了极其重要的作用。

东风日产的中方领导层在这十年间几乎没有发生变化。从 2000 年掌舵东风日产以及前身东风风神,副总经理任勇已经成为国内合资公司执掌时间最长的当家人。稳定的领导层确保了企业文化的统一和延续。

日方管理层每四年就会更换一批，任勇的日方的搭档，已经从吉田卫、大谷俊明换成了现在的松元史明。每一任日方高层要同继任者交接工作时，总会说一句："如果遇到难以决定的事情，请相信您的中方伙伴。"

松元史明说："日产公司相比其他日资企业，在对外授权方面做得更好一些，这里面有一个背景。在20世纪90年代的时候，日产公司经历过经营的困难，导致经营困难的原因是对区域的放权做得不够。日产公司吸取这次教训，尽量让区域自己解决问题，这是全球共通的。"来自母公司的充分授权让东风日产的日方管理者们更加灵活地做出各项决策，也更加迅速地融入风神汽车有限公司的企业文化中。

在汽车合资企业中普遍存在外公司基于母公司的立场、利益，对零部件的国产化率百般阻挠。而东风日产的国产化率已经超过90%，这不仅是因为日产母公司考核高管的KPI指标全部以在合资公司的绩效为准，也是因为双方都是以东风日产的效益为决策出发点。

松元史明说："每一位日方员工加入东风日产的第一天，我都会告诉他，这里没有东风、没有日产，只有东风日产。"

松元史明将他和任勇的关系形容成在做"两人三足"的游戏，两个人若想一起向前必须目标一致。

（二）创新营销"三板斧"

日本品牌专家山田敦郎提出品牌必须具备4个条件，其中有一点是独创性，指的是企业要有出奇制胜的革新创意。在业内东风日产就以营销思想开阔著称。不仅营销管理体系灵活、高效；"无东风背景、无日产背景、无汽车行业背景"的人才观也让东风日产成为汽车行业中职业经理人的沃土，确保东风日产始终保持"领先半步"的行业优势。

现在，东风日产的营销职业经理人团队很多来自市场竞争激烈的行业。像有营销界"神奇小子"之称的东风日产市场销售总部副总部长杨嵩，曾经是宝洁的职业经理人和一家民营快消企业的高管；执掌东风日产数字营销部的部长郭伟，此前纵横家电业多年，与格力董明珠、志高空调副总张平、苏宁市场总监卜杨和格兰仕品牌总监陈娟并称为家电领域"五朵金花"；现任东风日产市场部副部长文飞，更是选拔于东风日产与央视打造的大型人才选秀节目《绝对挑战》。"三无"人员的"跨

界"融合使东风日产更具竞争力。

1. "1+1"营销战略

2009年下半年,东风日产推行"1+1"营销战略。这个由东风日产市场销售总部副总部长杨嵩提出的销售战略,指的是东风日产全车系占有率和新天籁上牌量同时在销售区域名列第一。杨嵩认为,"1+1"营销战略不仅实现了两个第一,而且让公司团队和经销商更加团结和自信。"此战略主要是做车型突破。以成都为例,在当年不仅完成'1+1'目标,而且每卖100台车,就有55台天籁和逍客、奇骏这样的'大车',整个品牌形象和利润结构都是以往无法比拟的。"

"1+1"营销战略的提出和实施,对东风日产意味着,不是某款单一车型在市场营销上的成功,而是东风日产品牌影响力和东风日产全车系在市场上得到"野蛮生长"。业内资深人士认为,东风日产取得"1+1"的业绩,是东风日产在中国市场深耕细作、厚积薄发的结果。东风日产的系统竞争力和品牌影响力正在日渐增强。

此外,东风日产还提出"百城翻番计划",大力斥资,帮助泉州、包头、江门、唐山、威海等全国135个三、四线城市实现销量翻番;"纵横中国"中小城市营销项目,与15家战略合作经销商集团签订营销项目,使其成为挺进四、五线市场的排头兵……这一个个营销打法帮助东风日产根据市场的变化快速制定新战略,提升了市场敏感度和灵活性,带领东风日产全车系"攻城略地"。

2. 精英创富战略

"精英创富战略"是东风日产在三、四线市场的一次渠道拓展创新。2012年6月3日正式启动,推动东风日产品牌与产品的渠道下沉。

为了满足渠道下沉带来的人才需求,东风日产与天津卫视联合打造了《老板是怎样炼成的》节目。该节目通过职场面试、行业挑战及巅峰对决三大环节层层选拔,最终获胜者个人可以成为东风日产精英店的老板。这些精英店偏向三、四线城市,东风日产将与获胜者合作,开设东风日产精英店,使其成为东风日产旗下全系产品的汽车经销商。

东风日产精英店的投资规模在300万至500万元左右,创富精英个人只需出资50万至60万元。在精英店成立初期,精英店股份比例将按照创富精英个人和东风日产的实际投入金额比例来确定。在日常的经营过程中,作为小股东的创富精英将

东风日产营销部门在低线城市举办车展

东风日产营销流动大篷车

东风日产经销商

完全享有自主经营的权力，东风日产只对精英店进行财务监管。此外，东风日产还为精英店提供流动资金、管理咨询等全方位的业务运营支持。

不仅如此，精英店所有的经营利润将在精英店的公司账面积累，当精英店利润累积到一定的额度，创富精英就可以使用精英店的盈利所得回购东风日产在精英店中所占的部分股权，从而实现对精英店的控股，真正成为精英店的老板。

在创富精英实现股权回购后，东风日产仍将在精英店中保留少量的股份，与创富精英继续保持战略合作的关系，并持续为精英店提供运营支持和保障，从而提高精英店的抗风险能力，确保精英店实现长期、稳定的发展。

"精英创富战略"显然有着《绝对挑战》的影子，同样对企业的品牌推广起到了十分重要的作用。但该战略更大的意义还是在于为抢夺三、四线市场寻找同盟军。

3. 数字营销战略

在数字化无处不在的今天，数字营销的地位已经日益凸显。东风日产在2012年专门成立了数字营销部，率先把网络推广和销售线索收集放在一个部门下，负责制定商务政策、销售指标、流程规范等，以期把网民的关注度最直接地转化成到店购车行为，让关注度直接产生销售。

举例来说，如果有消费者在网上留言，对某款车型表现出购买意向，东风日产数字营销部的人员会马上与其取得联系，并按照客户所在区域，分配给当地的经销商跟进。与之相对，每家专营店也成立了数字营销中心，专门负责这些来自网络的客户，把网络销售线索转化成实实在在的销量。

同时，数字营销部通过建立中央数据库，打通客户存留在各业务板块之间的信息，第一次全生命周期的记录客户的行为，并为营销部门的客户沟通、客户关怀提供营销指针。总部和专营店电话系统整合，通过建立分布式呼叫中心，整合总部和专营店的800/400电话系统，为客户营造电话沟通的趋零等待环境，实现更快捷的和客户沟通。

在成立首年，东风日产数字营销部搜集的有效销售线索超过120万条，直接贡献潜在客户销量88,198台、保有客户销售接近14万台，实现了东风日产掘金"卖车e时代"的"开门红"。在一些门店，数字营销的销量都已经占到该店整体销售比例的37%以上。

（三）媒介创新有高招

东风日产的媒体投放策略十分灵活，每个季度都委托专业的调查公司做媒体投放效果评估，并根据评估结果及时做出调整。每半年会对一千多家门店进行一次驻店调查，真实准确地了解消费者是通过哪种渠道了解东风日产。

数据显示，传统媒体是东风日产最主要的投放阵地，且较为稳定，每年均在96%以上，进一步分析传统媒体中各媒体类型的投放比重，如图：

东风日产2008-2013年传统媒体中各媒体类型投放比重分析

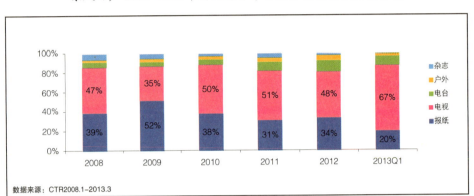

通过2008—2013年东风日产的传统媒体投放组合来看，东风日产一直以电视、报纸的投放为主，两者份额占80%以上，其中电视的投放比较稳定，份额保持在50%左右，13年第一季度更是激增至67%。

此外驻店调查显示，央视1套和央视新闻频道为目标人群最经常收看的频道。市场销售总部副总部长杨嵩认为，随着汽车销售重点开始从一、二线城市向三、四线城市转移，央视的品牌推动效果越发显现。一方面是央视在三、四线城市的覆盖面广，另一方面是目标人群对央视的信任。"有消费者进了我们店就问你们有没有在央视打广告？"从传播学的角度来说，这是媒体的"地位授予"功能：一切大众传播媒体，特别是作为新闻传播主要媒体的报纸、电视、电台和杂志等，均具有对传播者或传播内容中的对象，授予一定地位与形象的作用。"被感知的事实永远比事实本身更重要"，受众会根据大众媒体本身的形象来判断传播内容。调查显示媒体信任度电视第一，其次是报纸。因此，在强势媒体上投放广告有利于塑造高质量的品牌形象。

除了广告的投放，东风日产通过电视真人秀节目招聘人才。2006年，东风日产与CCTV-2《绝对挑战》栏目组联合举办《巅峰营销》大型电视真人秀节目，百万年薪招聘市场营销总监。全国 5000 多名白领报名参与了这次"绝对挑战"。5 月 21 日，10 名职业经理人进入决赛，通过销售、市场、促销等商业案例的测试，8 轮不同侧面的完整考量，3 名职场精英脱颖而出。央视全程追踪这一活动。

通过节目，当时还成立不久的东风日产招聘到了所需要的人才，同时快速提升东风日产的品牌形象和影响力。节目的目标受众又多是高学历、高收入的精英阶层，与东风日产的潜在客户相吻合，所以传播效果远远好于简单的广告投放。

车型广告

四、创新的"向心力"

在东风日产主办公楼,上万张员工笑脸组成的笑脸墙蔚为壮观。"我一直坚信,

笑脸墙

在快乐的氛围里工作,员工能造出更高品质的车。"任勇说。

而在快乐文化的营造中,党委功不可没。作为合资企业,东风日产党委在企业经营管理中起到的作用是业内少有的。"党委的工作弥补了企业在现代企业制度下的精神缺失,工会和人事总务部则在多方面关注员工切身利益。"东风日产党委书记周先鹏如此介绍。

有着多年海外工厂领导经验的松原史明也对东风日产独特的党建文化表示钦佩。从2005年《东风日产行动纲领》的推行过程中,党委组织员工集中学习的方式保证了这一企业"基本法"的全面高效贯彻、组织员工在公益慈善、环保等各个方面做出改进、号召员工争做"最美东风日产人"推动以客户满意为目标的"我为客户做什么"大讨论,解决员工比较突出的住房问题而启动的安居工程以及员工优惠购车管理办法的出台……每年两次的大范围员工满意度调查,整体走势稳中攀升。近年来,汽车行业员工主动流失率在12%~15%左右,而东风日产不到9%。

2011年12月5日,东风日产"创新之旅"在广州花都正式揭开序幕。这次活动旨在全面展示东风日产自成立以来的各项创新成果。除了来自社会各界的嘉宾外,还有近3000名来自东风日产花都、襄阳和郑州工厂的员工及家属会以"参观者"的身份加入这场"东风日产世博会"。他们全面回顾企业多年来的成长历程,检阅企业以智慧和汗水换来的成果与荣誉。

东风日产内部还有个"员工800热线",很多员工都戏称其为"万能热线"。因为出差或外派的员工,只要拨通这个热线,无论是照顾亲属,辅导小朋友功课,还是取个快递,都能够得到帮助。这个热线由东风日产团支部轮值运作,更实现了24小时响应。"就像小时候父母可以把孩子交给邻居乡亲照顾,自己安心出远门。"有员工这样形容。

快乐文化的营造让员工真正地"以公司为家"。为了赶超日产全球标杆水平,员工们甚至拿高清摄影机去拍摄日产标杆工厂的涂胶工艺,通过回放逐步分解,逐一对比模仿每个动作,每个细节,硬是把1秒的时间再缩短到0.58秒。

就是在这样的氛围中,雷诺日产联盟对在全球的34家制造工厂进行评估。东风日产的花都工厂连续获得排名第一的成绩,已经超过了包括日本、北美、欧洲、印度、菲律宾的工厂,成为联盟的标杆。任勇说:"我们花都、襄樊工厂的排名在雷诺日产全球联盟里数一数二，是从品质、制造效率、交货周期、现场管理、员工士气、成本等20多项指标综合评定的。这跟企业营造快乐的文化相关。"

2009年，广东遭遇百年一遇的特大降雨。大半夜里，超过50%的员工冒着大雨和洪水自觉回到工厂加班；次日早上更是见到无数员工把单车举过头顶、淌着齐腰深的大水准时上班，一天也没有停工。

2011年10月底，东风日产郑州六十万台发动机工厂奠基。在奠基前夜，一场暴风雨把仪式现场吹得七零八落。那个晚上，郑州工厂的工人们自发来到现场，冒着狂风大雨修补舞台，搭起雨棚，重新布置地毯。"入秋的雨夜只有二三度，大家都喝了高度白酒，吆喝着干得热火朝天。上至部长，下至工人，没有一个人撑着雨伞。"每当回忆起那个晚上，东风日产党委书记周先鹏都感慨万分："每一个人都把公司的事情当做家一样对待，让我想起了'老二汽'时代。"

东风日产对员工衣、食、住、行的全方位关照让员工更加容易心往一处想，力往一处使。

2006年，东风日产获得了代表日产全球生产体系最高荣誉的"全球社长奖"，引发了众多老牌工厂的不服气。但一位英国工厂老总来参观东风日产后说了一句意味深长的话：看了这些员工的眼神，就知道我们赢不了。

2012年离任派驻员们，跟大家的"小小全家福"

结束语

中国汽车合资品牌已经走过三十年的历程,合资品牌达到 38 家,东风日产显然是个后来者。但它后来居上,十年时间就跻身行业前五创造了一个合资品牌的奇迹。

东风日产企业和品牌发展首先赶上了中国汽车的黄金发展时期,市场的巨大需求为东风日产提供了空间和舞台。而东风日产在企业发展过程中融合三种文化形成的三有体制——外企的视野和技术、民企的激情与灵活、国企的员工关怀与集体主义,这是东风日产在中国市场不断超车并持续领先的动力内核。

事实上,合资品牌都会碰上文化融合的问题,但不同文化究竟是聚合发力还是相互内耗则是合资品牌能否成功的关键。东风日产将不同文化融为一体,并取各文化所长自有其独到之处,总结来说也就是一个务实的理想主义者。

作为企业"基本法"的《东风日产行动纲领》不仅仅是价值观的描述,而是落脚于具体的行为准则;中日双方领导层也都以合资企业利益最大化为决策出发点,并贯彻落实已经制定的行为准则;提倡"做事文化""快乐文化",为员工排忧解难和创造最优的工作环境;对技术的不懈追求……这些都体现了企业务实的一面。而对人才聘用的兼容并蓄,不同背景和思想的碰撞,市场营销敢想敢冲和品牌策略的不拘一格则展现了企业理想主义的一面。

任勇说:"我们的目标是根植本土的国际化公司。这个有很深的含义,最早的时候,风神什么制度也没有,只好拿别人的制度来,就连简单的报销制度也是这样,其实当时没有消化,但是我们先用了之后,再根据实际进行修改改善。合资也是一样,比如开发,它有很多节点管理。在这方面的系统化上,日产有自己的经验,那么我们先拿来学习。这一步东风日产做得很好,因为我们是学习型企业,没有固守某些经验,而是先站在巨人肩膀学习,然后是演绎。"就是这样一边踏实学习,一边大胆演绎,东风日产以一个"务实的理想主义者"姿态创造了"1+1+1"的聚合奇迹。

松元史明说:"我到东风日产来的时候确实设定了一个目标,那就是希望东风日产能从日系企业这个概念里解放出来。我希望东风日产就是中国的东风日产。当大家提到东风日产时,不会理所当然地认为这是一家'日系企业'。我希望东风日产通过品牌力的强化,让大家知道东风日产跟"日系企业"是不一样的,东风日产就是东风日产。"这将成为东风日产新的品牌目标。

中国人民大学新闻学院：喻国明、刘燕锦

《国际品牌观察》杂志：王纪辛

中央电视台广告经营管理中心：赵忠仁、吴丹华

案例组参观东风日产

采访手记

从某种意义上说，企业即社会。一个企业的命运也可以看成是一个社会的命运的缩影。而东风日产这一案例给我们的最大价值就是它所内涵的逻辑与价值已经远远超过了企业发展与兴衰的意义。

汉代刘向说："君子欲和人，譬犹水火不相能然也。而鼎在其间，水火不乱，乃和百味。"我认为，在企业的运行中，有些分歧是不能消除的，它们尖锐对立如同水火。但如果能够找到一只鼎锅隔在其间，让它们发挥出各自的作用指向共同目标：煮熟食物，调和百味，那么势如水火的分歧也能和谐共处，这便是一个好的规则的价值所在。

在这一规则之下，东风日产建构起了一个所谓"共同纲领"下的利益共同体，在这一规则框架之下，当问题发生时，无关"你的""我的"，不论甲方或乙方，超越魏阙与江湖，概括承认不同意见、不同利益诉求的合法性，所有受规则保护的利益相关方可以进行公开透明的表达和多元参与的平等性。众所周知，企业利益追求中的"社会最大公约数"的达成需要不同价值取向的意见"制衡"和"对冲"，需要在批评与反批评中实现价值逻辑的"自净"。东风日产的经验和模式是，像维护自己的表达权一样，维护对方说话的权利，不能在对方没有答辩权的情况下单方面作出裁决；就事论事，不能企图借助资源和权力上的优势剥夺其话语权；利益诉求的实现"次优化"，尊重和包容对手的利益，有时"让步就是进步"。

在这个"利益共同体"内，无论争辩多么激烈，无论己方有多强的正义感、责任感和智商优越感，始终诚心诚意打算与对方立于同一个屋檐下，认真努力寻找彼此之间的"最大公约数"，而不是扩大意见分歧。

概言之，东风日产这个案例给我们的最大启发和价值就是，它从企业运作的角度为我们几乎完满地诠释了"效益最大公约数"实现的行动路线图，以及三个关键点的建构，相信它对于我们所有做企业的人都会有所裨益。

案例组采访企业（左为东风日产副总经理任勇，右为喻国明教授）

喻国明

中国人民大学舆论研究所所长,中国人民大学新闻学院副院长、教授、博士生导师,中央电视台广告中心策略顾问。主要研究领域为传媒经济学、传播学研究方法、新媒体研究等。已出版学术著作15部,发表学术论文及调研报告300余篇。1986年至今,喻国明教授已主持进行了130余项调查研究项目。

欣赏和追求一种经世致用的学术路线:"我们不愿意给学术披上盛装,因此竭力避免与那些总是乐于用曲高和寡来诠释学术水平的人遭遇。我们要做的,恰恰是把在暗室尘封的理论搬入广场,放置于活生生的社会生活之中。学术应该是透亮的,像阳光那样,照亮大多数人的生活。"

案例点评

在中国汽车市场，日系车是后发力者；在认知中，日产又是日系车中的老三，排名位于丰田、本田之后。在短短十年时间，东风日产便挤入行业前五，确属不易。究其成功原因，除了对品质提升的不懈追求、管理扁平化以获取更快的市场响应速度以及合资公司务实有效的合作体制外，我们认为它聚焦在四、五线城市市场的发力，同样是其取得销售量上突破的一个关键因素。东风日产当前的迫切任务是及时将市场优势转化为认知优势，聚焦并持续发力四、五线城市，借助顾客认知的调整（多款车型的销量冠军）以期获取更大的市场份额。

在当下同质化竞争时代，企业必须全力以赴在顾客心智中打造出品牌的认知优势才能赢得竞争、赢得市场。其实道理很简单。如今想在产品层面的创新上与对手拉开差距已难于"上青天"，你在产品上所做的任何创新，对手一样也能做到，甚至比你做得更好。因此，同质化的产品给顾客带来的是一个巨大的选择难题。选择困难所带来的隐性交易成本是如此的巨大，以至于我们企业需要付出无比的艰辛才能争取到顾客。但是，你若能建立某种认知优势，比如某个细分领域的领军品牌、或拥有某种特性的专家品牌，将极大降低顾客的选择难度，乃至成为某类顾客的优先选择。

特劳特（中国）高级分析师
谈云海

第三章

大象的舞步

　　大象，是市场中的巨人；跳舞，是创新的步伐。

　　海尔，全球营业额270亿美元；娃哈哈，中国营业额700亿元人民币……它们与其他的优秀品牌，在中国的品牌星空中格外闪耀。

　　海尔和娃哈哈是家喻户晓的品牌，江湖上流传着它们的成功传说，如果说这些传说是过去的成功之道，那么还有没有新的想象？如何让我们相信它们的未来，相信它们能够跳出品牌盛衰的周期律？海尔、娃哈哈之行超出了我们的预期，我们深刻地感受到企业没有停下来，企业的所思是危机，所做是转型。正是创新，成为支持品牌长青的基因。

　　经过过去的发展，海尔和娃哈哈形成了系统竞争力。而它们正在做的是系统的创新。海尔以大视野、新思维观察和思考互联网和全球市场下的战略，在国内力推智能家居、大规模定制、平台化运营，在国际发展高端品牌。娃哈哈用深深扎根的本土化方法来做创新，差异化、连续化产品开发，调整渠道体系，并渐渐打破过去的营销风格。

　　它们的"舞步"，值得欣赏！

千亿海尔的下一步
——海尔搏击互联网浪潮

2012年以来，中国家电业结束了黄金十年，由高增长期过渡到平稳增长期，过去"规模红利"掩盖下的内外部不利因素逐步显现。行业消极主义者认为："家电行业的寒冬已到来。"在这一关键时期，海尔宣布集团发展进入新一阶段——网络化战略阶段，预示着海尔向互联网经济时代平台型企业转型的决心。这是"千亿海尔"又一次转型升级，决定了未来海尔的命运，同时对于国内其他家电企业也具有示范价值。从更为宏大的角度考虑，海尔转型的成功与否，决定了中国家电制造业未来的世界地位。

在过去的29年中，海尔从一个资不抵债的集体所有制小厂成长为年销售额千亿的家电巨人，正是得益于能够把握时代脉搏、制定正确的发展战略。这一次，海尔能否突破行业困局、顺利实现转型，引领中国家电企业走出寒冬？海尔未来的发展，值得期待。

碧海蓝天，红瓦绿树……漫步于海滨的实木栈道之上，习习海风送来一份清新与闲适。这种惬意之感，常常令人忘记青岛是中国十大最具经济活力的城市之一。

的确，青岛诞生了中国诸多的明星企业品牌，如海尔、青岛啤酒、双星等。有趣的是，这个美丽的"品牌之都"，唯一以企业名称命名的路，叫做"海尔路"。

海尔，这个几乎为所有中国人所熟知的企业，是为数不多的能够在改革开放的时代洪流中一路乘风破浪、屹立不倒的品牌之一。在海尔内部有这样一句话："没有成功的企业，只有时代的企业。"所谓的成功只不过是因为企业踏准了时代的节拍，只有不断创新和战胜自我，才能在变化的市场上以变制变、变中求胜。

而今，随着互联网经济时代的到来，以信息技术和网络技术为核心的第三次科技革命，正在颠覆性地改变工业革命所形成的经济形态和增长模式，传统的制造业在逐渐失去竞争力。时代巨变之际，海尔也迎来了新的历史蜕变：一方面是企业战略的升级，2012年12月26日，海尔宣布进入第五个战略发展阶段——网络化战略阶段；另一方面是企业高管的更替，2013年5月10日，72岁的杨绵绵卸任集团总裁，由青岛海尔（600690.SH）董事长梁海山、海尔电器（01169.HK）董事长周云杰担任集团轮值总裁。

在全新的网络化经济时代，海尔如何调整步伐，以应对第三次工业革命的挑战，成就企业的未来？海尔又能否再一次踩准时代的节拍，再续品牌辉煌？让我们走进海尔，在时代的变奏中寻找答案。

一、海尔印象

正确把握海尔在各利益相关方心中的地位，对于审视海尔新的发展阶段下的变革，具有重要的指导意义。一直以来，海尔总是伴随着"中国家电第一品牌""中国企业国际化的标杆""民族的骄傲"等这样的字眼出现在公众视野中。然而，随着时代的变迁和企业的发展，海尔的品牌内涵也不断发生着改变，要想真正认识今天的"海尔"究竟是一个什么样的企业，这几个标签式的表述已远远不够。有必要通过消费者、企业员工、合作者及媒体所构成的多元视角，来重新认识海尔，全方位地解构海尔的品牌印象。

（一）名满天下的白电帝国

提及海尔，几乎所有消费者的第一反应都会想到"一流的服务"。国家标准化研究院发布的2013年《中国顾客满意度手册》显示，在与百姓生活密切相关的耐用消费品、非耐用消费品及生活服务业等28个行业中，海尔连续八年问鼎"中国顾客满意度排行榜"服务满意度第一，继续领跑中国家电服务行业。

海尔领先的服务意识及完善的服务体系，为其在消费者心目中的品牌形象打下了坚实的基础。根据百度从2007年起根据消费者搜索行为发布的中国家电年度行业报告，海尔在家电品牌关注度总体排行中始终位居第一。在各品类细分数据下，海尔在冰箱、洗衣机、热水器方面的关注度均以较大优势领先于其他品牌，但在空调、厨电、电视机等领域的表现则差强人意，2012年平均搜索关注度分别屈居第三、第八和第九名。

　　海尔在中国的知名度和美誉度毋庸置疑，在海外市场的品牌印象又如何呢？2013年1月，比利时布鲁塞尔自由大学欧洲研究所进行的欧洲消费者调研显示，海尔是为数不多的在欧洲知名的中国家电品牌，尤其是海尔的卡萨帝冰箱，在当地市场颇受青睐。然而，也有一部分欧洲消费者认为，海尔在欧洲市场仍有待提升。

欧洲消费者对海尔的品牌印象

类别	对海尔的品牌印象	百分比
品牌认知	知道中国的海尔，但身边暂时无人使用海尔，未来3年有意愿选择海尔产品	68%
	对中国家电业的认知源于海尔	73%
	最关注海尔的技术创新	34%
	最关注海尔的环保节能	11%
	最关注海尔售后服务是否令人满意	17%
	最关注海尔的外观设计	38%
品牌认可	海尔在创新方面令人满意	78%
	海尔是最具国际化的中国家电企业	75%
	海尔的设计完全可以和国际品牌相媲美	64%
品牌期望	希望海尔在营销方式上与当地的消费文化契合	29%
	希望海尔在环保节能技术上更要有创新	22%
	希望海尔用过硬的技术打消疑虑	16%
	希望海尔售后服务更本土化	18%
	希望海尔在销售渠道上更多样化，以满足更多不同人群的需求	15%

数据来源：比利时布鲁塞尔自由大学欧洲研究所《2012中国家电欧洲市场调研》[1]

---

[1] 表中数据根据《2012中国家电欧洲市场调研》相关内容整理而成。该调研由比利时布鲁塞尔自由大学欧洲研究所于2013年1月发起，历时1个月。受访者遍布欧洲14个国家，分别是：波兰、丹麦、德国、法国、芬兰、捷克、挪威、瑞士、乌克兰、西班牙、希腊、意大利、英国、罗马尼亚。受访人群年龄为19~61岁，共收回问卷1272份。其中，女性受访者为569名（45%），男性受访者为703名（55%）。全文详见《七成欧洲消费者对中国家电认知源于海尔》（比利时布鲁塞尔自由大学欧洲研究所高级兼职研究员Allen，《数字商业时代》，2013年4月，第118至122页）。

从国内外相关数据来看，海尔在国内外市场备受认可，但是大多数消费者对海尔的品牌认知仍然停留在售后服务和白电产品层面。实际上海尔的服务理念已经扩展到"提供美好居住生活解决方案"，同时，海尔的产品也已经覆盖到白色家电、黑色家电、金融、医药等多个品类，消费者对海尔的认知与企业的发展现状相比略显滞后。

（二）家电业界的黄埔军校

在海尔创牌大楼的过道里悬挂着一幅漫画，上面写着"今天的成功不算成功，不断的成功才是成功"，这是海外员工小雨在以她的方式表达自己对"没有成功的企业，只有时代的企业"的理解。实际上，在海尔的办公区以及生产车间里还挂着很多这样的漫画。这些作品被称为"海尔员工的画与话"，是员工利用休息时间自发创作的诠释海尔企业文化和经营理念的作品。

海尔员工的画与话

在海尔，每一个员工都对海尔不断创新的管理模式有自己的理解，海尔柜机空调的雷永峰告诉我们，今年已经是他在海尔工作的第十二个年头，"以前感觉自己就是纯体力上的开发企划，每天非常忙碌，内心却很茫然，不知道前因后果，只能机械地实验室进行各种调整。管理模式变为'人单合一'之后，一切都变得不同。

我们开始研究用户需求，通过设计满足这些需求，这样的产品能够赢得市场青睐，我们也获得了成就感"。

几乎所有的员工都坦承，在海尔工作非常有压力，但他们同时肯定这种压力促进了个人能力的提升。做销售工作的沈云歌说："在海尔，除了最初几个月的实习期，后期几乎是（企业）逼着你成长。"曾在海尔负责过咨询业务的张凯峰到民营图书公司磨铁任职后，凭借在海尔学到的管理经验一手捧红了"史上最牛的历史老师"袁腾飞。他认为在海尔工作那几年累得很值得，从海尔出来后，即使在不熟悉的编辑出版行业一样可以胜任。

海尔培养出了许多行业精英，但凡从海尔出来的员工都具备"我能做任何事"的心理。

（三）同一战线的良师益友

任何一个企业在运作过程中都无法独立在市场中生存，势必会与供应商、经销商等各种利益相关者产生千丝万缕的联系。对于正在致力于打造平台型企业的海尔来说，与合作方的关系尤为重要。海尔的方法是，将供应链上的合作伙伴，以利益共同体（以下简称"利共体"）的方式捆绑在一起。

思科的全球执行副总裁查尔斯·吉安卡洛把与海尔的这种合作视为"里程碑"，他认为，在合作过程中，思科可以学到有关中国市场独一无二的知识和成功经验，借海尔在中国的影响力成为更加强大的供应企业。而在渠道商眼中，利共体也是很有吸引力的一种合作方式。渠道商作为一线的销售终端，在销售的同时了解消费者需求，倒逼海尔供应链与研发设计；海尔为渠道商提供平台支持，建立完善的管理机制，提供相应资源，成为渠道商的强大后盾。

通过利共体的建构，海尔将供应商、经销商、研究机构等所有利益相关者都纳入价值创造的链条，双方责任共担、利益共享、协同奋战。对于海尔而言，找到真确的方法之后，需要做的是把握平衡尺度问题，即如何制定双方认可的利益共享原则、如何平衡利共体之间的利益、如何最大限度地挖掘协同优势。

（四）聚光灯下的民族英雄

海尔作为率先做大、做强并走出国门的家电品牌，一直备受媒体关注，中央电视台甚至曾在《新闻联播》中几度报道过海尔。在报道中，媒体不吝赞誉之辞，将海尔视为家电行业甚至是中国企业的品牌标杆和表率。

近年来，海尔与GE合作、收购三洋白电、收购新西兰奢侈品牌斐雪派克等事件，更是引起国外主流媒体的关注。2012年，法国国家电视台经济频道BFM business以《海尔：家电产业无可争议的王者》为题对海尔在全球范围内的快速发展进行了报道。英国最大新闻广播机构英国广播公司（BBC）也在其网站刊发文章称，以海尔为首的中国新龙头企业正不断在美国、欧洲等这样的发达国家市场提升它们的品牌知名度。

二、突破自我

来自各个方向的海尔印象，展现了一个行业领头企业的品牌感召力。按照世界企业发展定律，拥有寡头身份的企业，只要不犯大的错误，必定能够利用规模优势，蚕食弱小竞争对手的份额，从而不断创造自身业绩的辉煌。但海尔并不想坐等机会的到来，海尔认为："企业成功只是因为踏准了时代的机遇和节拍，而绝不应骄傲地停下脚步。一旦停下创新的步伐，就无法跟上时代的节奏，下一个柯达可能就是你。"

狄更斯的《双城记》里有这样一句名言："这是最好的时代，这是最坏的时代。"互联网经济时代对于海尔而言正是如此。如果企业能够不断创新，互联网就是发展的加速器，反之，如果企业自我封闭，则会被互联网抛弃。在对这一基本事实的认知基础之下，海尔文化的精髓——创新精神，再次启动。

一切的改变，离不开制度的设计。如今，海尔迈向网络化阶段的弓已张开，海尔的箭，准备得如何？

（一）一家海尔专卖店的蜕变

讲述海尔的创新精神，需要从海尔供应链条末端的门店说起。

在青岛市辽阳东路16—1号底商，有一家海尔旗舰级体验专卖店。这并非一家海尔集团的自营店，专卖店总经理的名字叫傅海宁。

傅海宁是一名资格较老的家电经销商。在进入海尔经销商团队之前，他代理过众多品牌。2010年，海尔推行大店策略时，傅海宁与海尔最终达成了合作。与海

尔合作的第一年，傅海宁的海尔专卖店取得了1000万元的年营业额。对于傅海宁来说，这并非一个惊人的数据。

然而，截至2012年末，傅海宁的海尔专卖店取得了4000万元的家电销售额，这在同业门店中，是一个不错的数据。4000万元的营业额，并非傅海宁的海尔专卖店年营业额的全部。傅海宁说，除了家电销售部分之外，专卖店的家装业务还获得了2000万元的年营业收入。

卖家装产品，是海尔全国门店正在试点中的业务拓展。傅海宁理解，海尔专卖店的多元化源自对消费者消费习惯的把握。他说："我们发现新房的用户买家电是最后一个环节，前面还有很多可以发挥的空间。等待消费者装修完房子制定家电购买决策时，门店销售做出针对性营销的老办法，是一种滞后的销售行为，那时，消费者可能并不会选择海尔而是选择西门子。在海尔向消费者提供家装服务方案时，家电自然就会囊括其中。"

在家电专卖店中，将家电销售和家居方案解决结合在一起，在家电业内并非一个通行的做法。然而，在海尔的专卖店，这种服务多元化和垂直一体化的尝试，还刚刚开始。按照海尔集团的设想，海尔的专卖店将是一个一站式的服务窗口。傅海宁说："未来，金融、地产、家装、家具、家电，一直到房屋托管，都会囊括在海尔门店的服务项目中。"

（二）"三化"推进品牌升级

傅海宁海尔专卖店的骄人业绩，并非一蹴而就。海尔的门店发生的任何细微的变化，都源自于海尔整体的自我调整与创新。

随着互联网经济时代的到来，为了迎合市场环境以及消费者需求的改变，海尔推动品牌升级，以"集团作战、百花齐放"的品牌发展态势，为消费者提供个性化的家电解决方案。

海尔的品牌升级具体表现在高端化、定制化及智能化三个方面：

首先是品牌的高端化。进入国际市场初期，海尔一直难以实现大的突破。为了提升在国际市场的竞争力，打破消费者对海尔"低端品牌"的固有印象，海尔于2007年正式推出了定位为"创意家电，格调生活"的高端品牌卡萨帝。

卡萨帝在材质选择上以不锈钢和玻璃为主，注重产品设计以及对高端消费群体的品牌营销，很快在高端家电市场站稳了脚跟。2012年9月，中怡康的数据显示，卡萨帝六门冰箱以超过五成的市场份额稳居多门冰箱的市场冠军，成为最受消费者欢迎的多门冰箱，主导高端冰箱市场格局。2012年青岛海尔年报也显示，卡萨帝产品整体销量实现了25%以上的增长。

卡萨帝铂晶整套家电平面广告

统帅液晶电视在线定制页面

其次是品牌的定制化。2011年，海尔将子品牌统帅，定位为"互联网时代的定制家电品牌"，旨在通过按需定制、按需生产的方式快速满足互联网经济时代年轻消费群体的个性化需求。

海尔690中国区营销总经理宋照伟告诉我们："统帅作为年轻时尚的品牌，借助互联网渠道上升非常快，刚刚与京东达成战略合作协议，现在已成为今年家电市场增长最快的品牌。"

U-home 缔造物联网时代全新生活方式

再次是品牌的智能化。2012年7月，海尔发布U-home云社区解决方案，将3G智能手机、PAD、电脑等流行元素融汇其中，使消费者不论身在何处，都能与家实现即时的互动。

在"云社区"的架构平台下，海尔优选了上百种经典服务。可延伸、可下载且独具特色的社区服务功能，体现了鲜明的互联网时代特性，让消费者感受到"不管身在何处，家就在身边"。

（三）"三步"迈向全球市场

全球化战略也为海尔的完美蜕变提供了重要支持。

中国加入WTO之初，面对与海外家电巨头的直面交锋，中国家电业深陷忧虑。在一片"狼来了"声中，海尔认为"要与狼共舞，首先自己要成为狼"。自此，海尔开始进入国际市场创国际品牌。作为中国第一个走出国门的家电企业，海尔创造性地提出并实践着"走出去、走进去、走上去"的"三步走"理念。

按照海尔全球化的路径,首先是"走出去"。面对海外市场,海尔并未采取省时省力的低价策略,而是主攻缝隙产品研发,树立起差异化的品牌形象。

比如针对美国大学生群体的"电脑桌冰箱"、一次可洗12件大袍的巴基斯坦洗衣机、专为印度设计的不弯腰洗衣机、适合日本主妇身材的M冷柜等,都是海尔缝隙战略的成功案例。凭借着一次又一次的"颠覆性创新",海尔成功打入了国际市场。

售卖产品仅仅是走出国门的第一步,要成为全球化品牌,还必须"走进去",即在制造销售全流程实现切实的本土化,以更好地满足全球不同地区用户的差异化需求。

海尔在海外市场的户外广告

为此，海尔在全球范围内构建了本土化研发、本土化制造、本土化营销的"三位一体"布局，并进入当地市场的主流渠道，销售差异化的主流产品。2000年海尔在美国的工业园投产，标志着海尔海外第一个"三位一体本土化"正式运行，拉开了全球布局快速发展的帷幕。如今，海尔美洲、海尔欧洲、海尔南亚、海尔中东非、海尔亚太、海尔东盟这六大海外"三位一体"中心布局已经基本完成，其家电产品也已成功打入美国前十大主流连锁销售渠道。

"走上去"，成为当地消费者喜爱并忠诚的强势品牌，是海尔全球化战略的终极目标。海尔电器董事长周云杰说："这一步最难，但一定要走"。

这一阶段海尔的核心策略是通过全球一体化的布局实现开放整合、资源互换。目前，海尔在全球已经拥有61个贸易公司、10个设计研发中心、24个海外制造基地、21个工业园，其全球销售网络遍布160多个国家、143330个销售网点。据欧睿国际发布的2012年全球家电市场调研数据，海尔大型家用电器2012年品牌零售量占全球市场的8.6%，第四次蝉联全球第一，在细分品类中其冰箱、洗衣机、酒柜、冷柜的零售量和产量也蝉联全球第一。

海尔五大研发中心连线全球资源网络

2012年海尔全球营业额达1631亿元，继续保持稳定增长，利润额达到90亿，同比增长20%。按照海尔的战略部署，2012年底海尔开始从全球化品牌战略阶段迈向网络化战略阶段，在新的战略阶段，海尔的全球化将以更加适应互联网经济时代需求的方式继续。

（四）"三无"迎接网络时代

品牌升级和市场扩张，并不是海尔创新发展的全部内容。网络化战略，已经在海尔内部迅速展开。

现代管理学之父彼得·德鲁克指出："战略管理是分析式思维，是对资源的有效配置。"海尔在网络化战略阶段的目标，正是提升企业的资源整合能力，加速向互联网时代的服务型平台企业转型。网络化阶段战略分为三个层面，即企业无边界、管理无领导、供应链无尺度。

企业无边界，以整合网络化资源。"无边界"是平台型企业的内在特征，其优势在于内外部资源的整合与优化配置。海尔着力于打破企业内部以及外部的"边界"，构建一个开放性的平台网络，使企业内部各部门之间，以及企业与外部的各利益相关方之间，能够围绕共同的市场目标，构建起多个利益共同体，通力合作、价值共享。利益共同体实行按单聚散、动态优化，确保企业能够随时按需汇聚企业内外部最一流的资源，实现资源的最优化配置与需求的最大化满足。

海尔的节水洗衣机，正是在这一"无边界"管理模式下研发成功的。海尔研发中心与拥有全球领先技术的印度节水专家、宝洁洗涤专家组成利共体，共同研发出的产品实现了节水80%、节电70%。这种全球技术资源的整合对于传统时代孤立的制造企业而言，根本无法做到。

管理无领导，以激活网络化组织。在传统的企业组织结构中，领导在上，员工在下，呈正三角的管理层级形态。海尔先是颠覆性地把正三角变为倒三角，让最了解消费者的前线员工指挥领导，倒逼流程。在此基础上，海尔拆解了传统的层级关系，将倒三角变为网状组织形态，把企业分散成为不同的利益共同体。一个利益共同体就是一个小微企业，自己创造自己的价值。海尔用意在于，把大企业做小，把小企业做大。

扁平化的网状结构让所有利益共同体成为其中的节点，每一个都处于与用户零距离的第一线，同时也能对接外部一流资源，节点之间以契约关系取代原来的上下级关系，使得"每个员工都成为自己的CEO"，实现"我的用户我创造、我的增值我分享"。这种强调"能本管理"的企业文化，有助于提升员工的凝聚力和稳定性，正如青岛海尔董事长梁海山所言："等级化权利让位于节点组织扁平化权力，充分尊重个人的创造性，每个节点都是创品牌的主人。"

供应链无尺度，以聚合网络化用户。互联网经济时代用户需求的差异化，要求

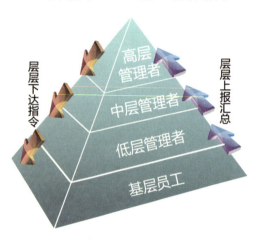

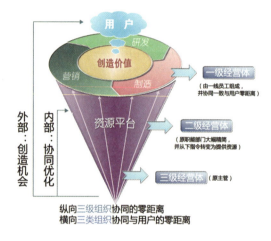

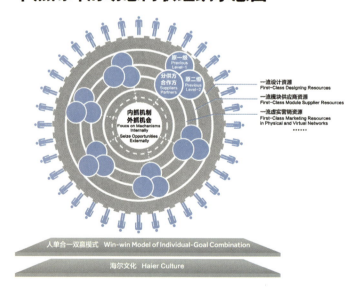

海尔组织结构的变革

企业必须具备两大能力：一是把握用户需求的能力，二是满足用户需求的能力。为此，海尔将用户转化为供应链的一部分，使其既是产品消费者，也是设计参与者、传播体验者，通过全流程的用户参与，达到用户服务无尺度、用户体验无尺度，最终实现用户需求的最大化满足。

海尔帝樽空调的诞生，便缘于这一理念。在与用户的接触中，海尔发现消费者的家电需求趋于感性化，为此制定了颠覆空调传统外观的研发计划。在互联网上进行2年互动、征集12余万条用户创意后，帝樽空调最终问世。此款空调自下线以来，获得广泛好评，并入选ICEC（世界创意经济研究中心）评选的"2012年影响世界的十大创意产品"。

梁海山指出："按需设计、按需制造、按需配送的体系是海尔追求的最高境界。我们现在还在努力实现第二步——大规模定制，但也必须开始考虑按需定制，因为3D打印真正发展起来后，用户可以自己设计，就把你放一边去了，这正是第五个战略发展阶段应该做的。"

（五）战略调整引发营销变革

梁海山认为："互联网经济时代，用户掌握了信息不对称的主动权，可以在网上看到所有的信息并加以选择、比较、决定，这让中国企业和其他企业又站到了同一个起跑线上。谁能捕捉到个性化、碎片化的个性需求，并能快速响应用户需求，谁就能在竞争中获取先机。"

为了适应时代的发展，海尔从2009年起开始了由制造型企业向服务型企业的转型之路，即由原来以厂商为中心的、大规模生产的B2C模式，转变为以消费者为中心的、柔性化生产和精准化服务的C2B模式。商业模式的转型促使企业的品牌营销策略随之变革，具体表现在三个方面：渠道融合、服务升级、传播创新。

在渠道融合方面，海尔实行虚实网融合策略，强调要把"虚网做实、实网做深"。所谓"虚网"指的是信息网，"实网"指的是企业的营销网、服务网和物流网。

"虚网做实"，就是在互联网上不仅仅是开展电子商务，更重要的是通过互联网搭建与用户零距离互动的平台，深度挖掘个性化需求信息，并转化为有价值的订单，实现"以服务卖产品"。"实网做深"，就是进一步完善营销网、物流网、服务网，形成一个覆盖全球的网络，实现与"虚网"的有效结合，第一时间满足用户的需求。

目前，海尔已经在全国建设了 7600 多家县级专卖店、2.6 万个乡镇专卖店、19 万个村级联络站，并于 2010 年确立"日日顺"为主攻营销渠道的子品牌。目前，日日顺已经逐渐成长为集店铺、网络、目录销售、物流、售后服务于一体的渠道综合服务商，其目标是成为与其他品牌双赢的社会化渠道。此外，海尔致力于将海尔商城 (ehaier.com) 打造为以用户体验为中心的服务平台，而不同于一般概念上的 B2C 商城，实现虚实网相辅相成的协调发展。

海尔商城首页

在服务升级方面，对于传统的制造业而言，如何从"以产品为中心"转型为"以消费者为中心"，一直是一个难以逾越的障碍。

2012 年 3 月 26 日，中国标准化协会发布的《家用和类似用途电器七星服务规范》显示，海尔已经被认证为国家家电行业"七星服务"的标准。目前，聚焦于"家"的业务模式，彻底改变了海尔的"服务"内涵。海尔通过为社区居民提供便民服务拉近与消费者的距离，并利用在家电制造和服务领域积累的经验与能力，向家电产品消费终端推出一站式的完整家居服务，包括一体化咨询、一体化设计、一体化配置、一体化安装等。

从"售卖单个产品"到"售卖智能家居解决方案",正是海尔转型平台型企业的外在体现。作为一个掌握了大量用户资源的大企业,其平台化的目标是一端连接消费者需求、一端连接各种设计制造采购销售等资源,打造一个完美的资源整合体系,让海尔的产品和服务无论从需求满足方面,还是品质保证方面都得到显著提高。

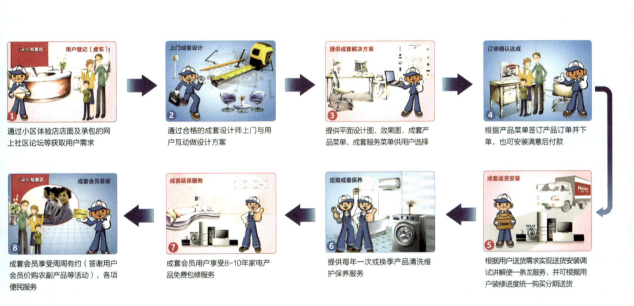

海尔成套精致服务标准流程图

在传播创新方面,海尔也有着自己的解读。央视作为在覆盖度、广度、深度、公信力等方面表现强势的媒体,是品牌过程中不可或缺的重要传播平台。因此,海尔将中央电视台视为推进大事件营销的主战场。2010年,海尔与CCTV-5联手打造"海尔我的球队",在世界杯期间举行草根球队的海选活动,传递出积极进取、为梦想拼搏的精神,彰显其国际化品牌诉求和年轻时尚的品牌定位。

近年来,虽然海尔在央视的投放费用趋稳,但更加注重传播模式的尝试与创新。海尔690中国区营销总经理宋照伟坦言,广告狂轰滥炸的时代已经过去了,传播的广度与精准双管齐下才能产生持续的影响力。

2013年海尔与央视《交换空间》的合作，就采取了新的形式。双方携手在全国六大城市进行业主及设计师招募，用户可在现场体验海尔的最新科技产品，为自己的家装增添创意灵感。在传统的大众媒体传播中，注入线下的互动元素，既收获了传播的广度，又兼顾了体验的深度，有效提升了海尔"新服务"品牌理念。

以央视为代表的传统大众媒体能够有效地塑造企业的品牌形象，而以互联网为代表的新媒体则在品牌的精准传播上更有优势。近年来，海尔不断加强与第三方平台的合作，开展基于大数据的精准互动传播，如打造"优知妈咪汇"互动社区、发布"海尔婴儿家电，轻松享受做爸妈"网络视频等。

三、再续传奇

当阿里巴巴集团号称实现万亿元销售额之后，走过29年发展历程的海尔面临着新的历史拷问：能否实现规模的自我突破？

目前来看，外部环境并不理想。金融危机的全球性蔓延正在改变着实体经济的发展节奏，以欧美日韩企业为代表的发达国家白电产业板块已经陷入了市场衰退的

海尔文化馆出口处的"披荆斩棘"图

尴尬中。新的产业环境、新的消费力量、新的竞争格局，构成前所未有的严峻挑战，海尔的未来发展之路绝非坦途。

尽管前路荆棘密布，但正所谓"执一不失，能君万物"，只要执著地坚持企业最本真的理念，"找准方向、踩好节拍"，海尔就能在新的时代再续传奇。

（一）动力之源

企业品牌建设的根本，在于把握三个关系：与消费者的关系、与竞争者的关系、与社会的关系。回顾29年的发展历程，海尔在这三种关系上始终坚守最初的理念不动摇，这正是海尔不断成长的动力之源。

"真诚到永远"是海尔最深入人心的品牌口号，也体现出了企业处理品牌与消费者关系的根本原则。而今，为了更好地满足消费者日益升级的服务需求，海尔将服务从传统的售前、售中、售后，扩展到了从了解用户潜在需求到产品的设计、制造直到送达用户的全过程，为用户提供全方位的住居服务，切实践行"真诚到永远"的品牌理念。

与竞争对手的关系上，"要干就要干第一"，贯穿于海尔发展的全过程。张瑞敏曾为海尔定下目标：要做世界白电行业的引领者和规则制定者。如今，根据欧睿

海尔社区店的精装设计中心

国际统计数据显示，2012年海尔大型家电市场份额同比提升10%，不仅第四次蝉联全球第一，也是全球前十名品牌中唯一实现两位数增幅的品牌。

在社会责任担当方面，海尔在持续发展的同时，积极回馈社会。近年来，海尔在推进资源能源合理利用、污染物减排、环境友好产品开发和废旧家电回收利用等环境可持续发展方面，都起到了很好的示范作用。海尔集团用于社会公益事业的资金和物品总价值已高达5亿余元，其中用于希望工程方面的捐款、捐物近7000万元，援建希望学校的总数将达到167所（166所希望小学，1所中学）。

（二）挑战中寻路

凭借坚定不移的品牌理念，海尔与消费者、竞争者、社会三者之间建立起了良性的生态关系。然而，市场瞬息万变，企业不可能一帆风顺。

微软公司总裁比尔·盖茨常说"微软离破产永远只有18个月"。张瑞敏在企业经营中，也同样保持着"永远战战兢兢，永远如履薄冰"的心态。2013年，海尔即将跨入而立之龄，迎接它的是来自互联网经济时代的诸多挑战。

首先，海尔要面对企业转型之痛。在一次采访中海尔高层谈到："在适应互联网时代的管理模式上，小企业做得比较多，但是这种几万人的大型企业很少。全世界没有一个成熟的模式，只能自己来探索，挑战真的是很大，并不排除可能会毁于一旦。"对于海尔这样的庞然大物而言，革新不仅仅是技术上的，更是观念上的、制度上的。

其次，海尔要面对品牌成长之痒。海尔的忠诚用户大多集中在中年人群，随着品牌的成长，这部分忠诚消费者的平均年龄也越来越大，购买力逐渐降低。而年轻群体正成为家电消费的主力，他们对海尔的品牌印象却充满矛盾，既觉得亲切又稍感"老派"，对于他们来说"海尔"是"父母的海尔"，却不是"自己的海尔"。这种认知会弱化品牌与主力消费群体间的黏性。

再次，海尔要面对品牌延伸之疾。海尔实行多元化战略，自冰箱之后推出了冰柜、空调、洗衣机等产品，此外，还将触角延伸到电视、电脑、手机、软件、物流、医药、餐饮、金融等十多个领域。

最后，海尔要面对品牌传播之痼。不同于宝洁的经典品牌管理体系，海尔品牌体系有一个非常特殊的地方，即集团品牌和产品品牌都有"海尔"。既要让"海尔"

作为集团品牌为旗下子品牌背书，又要防止"海尔"作为大众消费品牌的形象影响高端消费群体及年轻消费群体对集团子品牌的认知，这使得海尔的品牌传播，尤其是卡萨帝和统帅两个子品牌的传播难上加难。不仅如此，现阶段海尔在观念、业态及模式上的变革并未传递到品牌形象上来。海尔已经将自己定位为"美好住居生活解决方案提供商"，提出要从"卖产品变为卖服务"，但是消费者对海尔的认知却还停留于"家电厂商"的层面。如何将互联网经济时代的"新海尔"形象传递给目标受众，是海尔未来品牌建设的重要课题。

（三）传奇再造要诀

有危机、有挑战并不可怕，可怕的是不能发现危机或是坐以待毙。张瑞敏早在多年前就曾指出："海尔现在不是居安思危，而是居危思进。"时代变革的飓风已在海尔这片汪洋之中掀起巨浪，唯有把握机遇、积极转型，方能符合互联网经济时代的发展趋势，成就"时代的海尔，未来的品牌"。

首先，网络化和平台化为海尔带来无限机遇。互联网经济时代，家电行业的竞争趋势，应是改变以制造业为主的业务模式，向高利润的营销和服务环节转变。为迎合这一趋势，海尔集团旗下的两大上市公司——"青岛海尔"和"海尔电器"，逐步展开了业务转型，即制造业务不再只卖产品，而向智能家居解决方案转型；商贸业务则向虚实融合的渠道商转型，实现信息网、营销网、服务网和物流网"四网合一"。

可以说，海尔致力于搭建的是一个能够整合用户资源、研发资源和供应商资源的开放性大平台。但同时海尔也需注意：如果放弃在制造设计生产环节的投入，定位于纯粹的营销与服务公司，将失去制造环节这一中国企业参与全球竞争最显著的比较优势。所以，海尔核心的白电业务必须持续自主创新，坚守品质，同时兼顾服务方面的发展。

其次，海尔向新生代消费群体的靠拢，也为企业带来机遇。海尔正不断尝试用年轻人的话语体系与他们沟通，一方面以年轻消费者的需求为重点，开发出各种针对现代白领新父母的产品，另一方面借助线上线下多种渠道接触年轻消费者，并通过富有个性的定制化品牌统帅网罗人气。品牌运营总监王梅艳谈到："我们认为，在互联网经济时代，是有希望打造出两个全新品牌的。但这不仅仅只需要明确的定

位，关键是执行过程中全流程的体验如何，与其他品牌之间形成什么区分。"

最后，海尔向"家"的业务聚焦，为企业扩展了业务视野。"美好住居生活解决方案提供商"，是海尔对自身新的定位，这一定位将品牌的内涵聚焦到"家"。周云杰在访谈中告诉我们："从总体来看，海尔的品牌延伸都是围绕'家'的概念进行的，没有跨度更大的扩展。（海尔）地产上也围绕着一店一库来进行，就是在各地建体验店和配送中心，不是传统的地产公司，服从于整个产业和渠道的扩张。海尔的餐饮已经关闭，生物制药（投资）也已收缩，（海尔）大方向是围绕着家、消费群体来做多元化。"

结束语

什么是互联网经济时代的企业？周云杰提出要从两个方面思考："一个是要用互联网的方式做品牌，一个是要用品牌的方式做互联网。用互联网的思路做品牌是要把企业变成一个开放的平台，实现个性化定制。用品牌的方式做互联网是指用品牌的方式做电子商务，在前端给消费者提供一个参与设计的平台，在交易环节和消费者进行面对面的交流，在配送安装环节给予消费者贴心的服务，在使用过程中给消费者一个良好的体验。总而言之，就是要把品牌做到用户心里去。"

在这样一个时代，消费者需求个性化与快变化考验着企业的应变能力与运营能力，更迫切的需要企业时刻保持创业、创新精神。只有耐住寂寞，不断否定过去、挑战自我，才能塑造"时代的企业，未来的品牌"。

中国传媒大学商务品牌战略研究所：张树庭、吕艳丹、冯其圣、唐雨卉

《金融观察》杂志：丁磊

中央电视台广告经营管理中心：周罕见、薛梅、郑海峰

张树庭教授（右）与海尔电器董事长周云杰

采访手记

以海尔为案例研究的对象，实在需要很大的勇气。作为中国家电第一品牌，海尔本身有太多的故事可以写，但如何从众多耳熟能详的故事中，发现一个不同的海尔，还原一个真实的海尔，展现一个变化的海尔，颇费思量。

带着这些使命，课题组前往青岛开始了对海尔的探访之旅。随着一步步踏上海尔路，走进海尔工业园，接触海尔人，感受海尔文化馆，领略海尔生活展……我们也一步步走近这片浩瀚深邃、波澜壮阔的汪洋大海。

在这里，我们看到了海尔的"变"。从"成功的企业"到"时代的企业"，是观念之变；从"制造型企业"到"平台型企业"，是定位之变；从"传统经营管理模式"到"人单合一双赢模式"，是管理之变；从"正三角层级制"到"网状节点制"，是组织之变；从"规模生产"到"定制生产"，是产品之变；从"传统终端"到"虚实网融合"，是渠道之变；从"售后服务"到"全方位住居服务"，是服务之变；从"全面出击"到"精准互动"，是传播之变……可以说，创立至今，海尔从未停止过改变,创新精神就像大海中的盐分一样,早已融入这片汪洋的每一颗水滴。

在这里,我们也看到了海尔的"恒"。在访谈中,从一线员工到企业副总,每一个海尔人都会反复提到两个字——"用户"。过去的"砸冰箱",是为用户,今天的抓管理,也是为用户;过去的卖产品,是为用户,今天的卖服务,也是为用户。一切的改变,都是为了迎合变化的时代、变化的用户。可见,无论如何创新、如何变革,万变不离其宗的是,海尔"用户至上"的品牌理念。就像大海,纵然每时每刻都在纳百川、涌万流,但深海之下的地底却永远坚实、稳固。

在这"变"与"恒"之中,海尔走过了风风雨雨二十九载。明年,海尔将跨入第三十个年头。三十岁,对于一个人来说,是从青涩走向成熟的分界点,而对于一个品牌,尤其是一个志在全球的品牌而言,则仅是刚刚开始。成长之路,有收获必然有苦痛,但只要方向是对的,就无需惧怕路途的崎岖与遥远。

我们祝愿海尔,紧随时代的节奏,舞出精彩未来!

案例组走访海尔集团

张树庭

教授、博士、博士生导师。现任中国传媒大学MBA学院院长，兼任中国传媒大学BBI商务品牌战略研究所所长、IRI网络舆情（口碑）研究所所长、IAI国际广告研究所副所长。主要学术兼职有：中国高等教育学会广告教育专业委员会副秘书长，中国商务广告协会品牌工作委员会副主任，中国广告协会学术委员会委员，全国大学生广告艺术大赛组委会副秘书长，中央电视台广告中心策略顾问。

主要研究领域为品牌营销、广告业发展、网络舆情、广告教育等。先后主持教育部人文社科专项任务项目、国家广电总局部级社科重点研究项目、北京市"十一五"哲学社会科学重点项目等课题。"中国消费者理想品牌大调查"、《IAI中国广告作品年鉴》等长线项目负责人。主持完成的主要成果有《有效的品牌传播》《品牌蓝皮书》《有效的广告创意》《广告教育定位与品牌塑造》等。

2004年获霍英东教育基金会高等院校青年教师奖三等奖（教学类），2010年入选教育部"新世纪优秀人才支持计划"。

案例点评

本案例中最关键的一句话是作者正确抓住了周云杰的一句话"让品牌进入顾客心中"。

工厂只能制造出产品而不能制造出品牌,品牌只能在顾客心智中制造出来,三十多年的改革开放,中国在工厂制造产品方面有了长足的进步,成为了"世界工厂",并因此跃升为全球第二大经济体。中国下一次挑战,在于要学会如何在心智中制造品牌。一旦成功,中国还能繁荣三十多年。

心智中强大品牌的标志是品牌会成为某个代名词,奔驰代表了尊贵、宝马代表了驾驶、法拉利代表了速度,在家电业,则是格力代表了空调、九阳代表了豆浆机、方太代表了高端厨电、海尔曾经代表了"高端家电"。值得注意的是,近几年来,随着规模的不断扩大,海尔的"高端家电"认知有所弱化。因此,卡萨帝品牌的推出就特别值得肯定与关注,是否标志着海尔对"高端家电"的定位回归。

特劳特(中国)高级分析师

徐廉政

卖水卖出中国首富
——娃哈哈为什么这么稳？

根据国家统计局数据，我国饮料行业总产量已经从2000年的1490.8万吨，迅猛增长到2011年的1.2亿吨，年均增长率高达20.7%。2015年我国有望成为全球最大的饮料市场。在这片辽阔的疆土中，诸侯林立，无论是世界500强的跨国公司，还是层出不穷的本土品牌，都在创新与跟进、价格与广告的厮杀之中相互博弈、你争我夺。

在群雄并起、中原逐鹿的争夺中，有这么一个引人瞩目的本土品牌，它连续26年不间断保持高速发展，被同行评价为"稳定得可怕"；它坚持保证金制度，见款发货，却依然获得了最多经销商的忠诚和支持；它的广告简单直白，经常占据各大媒体，却有着非常显著的效果；它有着超长的产品链，号称全球品类最多的饮料公司，你品尝过的任何饮料可能都在其中找到相同的一款。就是这样的一个企业，诞生了三次登顶中国内地的"首富"，打造了国内总销量领先的"饮料帝国"。它就是"娃哈哈"，一个中国人耳熟能详的饮料品牌。

娃哈哈水广告

从 1987 年挂牌成立的校办工厂，到如今排名全球前五的饮料企业，26 年发展历程让娃哈哈极富传奇色彩。

第一个传奇在于，娃哈哈登上行业第一的位置后，就始终保持着翘楚的位置。今天，它在中国 29 个省市自治区建立了 66 个生产基地、170 家子公司。产量占全国饮料 20 强企业总产量的 25.6%，收入占 43.4%，利润则占据 53.8%，上缴的利税占到全国饮料 20 强企业总利税的 49.6%。

除此之外，有关娃哈哈的诸多热议也增加了企业的传奇色彩。早期学术界和营销界关于娃哈哈品牌延伸的争论令人印象深刻。"联销体"的成功让商界无数人士模仿和叹服，与达能的纠纷成为近年来外资合作的标志性事件，童装、奶粉以及精品商城的跨界经营更是成为令众人热议的话题，"内地首富宗庆后"在媒体的推波助澜下已经家喻户晓，"娃哈哈现象"已经成为学术界多年来关注和热议的重要课题……

面对这样一个出身传奇、经历传奇、评价更为传奇的企业，作为研究者，为了能从理性、客观的视角，深入思考娃哈哈的历程和动向，本文选取了娃哈哈品牌成长、品牌经营和品牌管理三个维度，逐级展开，进行系统性思考。

一、帝国成长史

（一）"儿歌"里的大生意

娃哈哈成立之初，是一家小学校办企业。1987 年"杭州市上城区校办企业经销部"在清泰街挂牌成立，为了解决小孩子食欲不良的问题，在浙江医科大学营养系的技术支持下，1988 年推出了娃哈哈儿童营养口服液。"娃哈哈"品牌由此诞生。

"娃哈哈"这个极具亲和力的品牌名称，源于大众耳熟能详的儿歌："我们的祖国是花园，花园里花朵真鲜艳……娃哈哈，娃哈哈，每个人脸上都笑开颜。"最终选定"娃哈哈"这三个字的原因，娃哈哈集团董事长宗庆后回忆称"这是由于三个字读音的韵母 a 是孩子开口最早的音节且发音响亮极易传播，同时字义蕴含健康快乐，父母孩子都会喜欢"。

宗庆后的判断得到了市场的验证，娃哈哈营养液凭借"喝了娃哈哈，吃饭就是香"的广告口号,在杭州当地上市一个月便突破15万盒的销售量,并且迅速打响全国。三年之后,"甜甜的酸酸的……妈妈我要喝:娃哈哈果奶",娃哈哈果奶以这曲火遍大江南北的新童谣迅速在果奶市场脱颖而出,并保持了长达十余年的旺盛生命周期。

纵观娃哈哈成长路径,广告在开拓市场、拉动新品销售中一直起着重要作用,20多年来,在广告的拉动下,娃哈哈业已成为一个涵盖食品、饮料、服装时等多个产品体系的复合品牌符号。

娃哈哈儿童营养液

(二)市场网络的"编织大师"

有这样一条商界传言:在中国的天南海北,远到长白山天池、阿尔泰山山麓、海南岛丛林、青藏高原……随便走进一间小店,把你所能看到的所有商品目录抄一遍,出现的品牌不会超过三种;在过去的20年,让每个中国人都掏钱买过的品牌同样不会超过三种,而这当中就有一个是娃哈哈。

中国市场广大,依靠直营体系、批发市场模式会遇到诸如控制薄弱、成本过高等问题,娃哈哈实现产品的无处不在,要归功于其首创的联销体制度。强大的联销体成为娃哈哈的核心竞争力,它像一张巨大的网将全国经销商编织在一起,实施全国一盘棋,促使经销商快速分销,回笼资金。

一家西方媒体曾经这样评价宗庆后和他的联销体:"这位中国经营大师的神奇之处,在于他是一位真正的市场网络'编织大师',他把许多外来的跨国公司难以琢磨的东方市场,尤其是农村和城镇市场玩得出神入化。"

除了编织强大的销售网络,娃哈哈规模扩张还有赖于宗庆后另一经典战略思想——"销地产"战略,即靠近销地建厂,在建厂地扩大销售。

1994年,响应国家号召,娃哈哈投身增援三峡库区移民建设,兼并涪陵三甲特困企业,组建了娃哈哈涪陵分公司。1997年后娃哈哈又在湖北宜昌、红安,四川广元,长沙,天津,安徽巢湖等22省建立控股子公司。外地分公司的规模发展不仅带动当地经济发展,同时实现了娃哈哈规模经营计划。在娃哈哈下沙工业园的

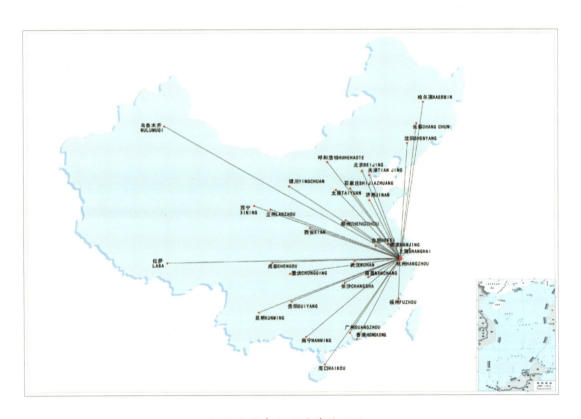

娃哈哈遍布全国的营销网络

展厅中，我们看到娃哈哈公司全国分布图，到目前为止，娃哈哈在中国 29 个省市自治区建有 66 个生产基地、170 家子公司。

依靠销地产战略，娃哈哈产品辐射能力增强、品牌影响力进一步扩大，同时实现了企业的规模化生产，节省了运输成本，使娃哈哈获得成本领先优势，综合竞争力进一步提升。

（三）品牌"长蛇"吃透市场

"产品长蛇阵"是宗庆后经典战略思想之一。宗庆后认为企业营利要靠产品驱动，只有在牢牢把握产品本身优势的基础上，才能更好发挥联销体渠道优势。

娃哈哈每年都会推出新产品，以小步快跑的策略领先同类行业半步，占据主动地位。如今已形成了含有乳饮料、瓶装水、碳酸饮料、茶饮料、果汁饮料、罐头食品、医药保健品、休闲食品、婴儿奶粉等九大类 150 多个品种的产品系列。如此长的产品链一方面可以满足消费者需求，实现企业"需求扩容"，另一方面也很好地弥补了产品生命周期所带来的弊端，使企业不断有新的销售增长点，从而为市场竞争提供了广阔的腾挪空间。

娃哈哈产品展示

一直以来，娃哈哈坚持主业经营、小步快跑的发展方针，没有盲目搞多元化。而是发展到一定规模，资金、人才、机会各因素都成熟之后，才开始多元化转型。这其中包括对产品本身的升级换代：如通过生物工程将饮料的功能诉求从解渴转向保健；研发节能电机零部件；还有将零售店拓展到吃喝玩乐一体的城市综合体。由此实现了跨越产品与行业的界线。

自2002年成立至今，娃哈哈童装有限公司的专卖店、专柜已覆盖全国30多个省市。基于对本土零售业发展趋势的洞察，娃哈哈娃欧商城（WAOW PLAZA）于2012年11月29日在杭州开业，宗庆后表示，"这是娃哈哈开启城市综合体的尝试，今后将根据不同地区经济水平、消费者喜好卖不同的产品"。娃哈哈的产品长蛇阵还在继续延伸，每一步都稳扎稳打，以求续写着品牌的辉煌。

二、鉴机识变的品牌基因

在许多人眼中，娃哈哈是一个相对保守的本土家族品牌，然而这样一个企业能够连续多年保持20%以上的增长速度，如果没有创新与变革作为驱动力，这种高速的增长是难以想象的。宗庆后曾经说过，"坚持不断创新，坚持永远领先人家一步，哪怕是半步"。

娃哈哈从不盲从学习国外的模式，而是走出一条适合自己发展的另类模式。其核心的价值理念和经营战略，是我们了解中国市场现状的一把钥匙。

（一）在变化中跟紧时代

2012年，娃哈哈集团实现营业收入636.31亿元，同比负增长6.23%；实现利润101.10亿元，同比增长18.19%。尽管依然维持着较高的利润增长，但近年来营收首次出现负增长也为娃哈哈敲响了警钟。除去"营养快线"等仿冒品造成市场损失的原因之外，娃哈哈人已经意识到由于主业营收基数已经很大，很难继续保持两位数增长率的现实。

另一方面，随着中国城镇化的进程不断加快，社会结构日益改变，原有的城乡二元结构正在发生变化，更为年轻化的群体逐渐成为饮料消费的生力军。消费者需求早已从"解渴或好喝"分裂为形形色色的个性化诉求，如何精确地把握消费者需求，成为摆在每一个饮料企业案前的难题。

市场、竞争环境、消费者乃至企业自身都在改变，而对付变化的办法只有一个：以变制变。宗庆后在接受采访中也说过，自己是个想法变化很快的人，一到时间需要调整马上就调整。

1. 捕捉不断变化的消费需求

来自消费需求的变化，对企业把握产品流行趋势提出了很高的要求。宗庆后曾经对媒体说过："娃哈哈的品牌愿与中国老百姓共同成长。'土'的时候一起'土'，该'洋'起来的时候一起'洋'起来。"这句话表明了娃哈哈与消费者连理一心的态度。而从"爽歪歪"到"格瓦斯"，娃哈哈旗下诸多产品逐渐"洋"了起来，也折射出娃哈哈与消费需求变化的同步。

娃哈哈研发生产过 300 多种产品，作为全世界产品线最为丰富的饮料企业，对于产品趋势的把握自然有其独到之处。娃哈哈食品饮料研究所副所长欧凯表示，目前饮料类产品有两种趋势：一个是天然，另一个是功能性，这两点是国内食品饮料未来发展的方向。娃哈哈近年来推出的新品也反映出企业对产品转型升级方向的判断：无论是老品升级的"锌爽歪歪"还是功能型饮料"启力"，以及借助湖南卫视《我是歌手》知名度急升的"格瓦斯"，都试图在消费者心中建立一个天然、健康、有效的概念。

宗庆后表示，娃哈哈当前推新品最重要的转变就是从"解渴"走向"保健"，因为现在老百姓收入高了，都希望健康长寿，但同时一些富贵病也随之而来，而且这些病多数是吃出来的，娃哈哈要做的就是满足消费者的潜在需求，把这些病"吃回去"。去年推出的"锌爽歪歪"，主打开胃功能，娃哈哈去央视做广告时主动提供了证明材料，进行市场推广之前在浙江中医药大学做了喂养实验，证实它对儿童

娃哈哈生产线

确实有开胃健脾的功效。宗庆后经常在会议上向各部门传达的理念就是一定不能欺骗消费者，一定要有功效，在新产品报批前一定要通过动物和人体实验他才能放心。

另一方面，娃哈哈的产品开发口号是"生产一代、研发一代、储备一代"，那些较为超前或者市场趋势还不明确的产品，作为娃哈哈的战略储备资源，静静躺在实验室和项目书中，等待在适当的时机被唤醒。

2. 推广，因市而变

随着中国社会发展，城市化不断推进，消费者需求日益多元化，娃哈哈人也早已意识到曾经"农村包围城市"的战略已经无法适应当前的市场结构，于是逐渐将市场重心由农村向城市转移，推出了越来越多城市型产品。2005年上市的"营养快线"作为娃哈哈转型自主研发后的杰出成果，创造了200亿以上年销售额的奇迹，成为娃哈哈集团的支柱型产品。也正是从那个时候起，娃哈哈的研发部门真正开始在企业中发挥着重要作用，成为企业快速发展的动力源。无论是已经上市的"启力""格瓦斯"还是即将上市的"谷物传奇"，娃哈哈的新产品越来越倾向于在满足城市消费者需求的前提下，不放弃原有三、四线城市市场，走出一条卓有成效的差异化路线。

中国有着辽阔的市场，每个区域市场的需求都可能不同，娃哈哈针对市场环境的改变的同时，也在不断调整着自己的产品与推广。在产品分类上，娃哈哈正在进行重新定义和架构。公司目前将产品分为三类：老品、渗透性产品和新品。老品是已经打开市场的产品，也是获得经销商和消费者普遍认可的。渗透性产品是暂时没有精力全面拓展市场，但具有潜力的产品，此类一般会采用高价差的方式鼓励经销商进货。新品就是公司重点推广，采用大范围大资金广告宣传的产品，往往通过闪电铺货的方式进入各个通路，迅速占领市场。

"现在的广告制作、政策倾斜，包括产品开发、分类，有明显针对三、四线城市的，也有像格瓦斯和营养快线这些针对一、二线城市的。原来的广告多是很简单的产品理性诉求，现在我们也会注重感性诉求。我们和曼联、浙江卫视的《中国好声音》、湖南卫视的《我是歌手》合作，试图将娃哈哈的产品和品牌与社会上一些相对主流的娱乐文化结合起来。"从娃哈哈销售公司总经理刘智民的这番话里，笔者看到了一个不断创新，紧扣时代脉搏的企业形象。

■ 不添加酒精
■ 纯麦芽发酵

想享受女人般的温暖
就喝格瓦斯

非一般的液体面包

娃哈哈集团荣誉出品
欢迎访问:www.wahaha.com.cn

3. 领悟"推新之道"

对于产品推广节奏的把握,是营销中不可忽视的一个环节。

2012年底,娃哈哈推出了新品"格瓦斯",在与热播的娱乐节目合作之下,迅速在全国打开了知名度,然而绝大部分地区的消费者发现,在本地根本买不到这个产品。杨秀玲为我们解开了谜底:在小部分地区上市的"格瓦斯"确实已经供不应求,月均销量达到五六百万箱。但这次娃哈哈没有盲目扩大供货量,也没有立刻进行全国铺货,因为他们清醒地认识到,现在的需求其实是渠道需求,经销商觉得这个产品现在宣传得很成功,味道也不错,于是一拿就是上万箱,但未必是消费者真正的需求。消费者需求的培育是要有一定时间的,企业希望消费者需求与渠道需求逐步达到一定合理比例以后才全面放开供货,这需要一个过程,也是吸取先前教训以后做出的决策。

如今的娃哈哈学会了对于不同类型的产品采用不同类型的推广方式:有些主攻的产品,他们会努力在三个月或者半年内就把它在全国范围内培育成熟;有些区域型产品,他们可能会重点在某一个城市进行培育性销售(实际上就是一个市场调研的过程,通过充分的市场调研,听取消费者及终端对产品的感受,然后在这些产品的基础上进行优化),当产品被认为可以达到全国推广标准的时候,再进行全面推广。

(二)属于所有人的"娃哈哈"

娃哈哈这个品牌在国内可以说是妇孺皆知,拥有极高的知名度,一方面来自于多年来从不间断的广告宣传,另一方面也源自娃哈哈一直采用"一牌多品"的品牌战略——不论起家时的儿童营养液,还是后来的果奶、纯净水、八宝粥等产品都划归在"娃哈哈"这个品牌之下,实现了从儿童产品到各年龄段产品、从单一产品到系列产品、从饮料领域到服装领域的三度延伸。通过对品牌资源的深度开发和利用,达到资源共享,降低了成本,提高决策和运作的水平。

国内学术界一度也针对娃哈哈现象对"品牌延伸"的策略争论不休,负面评价居多。时过境迁,今天的宗庆后聊起这个话题,不禁发出"轻舟已过万重山"的感慨。

1. 从独立品牌到担保品牌的蜕变

"品牌"二字拆开,可分为"品"与"牌"两者,娃哈哈的产品线之广,早已独步全球,堪称百花齐放,然而在"一牌多品"的战略下,多年却很少有"副品牌""子品牌"等，品牌线一度稍显单薄。这个现象初次发生改变是在1998年推出"非常可乐"之后，随着"非常柠檬""非常甜橙"等产品上市，公司开始有意识地将"非常"系列作为娃哈哈碳酸饮料的专属品牌。后来上市的"营养快线""爽歪歪""呦呦"系列、"激活"等产品开始走上副品牌的道路，丰富了娃哈哈的品牌线。近年来大力推广的"启力""格瓦斯"无疑是这一改变的延续和强化，品牌细分与多元化代表着娃哈哈未来品牌建设的方向。

品牌、产品的多元化，考验着娃哈哈人管理产品与品牌的智慧，也成为娃哈哈集团让竞争对手羡慕的巨大财富。现在的娃哈哈在品牌开发上更为积极开放，原有的独立品牌已经成为一个担保品牌，作为产品质量、企业实力的象征，强有力的背书作用使旗下众多"子品牌"更容易获得消费者的信赖。

2. 新口号注入品牌新内涵

企业口号是企业对自身的定位，也是企业文化的一部分。国际知名企业多数都拥有脍炙人口的企业口号，而中国企业在这一领域往往显得缺乏重视和创意。2012年，娃哈哈集团公布了新的口号："Win Happy Health，娃哈哈就在你身边。"对于娃哈哈来说，这是一个新的开始，一个健康快乐又大众化的品牌形象呼之欲出。

娃哈哈新口号

多年来，娃哈哈人不断追求的目标是让自己的产品"无所不有，无处不在"，庞大的产品链和渠道网帮助娃哈哈成为中国产品最多、覆盖面最大的饮料品牌。许多中国消费者可以说是在娃哈哈产品的陪伴下一路成长，对于这个老百姓再熟悉不过的快消品品牌，无疑"就在你身边"的口号能够深深拨动消费者的心弦。而口号前半句的英文，既用缩写字母"WHH"契合了品牌名称，同时也为娃哈哈注入了国际化的内涵。健康与快乐则是一个更年轻时尚的娃哈哈主打的诉求，新推出的"启力"、"谷物传奇"等产品正是对于这种市场诉求的满足。同时，整合传播也需要这样精炼而统一的口号，便于在消费者心中形成一个精准一致的品牌印象。可以说，新口号的诞生与娃哈哈品牌策略的转变一脉相承，经过20多年的磨砺，娃哈哈品牌终于实现了从内到外的升华。

（三）玩转广告的"非常高手"

1. 自己动手，丰衣足食

娃哈哈坚持独立创意制作广告的风格在行业内独树一帜。集团内部的广告部门设置在市场部之下，有专业的策划创意和制作人员，在媒体投放方面也不与广告代理公司合作，而是直接与媒体联系。

这种做派看似很不适合当前的市场潮流，然而娃哈哈在广告创意方面并不保守，偶有神来之笔。例如采用明星代言广告的方式便是行业内的先锋，当年基于宗庆后本人的灵机一动，选择了知名歌手井冈山拍摄了电视广告，并将明星肖像印上纯净水外包装，使娃哈哈纯净水迅速占领国内市场的制高点，至今领先。后来邀请王力宏代言取得了更大的成功，甚至还因为双方愉快的合作，王力宏在身价暴涨后坚持不提价续约，成为娃哈哈的名誉员工，传为美谈。这些"自产自销"的广告作品依然不乏经典，"喝了娃哈哈，吃饭就是香""15种营养素一步到位"等广告词脍炙人口，流传多年。

对于娃哈哈来说，凡事"亲力亲为"已是常态，连多种机器设备都由下属企业自主研发生产，广告策划制作当然也不在话下。有人戏称，娃哈哈创始人宗庆后是"毛泽东思想"的践行者，自然响应"自己动手，丰衣足食"的号召。

2. 十九年的不解之缘：央视平台助腾飞

娃哈哈市场部部长杨秀玲被称为"央视广告招标第一人"，为何会有这样的说法？因为她是唯一连续 19 年参加央视广告招标会的企业人员，甚至在参加 2013 年招标会时，央视知名主持人白岩松和王小丫特意亲手为她颁发了一个由多人签名的招标标书，以示对双方长期良好合作的肯定。

杨秀玲参与央视广告招标现场

消费者对于饮料类产品的忠诚度向来不高，而央视是电视媒体中的最强音，在这种平台上投放广告是企业实力的象征，更能够获取消费者和经销商的信任和好感。可以说，娃哈哈 26 年的高速成长，与"重视传播制高点：央视平台"的广告策略是分不开的。

1988 年，娃哈哈第一次与央视合作，"喝了娃哈哈，吃饭就是香"的儿童营养液广告一炮而红，席卷整个华夏大地，次年儿童营养液的销售额翻了六倍，高达

2712万人民币。良好的市场效果使娃哈哈集团走上了腾飞之路，也为双方连续19年的合作打下了坚实的基础。

1992年，"甜甜的，酸酸的，有营养，味道好，天天喝，真快乐。妈妈我要喝：娃哈哈果奶"一曲广告歌通过央视平台传向全国各地，成为深受无数孩子喜爱的新童谣。而娃哈哈第一次进行品牌延伸的新产品也迅速占据了全国果奶市场的半壁江山。

1998年，法国世界杯期间，娃哈哈隆重推出"非常可乐"，并在6月10日央视直播的世界杯揭幕战前，打出"非常可乐，中国人自己的可乐""非常可乐，非常选择"的广告，引起各方媒体关注。投产第二年，销量即达40万吨，三年时间拿下全国碳酸饮料市场12%的份额，获得巨大成功。

娃哈哈和央视的合作日趋密切，在2001年和2002年更是连续成为央视广告招标的"标王"，同时邀请冯小刚与周星驰联袂打造娃哈哈茶饮料广告，一时间"天堂水，龙井茶"成为消费者热议的话题，当年实现茶饮料销量翻番。

在接受某次采访时，说起与央视的缘分，娃哈哈集团董事长宗庆后提到了一个难忘的细节："跟达能打官司的时候，达能在媒体形成舆论攻势，这个时候央视为我们组织了一场对话，把一些真实的情况公布了，在关键时刻央视和企业站在一起，关心支持企业的发展，令我很感动。"笔者认为，这一细节体现的内涵非常丰富：首先，作为主流媒体的央视，在关键时刻挺身而出，还原事件真相，对社会和企业而言都具有重要的意义；其次，体现了央视作为优质媒体平台对企业品牌的背书效应，即在尊重事实的情况下，发挥主流媒体的权威效应，有助于合理维护企业品牌形象的健康发展，在企业品牌面临危机之际，这种背书效应的作用更具有举足轻重的作用；最后，从这个细节可以看出，今天企业和媒体之间的关系，早已超越了广告业务架设起来的单纯经济联系，而更加接近于风雨同舟、共同成长的伙伴式合作，只有这样，才能够更好地应对竞争日趋复杂、激烈的市场环境。

时至今日，广告媒体有了翻天覆地的变化。娃哈哈销售公司总经理刘智民依然认为，尽管在一、二线城市，地方卫视的普及率很高，但是央视覆盖全国的优势始终存在，娃哈哈推广全国性产品依然会首选在央视做广告，性价比也较高。另外娃哈哈的更多产品还是三、四线城市消费者的品牌忠诚度更强一些，而央视的三、四线受众率相对较高，所以每次做新品推广的时候，央视广告预算基本都会占据最大的比例。

3. 新时期的多元化广告策略

随着媒体的发展，传统媒体格局发生改变，新媒体层出不穷，娃哈哈没有故步自封，始终紧跟时代趋势。尤其是近年来企业开始吸纳新媒体的特点、加大对新媒

HELLO-C 海报

体广告的投放，深挖消费者的心理需求，推出了多款针对城市年轻人群的产品。此外还结合互联网互动性强的特点，依托植入广告等方式，举办各种品牌活动。"营养快线"植入网络游戏"QQ幻想"开创了网游植入广告的新形式，早已广为人知。与天涯论坛"时尚资讯"合作推出的"喝'HELLO-C'，赢爱马仕丝巾"的活动更是将网络精准传播的特点发挥到极致。而将"HELLO-C"和最为著名的奢侈品品牌爱马仕联系在一起，也优化了"HELLO-C"的品牌形象，将其高端的定位植入人心。除了对新媒体的关注，娃哈哈还很重视电台广告的投放，主要是针对开车的年轻消费者。而对于逐渐没落的平面媒体，公司也有自己独到的见解："在价格下降之后，平面媒体重新具有了较高的性价比，面对知识分子阶层效果较好，并且能够通过较多的文字完整表达产品的理性诉求。"

娃哈哈近年来对于媒体的使用产生了较大变化，最突出的一点是能够根据诉求对象的不同，合理选择媒体组合。杨秀玲部长表示，目前最佳的媒体组合是网络加电视，其他类型的媒体只能作为补充来填补覆盖区域的空白。刘智民经理认为，广告不仅是宣传产品本身的工具，还必须有一个能拉动全国消费者的整体策划，因为广告播出之后肯定要铺货，那么一定要能够把线上线下串联起来，线上能够提纲挈领，线下能够配合线上宣传的卖点、这样才能有效形成一个整体的氛围。

（四）"立体化"与"扁平化"

曾经连可口可乐也自叹不如的娃哈哈"联销体"模式为娃哈哈赢得不可比拟的渠道优势，但是随着市场的变化，原有体系不可避免地产生一些落后于市场现状的缺陷。宗庆后之前也承认，"联销体系，本身是企业的渠道管理策略，在特定时间内具有相对竞争力，但不是核心竞争力，以后可能会有所变化"。时间不等人，娃哈哈已经开始着手改进这个庞大的渠道网，试图让它更加适合企业当前发展的需要。

首先是"立体化"，加强对渠道的细分，使娃哈哈的产品"无所不在、无所不有"，为塑造一个属于大众的生活化品牌打好渠道基础。以前的娃哈哈是以传统渠道为主的，现在除了继续推进对传统渠道细分外，还强化了对特殊通路的布局，包括餐饮、网吧、KTV、旅游点等。特殊通路在销售公司总经理刘智民看来是非常有潜力的，目前通过批发商和业务员的通力协作已经建立了一定规模的特通通路，业绩有望在第二年爆发。另外就是现代通路，基本上把商超都剥离出传统渠道，主要是以经销商为代表作为中间媒介，也有部分是娃哈哈自己拓展的。不论对于哪种渠道，有一个原则就是绝对不允许欠款赊账，任何企业都是款到发货。

其次是"扁平化"，完善对产品的分配。原来采用的是一套网络，即一个区域经销商在本区域内经营娃哈哈所有种类的产品，但市场发展到一定阶段后，产品链长，经销商精力、实力难跟上公司要求，这时娃哈哈就在原有网络的基础上重新设立同级经销商，经营不同产品，根据每个地区经销商能力和特点把原有经销商无精力、亦不愿做的把产品细分。

这样的调整可能会引起老客户的不满，但娃哈哈会拿高利差的新产品给这些老客户去做，以保证他的利润和销量的增长。同时，娃哈哈直控二套客户，减少了渠道层级，这样娃哈哈还可以增加渠道利差，以激励二套客户。

以前娃哈哈只控制一级批发商，现在开始同时掌控所有的批发商，娃哈哈原有的三万多家核心批发商，发展到2012年底已经达到16万家，实现了渠道扁平化。

（五）研发经费无上限

模仿和引进是当年娃哈哈主要的创新方式。曾几何时，宗庆后被人们称为娃哈哈的"产品研发经理"，在娃哈哈公司的六层小楼里一个房间的橱窗里，至今仍摆满了他从全国乃至世界各地带回来的饮料，据说每次出差他都要带回几十瓶样品。

宗庆后从全国乃至世界各地带回来的饮料

然而，宗庆后深知模仿和引进不是企业发展的长久之计，也无法打造一个真正的百年品牌。近年来，在具备一定条件之后，娃哈哈开始不遗余力地强化科研能力，引进人才，购买了一大批先进的科研设备，构建了一支高学历、高能力的科研队伍，极大地增强了公司的自主研发实力。

今天的娃哈哈科研机构设立在美丽的杭州下沙经济技术开发区，已经成为一个省级研究院，同时也是国家级的研究中心和检测中心，仅产品研发人员就多达110人。娃哈哈研究院总投资近4亿元，其中仪器设备价值近2亿元，包括用于食品饮料和生物工程技术研究的各类先进的进口检测、试验及中试仪器设备300多台，以及用于生产线配套机电设备和精密模具研制的各类高精尖数控加工设备50多台。研究院下设数个研究所，历史最悠久的是产品研发部，现在称为食品类研究所，此外还新组建了一个生物工程研究所，主要是为了开拓一些新的领域。另外还有主要做模具和包装研究的模具包装研究所和最新成立的机电研究所，后者与英国诺丁汉

娃哈哈研发中心

大学合作成立了研发中心,为娃哈哈独立生产设备提供技术支持,除了保证自用以外还能对外销售机电设备。上述完善的科研体系、国内乃至国际一流的研发能力,为娃哈哈的高速发展注入了源源不断的活力。

宗庆后对技术研发的重视始终如初。在外考察的时候,有什么新想法和发现他会回去找研发人员讨论。例如,如果考察到某地方有什么传统特色资源没有变成饮料,但是已经被当地人食用了很多年,确实有功效,他就会把样品带回来交给研究所分析。最令很多企业的研发部门羡慕的是,传言中"买一把扫帚都要亲自签字"的宗庆后,对研发费用却非常慷慨,自称"预算无上限":"现在的中小企业很难,因为研发投资风险很大。但对于娃哈哈来讲无所谓,需要用多少就用多少。2012年娃哈哈的收入有600多亿,毛利润101亿,在研发上丢几个亿有什么关系?当然我们不想做赔钱生意,但是研发也不是一时半会就能成功。"

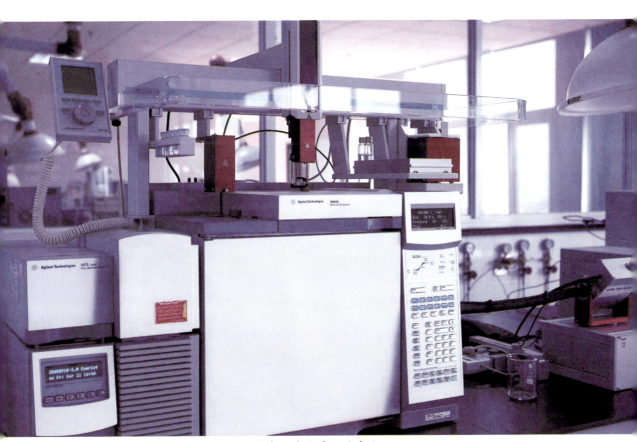

国家级实验中心分析仪

三、"宗氏特色"的品牌管理

（一）家和万事兴

娃哈哈 26 年的发展历程当中，公司员工流失率极小，高层人员都是已有十几年经历的元老人物，这要得益于娃哈哈"得人心者得天下"的家文化，娃哈哈将以人为本的基础做到了极致。

1. 董事长亦是"大家长"

在娃哈哈的大家庭中，每位员工都可以感受到宗庆后这位"家长"的朴素和平易近人。

宗庆后与员工一起参加拔河比赛

如今已是首富的宗庆后非常节俭。娃哈哈的杭州总部是一座6层高的小楼，看上去与外界想象的可能毫不相符，办公室装修也非常朴实。同时，他的日常生活也非常节俭，除参加重要会议之外，装束就是"深蓝色休闲夹克＋黑面布鞋"；每天吃工作餐，出差不住套间，除每天抽烟开销外基本没有额外的个人花费。

但宗庆后坚持把钱用到该用的地方，比如"员工的钱不能省、公司研发经费不能省"。在娃哈哈，通过全员持股，使员工的参与意识增强；为员工建设廉租房，使员工可以安心在异地工作；娃哈哈每年都要拿出一部分资金，作为员工的福利待遇，真正让员工体会到家的温暖和归属感。

宗庆后在员工面前也没什么架子。公司每年的运动会，宗庆后都会亲自上阵与员工比试一番；每年大年三十，他都会请没回家的员工吃大餐，他对酒精有些过敏但却还是会挨个地敬酒……

链接

"家"意味着无话不说，人格平等。"人最怕觉得低人一等，当你和老板一起蹲在批发市场门口吃红薯，那绝对比一个人在外面吃大鱼大肉来得幸福。"市场部部长杨秀玲回忆起早些时候和老板一起考察市场的日子，"吃饭的时候，大家都坐在一起吃；公司刚起步的时候我们参加四川的糖酒会，给他订了套房，好几个人在客厅一起。你不会觉得很苦，因为你感觉大家的人格是平等的，是在共同经历的。所以我觉得这也是一种家庭文化，在家庭里面大家都是一样的"。

"家"意味着领导榜样，身体力行。现任集团政治部部长金顺星至今还清楚记得，他作为新人第一天到娃哈哈上班的情景。那是1994年的大年初四，杭州下了雪。第一天上班的内容是义务劳动，清理罐头厂里面"10.86亩广场"的积雪和垃圾。作为新人的金顺星格外勤奋，一大早赶到的时候，广场几乎还没有人。这时，他发现远处有一个穿着工装的"清洁工"正在扫雪，心里还想这个"清洁工"够敬业的。等大家都到了七手八脚地开始干活，"清洁工"过来指挥大家搬纸箱清理垃圾。在污水横流的广场上，"清洁工"来回穿梭。整整一个上午，垃圾才全部清理干净，金顺星这才询问身边的人"那个指挥的人是谁"，被问者瞪大了眼睛回答"那是老板"。宗庆后和各部门的领导起到的表率作用，员工都看在眼里。宗庆后每天工作的时间为15个小时，经常后背上贴着膏药仍坚持工作。老板都这样努力，下面的人自然不会怠慢。

2. 容许犯错，大胆用人

在外人眼中顺风顺水一路走来的娃哈哈，实际上也是伴随着磕磕绊绊成长的。资金雄厚的娃哈哈不怕犯错，也擅长纠错。访谈中，宗庆后向我们介绍了这些年推出过一些非成功产品：比如酸梅饮、关帝白酒、平安感冒液、啤儿茶爽、大厨艺营养湿面等，但每一次都能及时地悬崖勒马，未造成较大损失。"试水以后不行，该转就转"，这话说起来容易，做起来其实很难把握，不过"商业天才"宗庆后认为不难："你经常在做的，一看就明白。"

而在用人方面，宗庆后是不拘一格的，他敢用新人，不管学历高低，只看有没有潜质和能力。学分析化学专业的杨秀玲进入娃哈哈时先做质检，做到质检部部长，后来被宗老板"赶鸭子上架"，指定她做广告部部长、市场部部长，虽然她开始有想打退堂鼓，但最终还是胜任了。由此杨秀玲觉得"老板看人的眼光很独特"。

宗庆后不怕新人犯错，因为只有鼓励员工大胆实践，经过跨专业、多岗位的锻炼后，才能够让他们"觉得任何问题都会有办法解决的"。这是老员工为什么执行

力强的一个诠释，也是为什么空降兵在娃哈哈难生存的一个基因。杨秀玲说："现在的新人，哪怕是海归是博士毕业，最大的问题就是害怕问题，一遇到问题就马上晕掉，可能一个问题还好，两个三个问题的话，就觉得做不下去了，而老将实战上相对魄力大些，不会轻易被困难吓晕。"

3. 以诚信连接"最后一公里"

娃哈哈家文化当中，还有另外一部分风雨同舟的人，那就是娃哈哈的经销商队伍。

"最后一公里"是营销当中最困难的一环，产品质量再好，无法深入到第一线，是无法实现最终销售的。宗庆后依靠联销体的网络将经销商紧密联系到一起，变独自作战为厂商联合作战，最终实现了产品的快速铺货，这其中最关键的就是诚信。宗庆后在自己的营销宝典里有这样一个法则："信用是一切营销体系得以构筑的基石，是一切交易得以持续的前提。"

娃哈哈采取首先让利于经销商的制度，以互惠互利的方式构筑了与经销商双赢的局面。娃哈哈经销商当中，很多是同娃哈哈一起成长起来的，十多年甚至是二十

娃哈哈2012年经销商大会

年的情感，使经销商从内心认定"我就是娃哈哈人，宗庆后老板就是我的老板"。如今娃哈哈已有八千多个一级批发商以及三四万个二、三级批发商。

共赢不仅仅体现在有钱一起赚，还体现在对经销商的奖励上。娃哈哈奖励每年业绩突出的经销商，很多同娃哈哈一起成长的经销商走上致富道路之后，会传承娃哈哈回报社会的传统，尽自己能力帮助需要帮助的人。

（二）宗氏营销

14万元起家发展到数百亿营收，从名不见经传的校办厂发展成为中国饮料巨头、世界饮料行业第五位，娃哈哈走过这26年发展历程当中，经历过经济特殊时期、遭受过不正当市场竞争、假冒伪劣产品破坏等困境，却始终持续健康的发展，成为中国企业成功典范。究其原因，非常重要的一点就是其营销理念的有效指导。宗庆后不仅是娃哈哈的创始人，其独特的营销理念是促成娃哈哈成功的原因所在。

1. 关于营销的六字真言

宗庆后从不盲从国外经验，而是善于运用毛泽东的军事思想，再结合多年的实践经验，走出了一条适用于中国本土品牌的营销道路，形成了一套独特定义的营销理论——营销就是买卖，就是解决"谁来买"和"谁来卖"这六字真言。在他眼里，各种所谓的营销理论"乱花渐欲迷人眼"，不过是把简单的问题复杂化了。

宗庆后认为，解决谁来卖的问题比较容易，要求企业把握与经销商利益共赢的目标。相比之下，解决谁来买就没那么容易，娃哈哈选择始终以消费者利益为导向，将定价、终端、产品质量都严格把关，做到尽量满足消费者需求。

2. "跑"出来的市场调研

"娃哈哈从不用调研公司，缺乏科学调研信息"，对于这样的外界误读，没有人比娃哈哈员工更加清楚：娃哈哈的市场信息是一步一步跑出来的结果。

有人说，在全中国年销售额达到10亿元以上的企业家当中，宗庆后是离市场最近的一位。的确，宗庆后可以称得上最勤奋的企业家，20多年来从未离开过一线市场，身体力行为娃哈哈获取最准确的一手市场数据。

2002年8月，宗庆后为新建分厂考察选址，曾创下12天跑遍大半个中国的记录。娃哈哈所有的营销会议都有他的身影，他会参与每一次新品推广和市场策划，每年花费在跑市场的时间超过200天。每到一处巡查后，他会召集大家说问题，想办法，第一时间了解市场最新情况。娃哈哈产品之所以会推一个就成功一个，正是源于宗庆后不知疲倦"跑"出来的思路。

（三）全员创新

外界有人视娃哈哈为一个缺乏创新的企业，认为娃哈哈产品多数模仿其他企业，然后利用渠道资源和大手笔广告推广达到销售效果。事实上，深入走访娃哈哈之后，笔者看到的是一个将创新融入血液当中的企业。

娃哈哈从最初的产品跟随创新，发展到自主创新，如今已经成为引领行业的创新标尺。娃哈哈每年都通过创新评比动员全体员工的创新热情；每年都不断引进各式人才，打造自己的科研团队，进行自主创新开发产品；每年都在开拓新的市场，改变固有销售模式。其中最值得一提的是"全员创新"的模式，公司通过评选"创新成果奖"，对那些创新成果被公司采纳的员工给予奖励，包括职位的升迁。

宗庆后作为创新的带头人，他的创新精神时刻激励着娃哈哈每一位员工。娃哈哈集团内部流传着这样一个小故事：有一年宗庆后带队去欧洲考察，在酒店门口等人来接，有个老外喝完饮料随手将瓶子扔掉了，宗庆后看到觉得这个瓶子很漂亮，立刻跑去把瓶子从垃圾桶里拿出来，要带回国研究。作为娃哈哈的"大家长"，贵为"中国首富"，他的这种时刻关注创新的激情，感染着企业里每一位员工。

结束语

"每个人的生命都可以被看作是一件天衣无缝的服装，思维是内在的经纬，行动则是外在的观感"，对于娃哈哈而言，行动呈现的观感，外界已有众多评论。然

案例组采访娃哈哈董事长宗庆后（左二）

而，当我们真正走近娃哈哈，这一品牌流露出的静水深流、内敛不张的企业战略思维，以及深入骨髓的传统文化积淀和创新精神并存的品牌精神气质，都令我们对其"最中国"的民族品牌特色有了更为清晰和深刻的认知。

娃哈哈高速发展的26年是中国消费品市场发展的一个缩影，更是中国经济发展的一个缩影。站在时代发展的路口，这个品牌与我们的国家一样面临着变革的挑战。适应与调整、改变与不变之间，考验着宗庆后及所有娃哈哈人的智慧与勇气。

中国传媒大学广告学院：丁俊杰、钱程、高娃、蒋子燕

《销售与管理》杂志：谢海峰

中央电视台广告经营管理中心：徐婷婷、吴菲菲

采访手记

1994年，作为央视《现代广告》系列专题片总撰稿，我曾赴娃哈哈采访过宗庆后先生。今年，受央视广告经营管理中心委托，为研究娃哈哈品牌案例，我再次有机缘来到娃哈哈。从采访到研究，历经了整整19年。19年间，中国已经走过了昔日的市场经济建设初期，成长为今天的世界第二大经济体。企业赖以生存的商业环境、社会环境和国际环境都发生了深刻变化；巨大的变迁，会带给娃哈哈什么样的印记和烙印呢？通过走访和研究，我们发现，在外部环境的沧桑巨变之中，作为研究者的我们实地感受到了娃哈哈的"变"与"不变"、真切体会到了企业家的"与时俱进"与企业家的"始终如一"，这些源自实践的智慧结晶，既是改革开放三十年历史进程在一个成功品牌上的映射，也诠释与编织出了娃哈哈发展的未来方向与企业命运。

案例组成员合影（左三为丁俊杰教授，左四为杨秀玲部长）

丁俊杰

山东诸城人，出生于吉林通化。曾任中国传媒大学新闻传播学院院长、校长助理、副校长等。现任中国传媒大学学术委员会副主任、广告学教授、博士生导师，兼任国家广告研究院院长、亚洲传媒研究中心主任、首都传媒经济研究基地主任、党报党刊研究中心主任。社会兼职主要有：《国际品牌观察》主编，《媒介》总编，中国广告协会副会长，中国新闻史学会副会长，中国高等教育广告教育专业委员会理事长。

先后被评为北京市优秀教师、北京市优秀青年骨干教师、全国广播影视系统先进工作者等称号，2005年入选"教育部新世纪优秀人才"支持计划。2008年入选中国广告协会评选的"中国广告30年突出贡献人物"。

不懂广告设计与制作，但非常喜欢搜集各类广告作品。没有在广告实务界做过，只好以广告理论研究为志业。讨厌那些吃广告、靠广告发财致富却瞧不起广告的人。

案例点评

娃哈哈案例最值得企业同仁重视的有两点。首先是宗庆后先生一年 365 天中有高达 200 天在市场一线,这是企业一把手最重要的工作方式,原因在于,企业竞争的地点在顾客的心智。要了解顾客心智,一把手长时间亲临一线是最佳的办法,很可能也是唯一的办法。这也解释了娃哈哈为何从不用市调公司,却仍不影响其成功。

其次,娃哈哈摸准了"进入心智比进入市场更重要"的商业规律(详见特劳特著作《22 条商规》)。既然竞争的地点在心智,所以,只有先抢占心智才能后占领市场,先有心智份额后有市场份额。所以,正如大家所知,娃哈哈旗下许多产品并非由其首创,但却是由娃哈哈将其植入广普心智的(包括最成功的营养快线)。这也是娃哈哈为何要成为"央视广告招标第一人"的核心原因,包括被誉为娃哈哈核心竞争力的联销体,其之所以能发挥作用的核心也是通过央视等强大广告掌控了顾客心智。没有强大的心智占有率,庞大的联销体机器运转不起来,也支持不下去。联销体能够维系并正常运作的关键密码正在于此。

特劳特(中国)高级分析师
陈逸伦

第四章
整合的艺术

  中国，全球经济最富活力的土地。中国市场，全球品牌实现商业梦想的舞台。问道中国市场，如何谋篇布局，第一要义是理解中国市场的复杂结构。这里有不同的市场状况和渠道类型，这里有不同的消费习惯和品牌偏好。企业从哪里切入？又该如何做大？

  雪花和金龙鱼，从沈阳啤酒和小包装油起步，通过品牌家族、渠道和传播资源的不断整合，内统外拓，大开大合，在各自领域上演了一出波澜壮阔的品牌猛进史。

  整合不是简单的归一，更高的境界是和而不同，取舍之间是一种艺术，体现了企业的独到智慧。"26只猫和1只虎"，企业要有一个富有突破力和包容性的大品牌；但也要有差异化的细致布局，雪花以独创的渠道架构纵横市场，金龙鱼进行"一牌多品"和"一品多牌"的协同作战。在品牌传播上，我们也发现了相似的思维，中央电视台成为雪花和金龙鱼媒介整合的首选。

  东方的智慧运用在企业的合作关系，不是彼此对输赢的争夺，而是和谐的相处与共赢的追求。雪花和金龙鱼都紧紧凝聚了一批上下游的伙伴，建立了一个支持企业长期发展的价值生态。

闯不尽的天涯

——华润雪花的整合魔方

华润雪花啤酒（中国）有限公司（简称"华润雪花"）的管理团队曾经用26只啤酒猫和1只虎来比喻当年雪花啤酒在全国市场上26个区域啤酒品牌和整合成功的啤酒集团，如今看来，现在已经拥有80多家工厂的华润雪花就是由最初的26只啤酒猫整合成的一只超级虎。

从十几年前还是偏居于东北的区域品牌到现在735亿品牌价值、销量超过1000万吨的全球销量第一啤酒品牌，短短不到20年间，华润雪花接连出拳，一手抓渠道变革，一手抓品牌建设，以特立独行的渠道模式和品牌传播策略，借助央视这样的全国性传播平台，成功打造了"勇闯天涯""雪花纯生""脸谱"等一批特

品牌全家福之雪花纯生

色鲜明的品牌，形成覆盖高中低档的品牌族谱，最终实现了销售高速成长、品牌特色突围的中国快速消费品行业的品牌成长传奇。

这是一个通过渠道、品牌和传播整合创新营销助推品牌成长的传奇，也是一个中国本土啤酒品牌"勇闯天涯"的探索之旅。

品牌全家福之勇闯天涯

品牌全家福之雪花脸谱

一、1+N 开启雪花整合蓝图

受啤酒保鲜技术与运输条件的限制,再加上人为因素的影响,啤酒企业的销售半径约为 500 公里,如果跨区域销售则使企业产品在外地市场失去了价格优势,因此我国啤酒行业一度形成了"地方割据,诸侯纷争"的"春秋"局势,在 1988 年全国啤酒企业就有 813 家。

从美国啤酒行业的历史经验来看:只有行业集中度提高到一定程度后,啤酒价格尤其是啤酒企业的利润率才会有明显提高。我国啤酒行业利润率从 1998 年的 2.7% 提高到 2010 年的 7.8% 的过程也说明了这一点,这一期间利润率的提高主要归功于前三大啤酒企业的市场占有率从 10% 提高到了 46%。

在这一阶段,我国啤酒行业主要表现出"扩大和收购"的特征,通过收购"做大",通过整合资源来"做强"。华润雪花正是经历了如此的发展过程。

(一)"聚猫成虎":高效整合

业内对于华润雪花有一个说法是"聚猫成虎"。"聚猫"的过程,主要是资本说话,在啤酒业界并不少见,青岛啤酒、燕京啤酒莫不是此中先驱,但如何"成虎"才是考验,体现了产业把握和长久发展的苗头,也是并购是否能持续快速进行的根本原因。

"一整套行之有效的整合策略才是关键。"行业专家表示。前期收购是收购成功的第一步,资本是最关键因素,很多情况下有钱就可以完成。但要想取得进一步的成功,必须进行整合。

"收购沈阳雪花啤酒后,华润当时就觉得自己确实不懂啤酒,于是就找专业啤酒公司谈合资,条件是要控股。从百威开始,华润跟全球几个主要啤酒公司都谈了一轮,但它们都要求控股。后来跟全球第四大啤酒企业 SAB(南非啤酒集团)谈成了。与 SAB 的合作,明显增强了我们的专业实力。"华润集团前老总宁高宁曾这样回顾。

1994 年,华润创业和 SAB 合资成立华润雪花啤酒公司,此后的华润雪花从未停下扩张脚步,收购、建厂,双管齐下。

华润雪花内部人士曾经解释过收购还是建厂的决定,"收购价格再高下去,就不得不比较一下收购与建厂的成本了。很简单的道理,假设一件东西要卖 40 元钱,而我可以花20元钱自己做出来，甚至可以卖30元钱跟对手竞争，谁都会选择自己做"。知情人士透露，华润雪花对并购品牌的消化、整合，对扩张成本的控制，对高效管理体制的建立，对产品质量的管控等等，所投入的远比外界想象的要多得多。

据称，华润啤酒投资内地这么长时间，一直坚守一个原则就是股本金回报率不低于10％。如今这个数字已经超过10％，整顿得比较好的企业甚至达到15％。有效的企业整合之道是华润雪花制胜的一大秘诀。

大连是雪花啤酒的一战成名之地。从1993年成立第一家合资公司———沈阳华润雪花啤酒有限公司，大连渤海啤酒厂是华润雪花迈出的第二步。此时的华润雪花，缺乏了解中国市场的啤酒经营人才，时任华润创业东北并购办事处主任的王群在这种情况下当上了大连公司的总经理。1999年，王群团队接手华润雪花大连公司两年后，华润雪花大连啤酒市场占有率从15％升到了70％，而对手大连啤酒从70％变成了15％。2001年4月，华润雪花大连啤酒厂全面收购了大连啤酒厂。这一幕"蛇吞象"的故事摹写了华润雪花的创业史，而当这一幕在全国不断上演，华润雪花也已经成长为一头跳舞的大象。

到2004年，华润雪花掌控的啤酒厂达到37个，占国内啤酒市场份额超过12％。当年，华润雪花突破110万千升的销量，这家成立不过10年的啤酒公司与青岛啤酒，燕京啤酒并列进入全国三强。

当然，在更多的时候，雪花还是以径直并购杀入，毕竟，啤酒的区域诸侯如金威、重啤、金星等不断崛起，而英博、AB等外资也已逐步适应中国市场并有"如鱼得水"之势，"跑马圈地"在此刻可谓"时不我待"。因为良好的收购对象正在逐步减少，并且正被急切的外资胃口抬至很难承受的高价位，2005年底，英博以60亿元人民币的天价买下福建雪津啤酒100％股权，可以作为这一形势的注解。据了解，燕京啤酒、华润也曾竞逐雪津，但先后因高出"合理价位"而退出。如今，金星、金威均采取自建厂方式扩张，从某种程度上正说明了这一点。

凭借资金和技术的双重优势，为做透"点"市场，华润啤酒用资本演绎着规模扩张的神话，集中资源在所进入市场并购区域强势品牌，比如大连的棒槌岛啤酒、四川的蓝剑啤酒、安徽的圣泉啤酒、湖北的西湖啤酒、天津的钱江啤酒等，这些品牌都是当地区域内第一大啤酒企业，先后通过并购组建了四川蓝剑华润、天津华润、

安徽华润、黑龙江华润等，同时又以 6.8 亿元的投资在东莞建厂，至此，华润雪花品牌在全国主要市场实现遍地开花，完成点布局。

接着，华润雪花转战中部长江流域，采用"沿江、沿海中心城市战略"，即生产基地分布在沿江沿海经济发展水平较高的中心城市，其共同特点是经济发达、人口众多、人均收入高、消费水平较高，适合企业高成长。这一时期华润雪花啤酒分别在武汉、大连、山东、江苏、上海、安徽、四川、浙江、福建、广东等省市设立生产基地，加速在华中、华东、华南的布点。

从 2005 年开始，华润雪花啤酒开始走向全国，通过收购或投资建厂进入内蒙古、山西、甘肃等区域；2006 年，华润雪花以约 7200 万元的价格收购福建泉州清源啤酒 85% 的股权，标志着其全国布局战略迈出了重要一步，在福建建立生产基地也进一步完善了其在华东、华南地区的生产布局；同年，华润雪花进入北京，在燕郊、平谷分别新建、扩建了 40 万吨和 20 万吨工厂，同时进行自建渠道的努力，经过一年的攻坚，雪花啤酒在北京的渠道铺货率高达 70%。

从选择目标之际的多快准，到并购整合之际的高效率，同样大肆扩张的华润雪花并没有出现其他同行业企业那种扩张后的烦恼。华润雪花在各个区域进行渠道改造，减少成本、提高效率、强化合作。目前，华润雪花拥有 80 多家工厂，销量稳步增长。

（二）合 N 为 1：强势出击

随着华润雪花在全国的市场开拓与渠道扩张，华润雪花并购了大量区域性啤酒品牌，为了能与当时行业内的全国性大品牌企业抗衡，华润雪花开始转变形象，使品牌从区域性的形象定位转变为全国性品牌形象定位，打造全国性品牌成为当时主要的品牌管理主题。

2002 年，时任华润（集团）有限公司董事长宁高宁的两篇文章《26 只猫和一只老虎》和《啤振天》为标志，开启了雪花啤酒建设全国性强势品牌的新征程。

鉴于国内啤酒市场区域性特点显著，区域品牌在区域内知名度高，拥有大量的忠诚消费者的行业特征。为了满足不同消费者的不同需求同时兼顾区域性品牌和全国性品牌，华润雪花充分利用啤酒行业的特征，在产品品牌结构上推出"1+N"的品牌组合战略，也就是"全国性品牌＋区域性子品牌（区域强势品牌＋区域战术品牌)"两条腿走路的战略。"1"是指一个主品牌——雪花,"N"指N个区域子品牌。例如区域强势品牌有蓝剑、零点、太湖水等品牌。这一产品品牌战略既能使华润雪花以低成本的形式在全国打出品牌影响力,同时也能够以高效率、高效益的双高形式在不同区域打出产品的销售量,全国性和区域性互为补充、互为影响,来实现品牌的充分落地、生根、开花和结果,华润雪花在2012年成长为735亿的品牌价值。

根据Jim Stengel的研究发现,"如果一个品牌专注于更崇高的品牌理想或目标,并全方位地促成其理想实现,那么它就能够以超越竞争对手3倍以上的速度增长"这句话是对雪花啤酒品牌快速成长的最好诠释。

雪花成为斯登格增长品牌

吉姆·斯登格(Jim Stengel)是前宝洁公司全球首席营销官,兼任美国加州大学洛杉矶分校安德森管理研究生院副教授。通过对BrandZ数据库中的全球5万个品牌进行筛选,观察其2001-2011年品牌资产变化情况,挖掘出那些增长速度最快的品牌背后的动力及原因。

为了实现其目标,首先选出最受消费者喜爱和最受关注的全球品牌(上榜品牌的总收入下至1亿美元,上至1000多亿美元),然后为了追踪测评品牌价值增长,斯登格对10年期间品牌的财务价值的绝对增长、增长率和在行业类别中的相对增长进行了加权平均。

斯登格增长模式研究最终确定了21世纪增长业绩远超竞争对手的50个品牌。雪花啤酒成为斯登格增长品牌。华润雪花是上榜的全球两个啤酒品牌之一,也是上榜的三个中国品牌之一。

值得提及的是,在分项研究中,雪花啤酒是全球9个令人"唤起自豪"的品牌之一。在斯登格增长品牌中,爱马仕、欧舒丹、梅赛德斯——奔驰、卡尔文·克莱恩和轩尼诗等品牌价位高低不同,但都在个人成就感、安全感和信心等方面触发了客户的自豪感;在唤起消费者自豪感的同时,内部员工的自豪感也会油然而生。中国雪花"自豪"骄傲地位列其中。

二、雪花纵横之道

渠道构成了营销的地网,而品牌则构成了营销的天网,只有品牌与渠道同时发力,才会获得更大的发展空间。对于发展中期的大型啤酒企业来说,同时对渠道和品牌动手术不可能不"流血",甚至"伤筋动骨",但是华润雪花啤酒求实求稳,一步步扎实地探索和整合,终于将这两大挑战转变为企业发展的两大机遇。而渠道的成功整合对于雪花后期的迅猛发展奠定了坚实的基础。

(一)发展中的渠道困境

渠道是快速消费品品牌在市场中短兵相接的前沿阵地,对企业营销活动的效率起到至关重要的作用。在做大市场的过程中,原来多层级的渠道结构与管理体系曾一度使华润快速提高市场占有率。然而,随着华润雪花全国啤酒工厂数量的增加,市场区域逐渐由散落的"点"形成相互接壤的"面",华润雪花啤酒逐渐发现:原来通过多层级营销渠道提高市场覆盖率及市场份额的渠道模式,不能有效地控制啤酒的流向,市场经常出现串货等混乱,管理上存在诸多问题。

渠道困境主要体现在:第一,部分渠道成员思想观念陈旧,经营粗放,对公司依赖性强,坐商现象严重,对市场开拓进取心不强,发展严重滞后。第二,同级渠道成员(比如都是直供商)对公司产品的盈利预期不同,造成公司产品在渠道成员中的地位差异较大,没有统一突出的产品销售,窜货现象严重。第三,渠道成员的供货网络交叉、复杂,导致经销商对零售终端掌控能力减弱,使华润雪花啤酒产品的占有率不能有效的提高,经销商利润不能得到有效的保证。第四,渠道成员个体实力偏小,渠道整体抗击打能力弱。第五,无法有效整合多方资源,以提高自身的盈利水平。

面对如此形势，经过充分的调研和试点，华润雪花啤酒从 2002 年开始在全国范围内对营销渠道进行改造与提升。

（二）双管齐下破解难题

1. 分区划片，严控产品流向

早在东北创业期间，对于渠道管理华润雪花啤酒虽然没有统一的大动作，但是在辽宁市场还是做了一些超前的创新探索。时任大连工厂总经理的王群在大连开始对渠道进行延伸管理，建立销售组织，实行区域化管理，把客户分区域，对分销商进行延伸管理（例如到二批处检查销售情况，拜访销售终端等），这为整个雪花啤酒以后渠道管理树立了一个成功的典范。

随着雪花全国市场布局的完成，市场区域渠道间开始有冲突，区域之间没有人协调，管理难度越来越大。为破解渠道困境，棋盘山会议决定王群任总经理负责啤酒业务，在东北成立华创啤酒东北集团，负责协调东北区域的业务。随后组人力资源委员会、市场委员会、质量委员会、采购委员等管理委员会管理啤酒渠道、协调区域、制定价格，后又成立财务部、采购部、市场部进行专门管理，逐渐建立了全国管理的组织架构与管理体系的雏形。

在产品流向控制上，逐步梳理物流关系，在全区域实现"以区域划分为主，网络划分为辅"的方式，对所有渠道（含承运商）的销售区域和终端网络进行 100% 的界定，实现雪花啤酒产品的流量流向可控，同时加强对营销费用投入的重点终端进行销售数据分月跟踪；通过区域化运营，合理的布局销售终端，对经销商利润的保障，使经销商对华润雪花的黏性增强，充分实现了通过渠道推动销售的战略目标。

2. 纵深优化，强化终端控制

然而随着渠道竞争层次的不断提高，竞争日渐加剧，这对企业的物流速度和终端控制力提出了更高的要求。直面终端，缩短渠道链，解决渠道成员内部问题，最终使得消费者能够方便地在任何时间、任何地点，以多种方式购买到公司的产品，从而真正地获得市场优势地位，是实现"做大规模，做大雪花"战略目标的关键环节。

华润雪花对已有的渠道商进行精细化分类。按照渠道中间商的业态形式分为四大类，第一是传统的流通渠道，主要指的是分销商、直销商和零售商等；第二是餐

饮的终端渠道，主要指中高低档餐饮终端等；第三是零售终端，主要是KA大卖场在内的现代零售终端和传统零售中含有POS的便利店等；第四是夜场，主要是酒吧、迪吧、KTV等一些娱乐场所。同时又将这些渠道商根据其现在经营状况与未来发展前景分成支持类经销商、维持类经销商、调整类经销商和淘汰类经销商四类。

渠道优化的整体方向是减少渠道层级和数量、强化零售终端控制，以零售终端为导向，通过掌控零售终端来协同经销商构建渠道壁垒，努力实现一个市场所有零售终端由华润雪花啤酒的支持类一级经销商直接供货，且直供的零售终端是产品专场，所专销的产品绝对符合华润雪花的盈利要求。通过终端普查、渠道普查掌握的数据进一步减少渠道密度和层级，以获得长期的、持续的竞争优势。优化提升实施后，渠道数量大大减少，渠道层级大大降低，既留住了华润雪花的核心经销商，又提高了华润雪花对经销商和终端的掌控能力。同时，加强华润雪花啤酒业务人员对零售终端线路拜访，不断动态调整渠道成员的数量和质量，保证华润雪花始终掌控市场上的优秀经销商，并扩大经销商对零售终端的掌控数量和质量，进一步提高消费者对雪花产品的认知程度，从而建立起坚固的渠道壁垒。

经过分区划片的区域化管理及纵深优化的深度分销渠道改革，华润雪花啤酒立体化的分销体系完成，较好地支撑着"主市场、大份额、相对垄断"目标的实现。

3. 画龙点睛，大客户管理制

华润雪花虽然建立了区域化与深度分销的立体化渠道管理体系，但是现实中也有一些矛盾，比如沃尔玛、家乐福这样的全国连锁型超市企业，到底按照专营化渠道来管理还是各区域分别对接？如果各区域分别对接，价格体系如何做到统一？

实施大客户管理是解决之道的一种。为大客户提供优秀的产品和解决方案，建立和维护好持续的客户关系，帮助华润雪花建立和确保竞争优势。同时，通过大客户管理，解决采用何种方法将有限的资源（人、时间、费用）充分投放到大客户上，从而进一步提高华润雪花在每一领域的市场份额和项目签约成功率，改善整体利润结构。

为了解决这一问题，华润雪花由公司总部营销中心负责与大客户进行合作，直管直供，既增加了华润雪花的谈判能力，也有助于提升合作效率，降低华润雪花的管理成本。

4. 一一对应，产品与渠道有效对接

雪花啤酒凭借企业对啤酒行业多年经验以及对主要竞争对手的深入分析，做出选择性放弃部分低端产品市场，集中开发以中高档甚至超高档的脸谱、纯生、原汁麦为主的产品系列的策略。脸谱、纯生、零点、晶尊等品牌主要走高档酒店、宾馆、酒吧、夜场、大型超市，同时雪花对部分酒店进行陈列合作。中档的"勇闯天涯"、精制酒等主要进即饮场所、餐饮终端酒店、酒吧和非即饮场所的"便民店"、超市等；低档的雪花特制、雪花环标等进入便民店、小超市、食杂店、副食店和某些小型餐饮、排档、小吃店。这一产品策略为雪花啤酒快速占领市场，做大企业提供了巨大的原动力。

在中高档渠道，华润雪花多年来一直以普通酒销售为主，大量的普通酒销售，除了带来的销量数字增长外，在利润贡献上作用不大。市场调查结果显示，主要竞争对手的精制酒在此渠道的销售占比在 40% 左右，而华润雪花 2008 年精制酒占比不到 15%。2008—2009 年华润雪花频繁举行餐饮业务研讨会，适时规划全国精制酒渠道管理方式，对精制酒进行明晰的市场发展定位，精制酒成为新的发展重点；围绕精制酒消费场所进行餐饮、KA、夜场渠道建设，重点推动各地中、高档酒店专业化渠道建立和建设，推动各地形成与目标相匹配的专业化经销商，同时在华润雪花总部层面，新成立餐饮部，负责组织推动各地中、高档餐饮管理的队伍和能力建设，推动各区域公司关注中高档餐饮业务、收集、交流和共享各地优秀案例，在大区层面下设夜场、KA、餐饮、传统等不同的专业渠道发展组织。从 2008 年开始，雪花啤酒精制酒步入快速增长轨道，销量年增长率高达 30% 以上。优化产品组合和精耕与之对应的立体化分销渠道，为华润雪花"变强"提供坚强的后盾。

三、雪花"变脸"

啤酒作为快速消费品的大类之一，营销同质化现象非常普遍。作为行业里的后来者，雪花要想让消费者接受这个品牌，必须走一招与众不同的棋。华润雪花总经理王群经常强调，没有"独立性"，就不会有"独特性"；没有"独特性"，就很能在消费者心目中建立"识别"符号。

随着华润雪花在全国的市场开拓与渠道扩张，华润雪花并购了大量区域性啤酒品牌，为了能与当时行业内的全国性大品牌企业抗衡，华润雪花开始转变形象，使品牌从区域性的形象定位转变为全国性品牌形象定位，打造全国性品牌，成为当时主要的品牌管理主题。

（一）立足高端传播平台

在品牌传播的过程中，选择合适的平台能让传播活动事半功倍，把传播效果最大化。借助全国性权威媒体平台，打通全国市场，一直是雪花品牌塑造过程中的重要环节。尽管近年来一些地方卫视发展迅速，但中央电视台作为国家电视台的权威性和影响力是无可替代的，始终是有实力的大品牌广告主投放广告的首选。在打造全国性强势品牌的道路上，华润雪花选择了中央电视台作为品牌传播的主要平台，推动雪花品牌快速走向全国。

2005年，第一届"雪花啤酒、勇闯天涯"活动推出，雪花啤酒与CCTV-2(经济频道)强势节目《绝对挑战》合作，为"雪花啤酒、勇闯天涯"雅鲁藏布大峡谷探索活动量身定制了一期特别节目，将"事业挑战"的节目理念和雪花啤酒倡导的"畅享成长"理念融合到一起，借助中央电视台王牌节目的强大影响力，对雪花品牌进行深度、广泛传播。

中央电视台一直是重大体育赛事在中国（不含港、澳、台）的首选合作伙伴，也是中国观众了解和关注国际体育盛事的核心渠道。2006年德国世界杯期间，中央电视台又花费巨资购得世界杯中国（不含港、澳、台）独家播映权，将再次为全国观众呈现世界杯的无限魅力。CCTV-1黄金时段，成为华润雪花最佳选择。从5月开始，雪花啤酒首度开始投放CCTV-1黄金时段，预热市场以相对集中的投入，依托CCTV-1全国96%以上的收视率，迅速使雪花品牌的知名度急剧提升。之后，华润雪花又冠名央视世界杯期间《球迷世界杯》栏目，并为该栏目提供雪花啤酒作为奖品，给参与活动的球迷送出百万元现金大奖，场外球迷也可通过短信发送参与活动并获赠奖品。通过高端媒体，结合线下活动，不但提高了雪花啤酒在全国的知名度，而且拉近了品牌与消费者的关系，为企业建立牢固的消费者——品牌关系。

2008年北京奥运会期间，针对众多企业发起的奥运营销大战，雪花啤酒另辟蹊径，采取"非奥运营销"战略，提出"啤酒爱好者正式合作伙伴"的品牌概念，从更广泛地支持啤酒消费者的角度出发,与消费者一起弘扬"重在参与"的奥运精神。雪花啤酒"非"奥运营销广告在中央电视台黄金时段播出,借助中央电视台的强大传播力,将自己的差异化营销发挥到了极致。

2012年4月,华润雪花出品的大型纪录片《中国古建筑》在CCTV-9(纪录频道)黄金时段播出。《中国古建筑》由华润雪花策划制作,清华大学建筑学者参与,历时3年拍摄制作,再现了中国古建筑发展历程。大型纪录片《中国古建筑》在中央电视台播出后,吸引了无数人关注中国古建筑的来世、今生与未来,有力地推动了华润雪花发起的中国古建筑公益项目发展。

基于全国性品牌战略,华润雪花选择了中央电视台这样的全国性大型传播平台,才得以更大范围地将品牌声音与主张传播出去,将一个个小众活动放大,占领全国消费者的心智,为雪花品牌价值的深度挖掘和传播奠定了基础。

(二)破局"非奥运营销"

建立"有情感价值的故事"的品牌是建立良好的消费者品牌关系的基础,王群认为:"啤酒最终的差别在情感上,啤酒最终也只能通过情感来建立它的统治地位。"为改变国内啤酒宣传"只讲产品不讲情感"的传统习惯,华润雪花啤酒重新进行市场定位,"雪花"就被定义为伴随年轻一代消费者成长的伙伴,经过多方的努力和参与,最终将雪花的"成长"定义为一种选择,即走自己的路,相信自己能够做到想做的事情,于是"雪花啤酒,畅享成长"的品牌定位开始浮出水面。

为体现出这种独特的品牌精神和文化,并与消费者所渴望和追求的精神和文化产生共鸣,就需要有良好的传播策略实现。啤酒行业传统的一般营销传播策略是与体育赛事相结合,比如赞助奥运就是国内企业趋之如鹜的选择,然而当时行业内的两个主要竞争者已经成为北京奥运会的赞助商,由于奥运会赞助商的行业排他性条款,华润雪花只能另辟蹊径。

一则名为"啤酒爱好者"的雪花啤酒广告——"没人赞助我球鞋,我跑得不快,跳得也不高,但咱也不简单,这比赛,有我们才行……"出现在2006年5月16日起的央视黄金时段,随后一个似曾相识的logo"啤酒爱好者的正式合作伙伴"鲜明地出现在雪花啤酒的包装上,替换了"畅享成长"的宣传口号,成为雪花啤酒面向大众的新的传播核心。雪花啤酒正式对外宣布"非奥运营销"战略。

雪花啤酒把奥运会和看奥运会的广大啤酒消费者区分开来,根据大众在参与奥运时对品牌和产品产生的需求,采取"支持奥运大众"的营销手段,将企业、品牌最大限度地同目标消费群交流,直接构建"品牌支持大众与消费者——大众与消费者支持奥运——品牌也支持奥运"的内在关联,实现品牌价值"更高、更快、更强"的提升。雪花品牌价值明确提出"啤酒爱好者,雪花支持你",并在广告片中让啤酒爱好者喊出"这比赛,有我们才行",以体现普通奥运参与者在奥运期间的价值,更贴近啤酒消费大众的心,以明显区别于竞争品牌"赞助奥运、用奥运来影响和塑造品牌"的手段。这样做让雪花啤酒不仅在奥运期间从容挑战竞争品牌的奥运营销策略,更准确体现了雪花啤酒年轻、活力、富于挑战、积极进取的个性。名为"非奥运营销"创新,实际上巧妙地利用了奥运主题,实现了差异化营销,避免同竞争对手的直接交锋,同时也大大节省了成本,吸引了各媒体的广泛关注,造成了一定的话题效应。

(三)"勇闯"概念品牌先河

华润雪花营销创新的另一体现是营销传播活动与啤酒品牌的完美结合——"勇闯天涯"。在"勇闯天涯"之前,华润雪花各区域每年都有许多品牌推广活动,但由于各个区域举办的活动不同,传递出的品牌完整性和一致性就有所欠缺,这就需要一个统一的活动来强化雪花全国性品牌的形象。

行业的竞争者基本通过广告传播品牌——或激情,或独特形象,不过雪花啤酒独辟蹊径,没有选择欢乐、亲情、友情等与啤酒有直接关系,但让消费者有些麻木的营销要素,而是选择带给消费者一种"新的生活方式"。

华润雪花在此番传播活动中事先确定了几大标准:首先,要与雪花啤酒的品牌定位一致,不能偏离品牌价值内涵和消费者价值,而且是目标消费者内心驱动、生活方式所认可的活动,只有这样才能打动他们。其次,雪花啤酒的品牌推广活动要与其他品牌形成差异,这样容易产生个性化,使品牌形象更加鲜明突出。

2005年,首届"雪花啤酒勇闯天涯"探索成长之旅启动,雪花在一些重点区域——辽宁、江苏、武汉等地同时启动该项活动,一经推出便受到了消费者的热烈追捧。据悉,有超过100万的消费者对此积极响应。通过与Discovery、知名科学家、探险家等的合作,雪花品牌的知名度和认知度较以前也有大幅提升。

首次活动大功告成，给了雪花更大信心展开活动之路，2006年雪花啤酒配合着中央电视台《再说长江》栏目，又趁势推出了第二届"雪花啤酒勇闯天涯·探源长江之旅"。15天的行程中，华润雪花啤酒不但组织了"小组任务、我行我拍"等形式多样的团队活动，还举行了环保宣誓、长江源头采水仪式等一系列公益活动，至此，"雪花啤酒勇闯天涯"的活动在全国受到了极大的关注，知名度和影响力迅速上升，万众瞩目。

当然，这次活动的意义还不仅仅是为了拉动销售和建立统一的品牌形象，其更深层的意义在于"概念的品牌化"，消费者参与或关注"雪花啤酒勇闯天涯"的活动，完成的仅仅是对雪花品牌的重新认知，而消费者对于这次活动留下的共鸣则还需要雪花啤酒进一步价值化。

从首次的探索雅鲁藏布大峡谷，到2006年探秘长江源、2007年远征国境线、2008年极地探索、2009年挑战乔戈里峰、2010年共攀长征之巅、2011年穿越可可西里，再到2012年的冲破雪线，"雪花勇闯天涯"活动共计行走10余万公里，其倡导的"进取、挑战、创新"精神也随之传遍天涯。

自驾游、野营、攀岩、登山，户外运动正在广为兴起，而户外运动的参与者与啤酒的主力消费人群有着惊人的重叠。这使得雪花啤酒在啤酒主力消费人群20～40岁年轻男性中的地位大大提高。

在运用电视媒体进行品牌传播方面，"勇闯天涯"结合自身的品牌定位和投放策略，对电视广告的投放分"两条线"来做：第一条线是面向全国的媒体（主要是中央电视台和旅游卫视）做重点投放，参与其中的相关热点节目，在节目内容和硬广告上形成呼应，提升自己的品牌知名度；第二条线是投放一些区域电视台，主要是省卫视、知名城市和重点市场城市的电视台，而且在选择省电视台时主要选择了旅游大省（这与其活动的形式相匹配）。

此外，在广告的投放上，雪花还尽量做到全国统一，广告片在中央和地方台、终端、渠道等要统一，传递同一个声音、图像、信息。此外，"勇闯天涯"重点选择的宣传方式是广泛吸引参与者，并"公开售票"，一是在雪花啤酒官方网站上公开招募远征志愿者，二是配合着活动的推出，雪花啤酒在黑、吉、辽、津、鄂、皖、苏、浙、粤、闽、川、青、藏等全国十几个省同时开展推广活动，各区域消费

勇闯天涯——远征国境线

第四章：整合的艺术

勇闯天涯——挑战乔戈里

者可通过参与当地雪花啤酒勇闯天涯的市场活动或瓶盖促销活动获取活动资格。

经过8年的发展,"勇闯天涯"活动成为一个全国性的活动,所有这些活动,都贯穿了雪花啤酒的"探索成长"的品牌文化内核。通过这样的全国性的大力度的公关传播,雪花实现了从虚到实的品牌兑变。"勇闯天涯"也成为迄今为止唯一一个全国性、原创性、品牌化的系列品牌推广活动。

与此同时,以"勇闯天涯"命名的啤酒在全国上市,由于有了先前活动的铺垫,勇闯天涯啤酒所传达的信息完全打动那些喜爱挑战、渴望突破的消费者群,产品的销售一进入雪花强大的销售网络便呈现快速上升的势头。目前已经成为整个品牌族谱中的拳头产品。

(四)融入本土文化基因

啤酒是一种西方舶来品,但华润雪花利用一系列活动营销,不断将品牌注入中国本土文化的元素,使啤酒这一舶来品的本土化文化内涵不断丰富。

早在2008年,华润雪花秉着"普及与传承中国古建筑知识"的初衷就与中国古建筑结下不解之缘,并携手清华大学发起"雪花中国古建筑"公益项目,支持专家把专业性的建筑知识编写成通俗、普及性的读物,让中国古建筑走向大众。通过一系列公益活动,华润雪花希望能够唤起广大民众对中国古建筑的关注,真正发现

雪花纯生·中国古建筑摄影大赛图书成果

雪花纯生·中国古建筑系列丛书开启

和认识古建之美,从而为中国古建筑的文化传承贡献更多力量。体现出华润雪花对历史的尊重,用智慧和情感努力让古建筑表达城市的精神、气质和性格,更是企业的一种社会责任感。

通过5年的积累,雪花纯生·中国古建筑摄影大赛累积参与关注人数高达几百万人次,参赛作品有34万幅之多,堪称中国各地古建筑真切而翔实的影像实录,在建筑领域、摄影界内产生了巨大影响,受到了建筑爱好者和摄影爱好者的广泛关注和认可。该摄影大赛已成为全国规模最大的、以中国古建筑为拍摄题材的摄影类活动。当你在电视屏幕上看到雪花纯生与古朴厚重的古建筑无暇融合的画面以及听到按下相机快门时那"咔咔"的声音,无不将雪花纯生与古建筑那厚重的文化底蕴相联系,在雪花纯生的品牌属性与古建筑悠悠的沧桑历史感之间建立联系,使啤酒这一快速消费品成为具有悠久文化内涵的产品,实现了啤酒的文化营销的跨越。

当其他啤酒品牌争先恐后围着足球篮球做文章的时候,雪花啤酒赞助的古建筑研究显得特立独行。而与古建筑推广配合的雪花啤酒旗下高端品牌雪花纯生——雪花高端纯生定位为政界商界精英,这要求产品本身具有文化内涵,而对中国古建筑的研究使雪花在艺术文化界名气大增。

古建筑摄影大赛成果之罗品禧——《武当雪飘》

在"俄罗斯中国建筑日"活动展览获奖的中国古建筑摄影作品《古镇夜生》

古建筑摄影大赛成果之安福臣——《梵宫晨雾》

古建筑摄影大赛成果之张坤——《金山寺的屋檐》

古建筑摄影大赛成果之宋洪晓——《铜狮披银甲》

古建筑摄影大赛成果之章成彬——《尘世之眺》

(五)打造超高端"脸谱"

未来10年,高端啤酒市场的增长率会保持在20%以上,低端市场的增长率预计在6%以下。同时,啤酒高端产品一般情况下,其利润比低档产品高出5~10倍,无醇等产品甚至高出几十倍。

一面是高端啤酒带来的动力,一面则是发展面临的压力。上游酿造原料、水电煤运等成本的提升,使得我国啤酒业中45%的企业处于亏损或微亏的边缘,32%的企业保本经营,只有不到20%的企业发展良好。动力与压力并存的状况,使华润雪花思变,开始向中高端市场发展。而将雪花品牌与中国传统文化和时代文化价值取向相配合是华润雪花的一向打法。

在品牌特性塑造上,华润雪花非常注重产品与中国传统文化息息相关的联系。从耳熟能详的"雪花啤酒勇闯天涯"到中国古建筑摄影大赛,无一不是如此。

"脸谱"这一超高端啤酒品牌的推出是这一思路的又一延续。"脸谱"啤酒将东方戏剧代表曲种——京剧与西方啤酒相结合,创造出独一无二的包装和高端档次产品,是一种跨界的新尝试。在中国传统文化中,京剧脸谱代表着一种独特的气质、性格和气度,是一种非常独特而有文化内涵的传统文化符号,雪花脸谱将其纳为标识,推出"花脸+花旦"两支组合装成双成对,在高端啤酒市场亦为创新之举。

文化表于形,品质修于内。原料上,雪花脸谱全部甄选来自捷克的顶级柔香型萨兹酒花,所有大米均在酿酒前3天之内才进行脱壳;生产工艺上,为了提高啤酒口味的醇厚性和麦香味,特别采用了煮出法的独特酿造工艺;口味风格上,所制的酒体醇厚饱满,麦香更浓郁,入口回味流转。雪花脸谱研发生产的每个环节,力求精益求精,确保酿造的至臻完善,也奠定了其高品质、高品位的国际一流水准。

结束语

早在2009年,"雪花Snow"啤酒单品牌销售量已超越其他全球知名品牌,成为全球销量最大的单品牌啤酒。到了2011年,华润雪花的销量超过1000万吨,成为中国啤酒行业第一个跨越千万千升规模的啤酒企业。

而"两个第一"并不是这个企业最耀眼的光环。最可贵的是华润雪花在整合之路上稳扎稳打、步步创新的实践。华润雪花啤酒在渠道管理上的深耕细作、在品牌管理上追求差异化与本土化,意味着华润雪花已成长为全球啤酒格局中具有举足轻重地位的品牌,已经给啤酒深深地打上了"中国烙印"。促使企业发展与品牌成长的因素是多元化的,在走访华润雪花啤酒的过程中,最吸引我们的是企业决胜销售终端、遍布山野乡村的渠道管理以及追求本土化与原创性的品牌文化营销传播。

凭借着对有效的渠道整合和品牌的原创性的差异化营销传播,借助央视等对应的传播平台,华润雪花实现了由行业中多只"猫"到一只"老虎"的华丽转型与升级,成为西方渠道和品牌理论与中国中国实践完美结合的范例。

中国人民大学教授:刘凤军、李敬强、史俊敏
《新营销》杂志:闫芬
中央电视台广告经营管理中心:薛梅、田宁、张璇

华润雪花首家年销量突破 1000 万吨

采访手记

2013年1-5月,在CCTV的支持与帮助下,我们调研小组深度访谈了华润雪花。采访是一个挖宝的过程,更庆幸的是能够近距离听雪花人分享他们的商业智慧和宝贵经验,感触颇深。除文中所及,还有几个不可不说的雪花品牌基因。

印象中,雪花无论在啤酒行业内还是在中国企业界都不怎么高调,甚至可以说比较低调。结合快速消费品行业的惯有做法,无论如何也不能理解雪花主动选择的淡化处理。不过,我们很快发现这仅仅是硬币的一个方面。在啤酒消费市场,在最基层的啤酒销售网点,雪花却一点也不低调,而是十分响亮。无论是"全国最大的

啤酒企业",还是"全国单品销量最高的啤酒品牌"都无一例外地落入华润雪花的囊中。无论是在居庙堂之高的北京,还是在处江湖之远的西藏林芝地区(与印度接壤),更不用说成都、杭州、深圳、沈阳等城市,很容易发现雪花的踪迹及其卖场领导力。品牌的张力与渠道的活力相互交融的状态令人赞叹。

在惯常的印象中,雪花是一个"普通"的品牌。一方面雪花深入我们生活周围,只要去买啤酒,就太容易看到雪花啤酒的身影;另一方面,雪花的价格也非常亲民,它就像产自邻家的啤酒,熟悉得甚至有些熟视无睹了。可是,华润雪花的营销却非常"不普通",一直在追求属于自己的Style。比如,雪花发起赞助的户外探险活动,"雪花啤酒勇闯天涯"系列活动影响力越来越大;携手清华大学发起"雪花中国古建筑"公益项目,雪花纯生·中国古建筑摄影大赛,还有"自然之美""花脸+花旦"的"脸谱"等等……在别人的不解和质疑声中,雪花用自己的实际行动重新定义着"啤酒营销",第一次真正地让"啤酒"这种舶来品有了中国的基因。

访谈中,我们也深刻地感受到:雪花啤酒有一支非常优秀的运营团队。他们不但非常善于学习,更精于研究行业和市场。他们不仅熟知啤酒的历史与现状,熟悉啤酒惯常的营销方式与策略,而且坚持长期跟踪分析中国市场,深刻地了解中国消费者,能够准确地把脉中国啤酒消费动向与趋势。我想这不仅得益于雪花啤酒的合资背景,更得益于雪花团队追求中国第一、世界领先的雄心。

华润雪花成为"唤起自豪"的"世界顶级品牌"。这种示范效应,相信对中国企业的市场营销和品牌运营有着更加现实和深刻的实践意义。

案例组走访雪花(右四为雪花四川区域公司总经理侯孝海,右三为刘凤军教授)

刘凤军

1963年生，经济学博士后。中国人民大学商学院教授、博士生导师。兼任中国市场学会副秘书长、中央电视台广告中心策略顾问、"教育部新世纪优秀人才"入选者、"北京市社科理论人才百人工程"入选者。

主要研究领域：品牌运营、服务营销、中国企业营销，先后主持国家自然科学基金、国家社会科学基金、国家教育部博士点科学基金、中国博士后科学基金和全国教育科学十五规划项目等多项科研课题。

出版《品牌运营论》《市场营销学》《影响力营销》《顾客导向的内部营销》《银行竞争与营销创新》等著作及教材，在《中国软科学》《中国工业经济》《财贸经济》《中国人民大学学报》等杂志上发表论文多篇。

案例点评

从2006年起,华润雪花就以530多万吨的销量,成为中国啤酒业的产销冠军,并将这一纪录一直保持至今。2011年雪花啤酒超过1000万千升销量,连续7年全国销量第一。特劳特先生在《与众不同》一书中说:"一旦你获得了第一位置,就要让市场知道这个事实。有太多公司认为它们的领导地位是理所当然的,所以从不利用它,这么做只会让竞争对手有机可乘。"雪花啤酒在各种场合,不遗余力地宣传"华润雪花全国销量冠军,率先突破1000万吨",将其市场领导地位强化为心智地位。

啤酒行业同质化严重,这对整个行业的健康发展很不利,雪花啤酒在营销方式上不走寻常路,摒弃奥运等重大赛事营销,发动"勇闯天涯""中国古建筑"等品牌形象活动,并充分利用央视等主流媒体,用独特的方式占领顾客心智。正如《与众不同》书中所述,第一的方式有很多种,每个品牌只有找到属于自己的"第一",才算找准了定位。雪花在销量上找到了自己的第一,在营销方式上也为其他品牌做出了良好的示范。

特劳特(中国)高级分析师
陈逸伦

金龙鱼的"龙骨"
——多品牌共生的整合之道

金龙鱼,产于东南亚,因嘴上两条胡须,周身闪烁梦幻金光,故被称为"龙鱼",寓意招财进宝、富贵吉祥。

在中国市场,"金龙鱼"几乎成为第一桶油的代名词。它是计划经济时期家庭主妇们的梦想;是央视第一支食用油广告,一度象征着家的味道;如今这条鱼的身影又占据了全国小包装油半壁江山。但实际上,金龙鱼不过是益海嘉里集团的代表作——这家粮油领航者旗下拥有近60个品牌,产品覆盖粮、油、米、面、化工等多个领域。

一张体型庞大、逻辑清晰的品牌架构图实际上才是益海嘉里真正的魅力所在。这条龙骨包涵一品多类、一类多品两种品牌流派的实践与成果,成为益海嘉里真正难以撼动的品牌布局,让益海嘉里在竞争中获得持续优势。

一、鱼跃：第一桶油诞生记

回溯金龙鱼的发展，是一个从无到有的过程，其背景是中国粮油产业的深刻变革。

（一）打败粮油店

提着黑乎乎的油瓶，到粮油店里排队，购买每月全家的所需。在金龙鱼之前，人们的日子一直这么过着……

但改变总会来到。最开始，是回乡探亲的侨民们带来的"稀罕物"——沿海的乡亲们头一次见到包装精美的桶里流淌着这么清澈的食用油，更为神奇的是，烧菜时居然连烟气都没有。于是，这些稀罕物被家庭主妇们在大院里骄傲的炫耀，成为一种"家有贵亲"的代表。紧接着，一些效益好的企业、单位开始将这些桶装油当成高档的福利发放——不过，也只有在春节的时候，才会这样隆重。

真正的转变发生在1991年，中国第一瓶"金龙鱼"小包装油面世。嘉里粮油做了一件被同行认为疯狂的事情——当时小包装食用油并不普及，更没有品牌一说。刚刚从粮油配给制中走出来的消费者，依然习惯于每月按需到国有粮店排队买油。

这瓶开创历史的金龙鱼小包装油，重2kg，透明塑料瓶包装，价格是当时散装油的4倍还多，老百姓并不舍得买。

在那个渠道匮乏的年代，口碑营销成为敲门砖。当时没有大卖场，没有零售店，只有为数不多的副食店、烟酒店，人们与商品接触的机会并不多。此时金龙鱼抓住了单位节日发放福利的契机，向各单位推荐金龙鱼产品。与传统的"二级豆油"（即初榨毛油）浑浊发黄、油烟浓重不同，当时的金龙鱼油是菜油、豆油外加花生油精炼混合，色泽透明、香气浓郁，而且不爱冒烟。在良好体验为金龙鱼带来的口碑效应中，中国人食用小包装精炼油的时代也就此开启。

1991年，金龙鱼上市的当年，销售量即达3000吨，在市场上站稳了脚跟。1993年后，国内一些企业也发现了品牌小包装油的市场机遇，纷纷跟进。

一些事情，只有时间才能检验是否明智。如今，那次"疯狂"已被看作是益海嘉里营销策略成功的关键一着，将小包装食用油从"粮油系统"中解放出来，把它归入"商品"的队伍中进行操作，顺应了大时代下民众餐桌的需求所向。

（二）广告奇效

一传十，十传百，百到千，千到万……但是中国幅员辽阔，南北东西远隔千山万水，原始单纯的口碑营销影响毕竟有限。为了覆盖到更多的人群，金龙鱼开始打起了广告。

1996年，金龙鱼开业界先河，在中央电视台投放了第一支广告片"金龙鱼——金光神州闪"篇。这支广告动用了当时最先进的特效技术——金光闪闪的3D金龙鱼从厨房飞餐桌，再飞到电视屏幕之上，栩栩如生、活灵活现。通过央视强大的信号覆盖和品牌背书效应，一夜之间，全中国的电视观众都对这条金龙鱼印象深刻。回头看这支广告片虽没有道出更多的诉求，但在当时单纯的广告环境下，足以吸引观众的注意，最为直白的表述更能教育消费者，从而培养市场。这便是成功的头枪。

在"金光神州闪，美味处处添"这一系列广告投放之后，紧接着的1997年，金龙鱼提出了新的广告口号——"温暖亲情，金龙鱼的家庭"，为金龙鱼品牌逐渐加入了情感的元素。这也被定为金龙鱼品牌诉求的核心价值，贯穿于20年的品牌体系之中。

广告发展的黄金时期里，人们开始厌倦演说式的宣传，一些灵敏的广告主开始将语言变得婉转。

"快回家，快回家，亲爱的爸爸妈妈快回家……"1998年，金龙鱼推出全新的"万家灯火篇"电视广告，片中的主题曲让人印象深刻，内涵健康感人，将金龙鱼的品牌形象进一步向家庭温情传递，提高了金龙鱼的品牌认知度和美誉度。2002年，在中央电视台举办的首届"CCTV国际电视广告大赛"中，获得了"观众喜爱的电视广告片"第一名。

坚持选择中央级电视媒体的权威平台，用以覆盖最广阔人群，成为金龙鱼一直坚持的品牌策略之一；与时俱进，逐步深入的品牌诉求以及坚守的"温情家庭"的价值内核让这种影响持续加深、丰富；统一的品牌VI系统也成为长久之计——凡是金龙鱼的纸质广告，必须以红、黄二色为基调，贯穿始终的品牌策略，包括品牌名、品牌形象、品牌专用色、专用字体等等整套VI系统，虽然没有在第一时间带来实际有效的购买和效益，成为一笔可传承的无形财富。

彼时，依靠过去的10年的稳扎稳打，金龙鱼食用油成功实现了在销量和知名度上的跨越增长。市场上小包装油市场也开始涌现出大批品牌，金龙鱼却已一骑绝尘，遥遥领先，稳坐全国包装油销量第一把交椅。

金龙鱼20年平面广告

金龙鱼谷维多稻米油

（三）二次革命

先行者面临的问题大致相同——你要么继续革命，要么被革命。

追随而来的竞争者越来越多，雷同的产品与概念让金龙鱼初期所开拓的市场面临被迫分享的局面。此时中国国民在衣食住行得到量上的满足后，开始变得挑剔。

在这样的背景下，金龙鱼开始高举高打"健康"概念。

2001年，金龙鱼提出"健康生活金龙鱼"，2002年，再次高调推出全新的第二代食用调和油，以及"1:1:1"平衡膳食脂肪酸的全新理念。以"膳食营养均衡"为卖点的第二代食用调和油，并获得了国家专利。事实上，这是中国食用油史上最畅销的一款产品，年销量超过100万吨。此后，金龙鱼还陆续推出富含植物甾醇的玉米油、富含谷维素的稻米油、添加深海鱼油的新一代调和油等创新型产品，几乎每款产品都引来许多追随者。"健康"作为一面战旗，引导了金龙鱼所倡导的二次革命，将整个食用油行业的竞争推向了更高层次。

效仿者往往嗅觉敏感，对手们也纷纷开始在品牌传播上诉求健康元素，虽然客观上冲淡了金龙鱼"健康"的宣传力度与品牌强度，但却让整个粮油行业的健康形象印在了消费者心里。坚持，也许是金龙鱼持续占领优势的原因之一。同时期的金龙鱼，不仅投入大量的自身产品和品牌的电视广告、报纸广告，同样在宣传食用油知识，普及健康拥有方面，花费了巨大的公关成本与广告投入。

之后，在"地沟油黑幕"这一行业黑天鹅事件中，金龙鱼表现积极，在全国各地参与各地政府对"放心油"的推广工作，销售渠道也随之在餐饮业迅速铺开……

二次革命的影响持续了10年。

直至2012年，益海嘉里公开声称已向中国消费者提供了52亿瓶小包装食用油。当时，益海嘉里食品营销有限公司总经理陈波曾这样比喻："如果瓶瓶首尾相连，长度相当于183条万里长城。"

在今天的中国粮油市场，益海嘉里已经是无可置疑的领导者。2012年益海嘉里在华达到1500亿元的营业规模，主要从事粮油及粮油延伸产业，包括大米、面粉、油脂、油脂压榨的全产业链。在中国境内35个城市设有企业110多家，在最大的货运枢纽附近建立58个生产基地，现在益海嘉里规模宏大的生产、销售和物流网络，覆盖了中国多个省、市、自治区的2839个县市，拥有近350个销售处，1585个经销商，

5000多家分销商,超过100万个终端保证供应。益海嘉里集团的母公司新加坡的丰益国际,于2012年3月荣登美国《财富》杂志全球食品生产行业最受赞赏公司排行榜榜首,2012年7月荣登《财富》世界500强223位,跻身全球三大粮油集团。

在核心品牌金龙鱼的带领下,公司旗下的16个品牌,如胡姬花、欧丽薇兰、鲤鱼、元宝等,都已成为每一个专业领域内的知名品牌。这种"1 + 16"的方阵已经占领了中国小包装食用油市场的大半江山,领军的"金龙鱼"也成为名副其实的"第一桶油"。

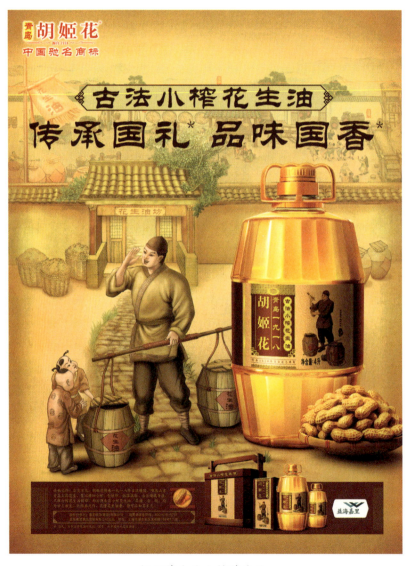

胡姬花古法小榨花生油

二、成龙：60多个品牌共生

话说至此，对益海嘉里仍是管中窥豹。在这个960多万平方公里面积、13亿多人口、历史悠久的大国里，成为粮油领航者并非如此简单。

在益海嘉里的总部，一张体型庞大、逻辑清晰的品牌架构图实际上才是这家公司真正的魅力所在。这张图囊括了这个粮油领航者旗下所有品牌、产品，其内部包含的一品多类、一类多品两种品牌流派的实践与成果，成为益海嘉里真正难以撼动的龙骨，在中国当代品牌史上中独树一帜。

（一）品牌龙骨

对这张图的解构剖析，将成为本文探索的核心价值。在此不再过多用文字赘述，以免混淆视听，而是希望更直观地为读者展示这副龙骨的全貌与精神。

益海嘉里的产业链

- 大豆 → 榨油
  - 油 →
    - 品牌消费类（小包装油）
    - 特种油脂（蛋糕、面包、饼干）（肯德基、卡夫、联合利华）
    - 油脂化工（皂粒、甘油）→ 食品、化工、橡胶、医药
  - 粕 → 饲料
- 米 → 种 → 收 → 加工
  - 品牌大米（消费市场）
  - 稻壳榨油
  - 能源（发电）
  - 米糠灰（化工、轮胎）
- 面粉
  - 家庭小包装粉
  - 工业粉（向康师傅、统一等企业供应）
- 杂粮 → 出口、内销

益海嘉里覆盖10多个领域，拥有完全上下游的产品链，成为品牌树生长的肥沃土壤。同时，高效的利用率，也能抵御零售行业成本上涨、利润下降的冲击，在行业中立于不败

益海嘉里品牌树（龙骨）

1.梯队化运营	a. 第一梯队，一线品牌（金龙鱼），综合性品牌，一品多类（豆菜调和、葵花……）
	b. 第二梯队，专业性品牌（欧丽薇兰橄榄油、胡姬花花生油、鲤鱼菜油、元宝豆油）+综合品牌（香满园+口福）
	c. 三线梯队，卖场专供（自营+OEM），前者如家乐福的鑫源，后者如麦德龙的阿卡
2.各司其职、差异化立体式覆盖	a. 第一梯队，面向大众市场，品牌形象高端，广告量最大；第二梯队定位中高端，有一定广告投放；第三梯队价格灵活，没有广告；第一梯队全国零售价统一、稳定，第二、三梯队参与地域价格竞争
	b. 高端市场用一品多类来覆盖固定人群的所需；中低端市场因为面对人群数量更多、差异化更大，多用一类多品让不同消费者各取所需
3.区隔与竞争	a. 对于同等级的品牌进行区域错开、渠道错开，避免价格干扰，由一个团队完成安排；允许一定范围内的良性价格战，用以维护整体市场占有率，挤压竞争对手进入的空间
	b. 预算制分配资源：年初制定各品牌、类别的销售目标，由此分配广告、渠道资源

品牌树的三大特点

从外婆桥的光影到西班牙的阳光——类多品共存

天南地北，人们的口味不一，"一条金龙鱼"并不能通杀四方。针对区域市场以及小众人群的专业品牌在龙骨中地位重要。外婆香、欧丽薇兰在其间显得尤为典型。

青石板、乌篷船、小桥流水外婆香。2012年推出专营专业小榨的外婆香子品牌，陈波说，"我相信：这卖的是小时候的回忆"。这种售价高达188元／瓶的高端油品，选取独特的黄菜籽作为原料，针对西南、西北、长江流域的消费市场。在营销上也十分独特：几乎为零的广告投放、在卖场搭建江南小桥的模型、雇佣外婆级的促销员、用竹篮装着油瓶来卖……一切都以亲、韵、味为调性。上市3个月销量达到4000多吨。

金龙鱼外婆乡小榨食用油海报

金龙鱼外婆乡小榨食用油异形堆头

欧丽薇兰

欧丽薇兰则显出不同于龙骨上其他品牌的品性——经典、醇厚、精致、火热的品牌个性，源自地中海的浪漫基因，专业的橄榄油品牌，立足全球市场发展，占据中国市场43%的销量份额，更引入中国首个国际橄榄理事会认证实验室，有着国际化的血统、却更懂中国消费者的心。从2004年欧丽薇兰将橄榄油带入中国，引导消费者认识橄榄油并引入地中海健康膳食模式，到2008年推出更适合中式烹饪的橄榄油，以更耐煎炸的特性满足中式烹饪需求，开创橄榄油的中式烹饪新潮流，再到2012年推出全球首款400ppm高多酚特级初榨橄榄油，发现高多酚营养与青果风味的黄金结合点，重新定义至尊品质的橄榄油。从最初的送礼首选到家庭的烹饪用油，欧丽薇兰正逐渐进入中国家庭的厨房餐桌。随着近年来欧丽薇兰在中国各大城市掀起的"地中海美食节""身心宠爱馆""中华小姐环球大赛"等大型体验营销，通过沟通发现消费者心目中的语言，让欧丽薇兰逐步获得了消费者的认可和情感共鸣。陈波认为，欧丽薇兰卖的不只是橄榄油，是地中海式的健康文化，是高品质的生活方式。

欧丽薇兰特级初榨橄榄油

欧丽薇兰地中海美食节

第四章：整合的艺术

欧丽薇兰身心宠爱馆

链接

一品多类，从食用油品牌向粮油综合品牌的跨越

"5400多个国家级审定的稻米品种中选择4个珍贵原种""从全国43000多万亩水稻中，挑选了5个优质产区""国家标准不完善颗粒每万颗不超过300颗，金龙鱼大米不允许超过6颗……"2009年，金龙鱼大米的广告在央视密集播出，成为央视首个大米品牌的广告。

18年前的手法似乎重现，但这一次外界环境却复杂得多。一些评论者认为广告词太过直白，缺乏创意；品牌学者也认为从油到米大跨度的尝试，一旦失败会对金龙鱼本身的成功形象产生折损。金龙鱼大米品牌负责人庚江洪解释，大米的南北口味相差很大，用直白的数字显示"品质"更为直接、受用。

对于"借光金龙鱼"，他也坦诚，"确实有一定的风险，不过形势逼人"。

2006年，益海与嘉里合并后，一举占领了全国油品半壁江山，市场拓展空间

逐渐缩小,加之油价调控等因素,益海嘉里需要更多的产品类别来稳定整体前景。益海当时拥有米厂,这让开展大米业务变得顺理成章。2007年,公司开始用二线品牌——香满园切入大米市场,经过两年的试水后,延伸至一线的"金龙鱼"。

"为什么我们一定要用金龙鱼?"

老庚说出了当时最朴素的想法,"金龙鱼油品那边的营销预算会多一些,给钱也会爽快一点。"真正做起来,却也是摸着石头过河。2009年上半年金龙鱼大米上市,7月份就出现了滞销,此时广告再次显出奇效——电视广告一经播出,一个月内金龙鱼大米卖到断货。

金龙鱼正在实现从食用油品牌向粮油综合性品牌的跨越。从2009年第一包金龙鱼大米上市至今,金龙鱼大米已经发展为中国小包装大米市场第一品牌。而金龙鱼面粉也已经为中国小包装面粉市场第一品牌,同时,金龙鱼挂面、金龙鱼杂粮、金龙鱼豆奶陆续上市。在消费者心智中,金龙鱼已经不再只是油的代名词,而是家庭餐桌上离不开的包括粮油在内的健康生活品牌。

益海嘉里全产品展示

(二)整合的力量

60多个品牌,如何共生?这是益海嘉里中国模式中最吸引人的地方。

益海嘉里食品营销有限公司小包装油品牌总监周强说:"这样超复杂的一套品牌系统,实际上并非我们有意为之,而是在市场实践中自然形成的。"在国际粮油市场上,这确实是个例外。

金龙鱼成功后,追随者众。为了抵御强敌的竞争,经营"金龙鱼"的嘉里粮油创建、并购了16个小包装油品牌,如"鲤鱼""元宝""胡姬花"等,涵盖调和油、色拉油、花生油、葵花油、粟米油、芝麻油、山茶油多个类别,与金龙鱼形成"16+1"的方针,与单品作战的对手抗衡。其用意在于与其等竞争对手来竞争,不如自我设置竞争对手,这种通用式的横向品牌结构在不同定位、不同品种全面遏制了对手的进攻。一时间,嘉里粮油的产品几乎覆盖了商超油品的整个柜台,最大程度压缩了对手的渠道空间。

与益海的合并重组,则是品牌族谱成型的另一个里程碑。2006年3月,新加坡郭氏集团与丰益国际在中国的控股企业嘉里和益海开始全面合并重组,两笔交易总额达到43亿美元,收购方式主要是通过换股和增发股票。母公司的合并,引发了益海集团与嘉里粮油的"强强联合"。当时嘉里在小包装市场占有率达到了50%以上,而益海基本在豆油压榨领域占有绝对优势,两者合并后,新集团旗下大豆压榨企业达到12家,日压榨大豆能力达到3.4万吨,年可加工大豆1000万吨,同时拥有8家花生、棉籽和菜籽压榨厂,日精炼油脂能力将超过1.3万吨,年精炼各种油脂能力将超过400万吨,成为我国市场上最大的油脂油料企业集团。

同时,益海集团与嘉里粮油(中国)的生产企业覆盖的不同市场也形成互补。益海集团11个生产基地位于安徽芜湖、河南周口、河北秦皇岛、四川广汉等二、三线城市,而嘉里粮油(中国)的八大生产基地主要位于天津、上海、深圳等航运方便、消费水平高的国内一、二线城市。换言之,合资公司将在沿海、长江沿线,以及内地实现全面而有力控制原料成本的工业布局。整合之后的合资公司,除继续发挥两个集团原有在食用油业务的优势外,还为拓展小包装大米和面粉业务提供了空间。

这两次战略调整，奠定了品牌龙骨的大致基础。其间，一些品牌因需而生，占据着特有的市场，例如对卖场的定制品牌等。

"现在的益海嘉里，是一品多类、一类多品的品牌流派共存共生，我们并不会断言哪种好，或者混合就是成功的。"益海嘉里食品营销有限公司总经理陈波表示。他认为，至今，这些品牌依然生命力强劲的重要原因之一是，这些品牌的诞生与存在完全是市场的选择，而非既定战略。

（三）品牌梦工场

一品多类、一类多品是因市场而生的。从品牌管理的角度如何协调不同品牌和品类之间的关系，对于企业是一个巨大的挑战。周强说："仅小包装油就有60多个品牌、13条产品线，如何共生且形成合力而不会相互削弱？这是益海嘉里中国品牌管理模式中最吸引人的地方。这种超复杂的一套品牌管理系统，不但是基于中国市场的广阔、细分市场的研究，更重要是在市场实践中得以建构和锤炼。品牌经理制使得无论是里斯·特劳特的定位理论、戴维·阿克的品牌组合理论，还是索尼、通用模式等，都可以在益海小包装油的品牌管理平台上得以思想的碰撞和实践。" 这种多品多牌跨行业的品牌管理模式在中外营销史上确实是个例外。

彻底的品牌经理制是金龙鱼成功的关键因素。从产品概念的形成、价格体系、渠道创立到产品的包装设计以及广告、公关的推广，这一切运转的核心是品牌经理制。金龙鱼有自己的生产企业，但整个市场的运转是靠营销公司的驱动。用周强的比喻就是"如果那个是生产企业，我们这边可以说是梦工厂。很多东西是从无到有的"。古法小榨、1:1:1等，都是品牌经理提出的概念，然后研发部门研究出配方，再由生产部门进行生产，最后又回到品牌经理这里进行制定价格、包装、渠道推广、营销传播等工作。

对60多个品牌的管理，金龙鱼首先有一个总体的战略和策略，对品牌分成不同档次，以及在区域和时间上进行协调，但更重要的是鼓励不同的品牌经理彼此竞争，鼓励他们用不同的战术和方法推动自己的品牌的发展，鼓励竞争、鼓励创新、鼓励差异是金龙鱼品牌管理的文化特质。这些品牌经理彼此之间经常是相互保密的，在我们对一些金龙鱼的品牌经理的访谈中，深深地感受到这些员工的魅力。他们每

冠军家庭代言金龙鱼调和油

1:1:1
倡导膳食脂肪酸比例
平衡营养更健康

谢杏芳
世界冠军

林丹
全满贯世界冠军

1:1:1* 冠军家庭的选择

益海嘉里食品营销有限公司　地址：上海市浦东新区光明路718号715室
金龙鱼官网网址：www.jinlongyu.cn　消费者服务热线：400-616-5757

※金龙鱼食用调和油倡导人体从包括食用油在内的所有膳食中1:1:1平衡摄入脂
（图和脂肪酸 单不饱和脂肪酸 多不饱和脂肪酸=1:1:1）

8种植物油营养组合　**2**个层次的脂肪酸供给　**全家**更

个人都有自己对品牌的独到理解，都有自己的过人之处。

可以说，品牌经理制是金龙鱼品牌生产和健康发展的秘密，这是这些充满了活力和斗志的品牌经理，使得金龙鱼的60多个品牌共生、繁荣并不断创新。周强说："品牌经理是真正的发动机。"

三、游天下：不变的价值链管理

覆盖10多个行业、管理60多个品牌、领导旗下1000多经销商、在全国上百万个终端调配货品和资源……益海嘉里在品牌管理和线下运营中自有一套逻辑。

（一）打造理想企业

精神的整合力量永远是最强大的。

丰益国际董事局主席郭孔丰用20年时间缔造了一个全球性的粮油航母，当展望下一个20年时，他提出，希望把丰益国际建设成为一家"理想的企业"。如果说"国际一流粮油企业"主要用商业上的成功来衡量，那么"理想的企业"的评判标准应该是公司是否对社会做了有意义的贡献，以及公司行为和公司员工是否受到了社会的尊重。这一"理想"是立体的，它需要对外、对内的统一实践。

1. 家文化温暖消费者

2012年12月3日，一场别开生面的代言人签约发布会在北京工业大学体育馆举行。"羽坛侠侣"林丹、谢杏芳夫妇作为金龙鱼1:1:1调和油的代言人亮相。在未来一年内，金龙鱼将携手林丹、谢杏芳夫妇，每两个月从全国数万个新婚家庭中抽取111个家庭，免费赠送其一年用油。"冠军家庭的选择"，金龙鱼力求率先抢滩新生代市场，尤其是新婚市场，为成熟、可靠的原有金龙鱼品牌，注入新鲜的活力、年轻的力量。

与1991年的第一条广告相比，虽然金龙鱼系列广告在表现形式、宣传口号上都以发生了变化，但家庭仍然是不变的话题。这一主题不仅仅体现在广告上。

链接

"回去我教妈妈做米饭"

小记者们来到位于南山赤湾的金龙鱼食用油生产基地南海油脂工厂。

"为什么车间里看不到人?"有位小记者看见偌大的生产车间内干净整洁,各种机械都在运作,可没有工作人员,于是好奇地发问。

"从油脂原料的管道输入,到脱杂、脱胶、脱酸、脱水、脱色、脱臭、灌装等全套工序,全程电脑自动控制、全封闭操作。通过我们的加工,彻底清除有害物质,保留有效营养成分。"小记者一边听着专业人士的讲解,一边认真记录,有时还不忘问上几句,记者范儿十足。

在随后的大米试吃环节,当一盘盘刚煮好的白米饭端在面前时,小记者们立刻开吃,还不时赞叹:"真香!真好吃!"这时,讲解员告诉孩子们,大米先浸泡20分钟再煮饭就会更软、更好吃,孩子们听了高兴地说:"我回家要告诉妈妈这个秘诀。"

小记者专注了解大米知识

试吃米饭，好吃！

　　这是一则在深圳晚报发表的文章。这正是金龙鱼"品质监督员"新型互动传播的一个缩影。金龙鱼从 2006 年开始做"营养健康体验馆"的项目，到 2011 年大范围的展开。截至 2013 年，全国范围内包括北京、上海、深圳、广州等 16 个城市，已经开放了 17 家体验馆，接待了 508308 位参观者。这些参观者覆盖了几十万家庭、社区，成为金龙鱼最忠实的宣传员。

消费者参观金龙鱼营养健康体验馆

全国分布的体验馆

2. 与销售商荣辱与共

20世纪90年代,金龙鱼最早的一批经销商是现代版的"卖油郎",他们都是踏着三轮车走街串巷的。在金龙鱼的初期,经销商和分销商得知了这一品牌后,纷纷带着现金来到深圳金龙鱼的总部,然后将产品带回去,蹬着三轮车在大街小巷里吆喝。曾经有一个西安的客户,带着钱来深圳找金龙鱼的领导,说要卖金龙鱼的油。那个时候银行卡还不普及,他腰里揣着一捆现金就来了,让员工很是惊讶。那个时候的经销商还多是"前店后仓"的经营方式,老婆看店,老公和孩子蹬着三轮车进货。这种现象持续了很多年,后来金龙鱼发展起来,他们也发展了起来。虽说仍是"前店后仓",但进货的不再是他们本人了,来的时候也不再带着现金了。而如今,越来越多的经销商请了自己的职业经理人,有了成熟的运营管理团队。壮大后的经销商始终与金龙鱼保持着合作,十几年共同发展、一齐进步的感情,是很难磨灭掉的。

风雨与共,荣辱共存。金龙鱼与经销商、分销商所形成的这种特殊的关系是一种新型的战略伙伴关系。这是金龙鱼生态产业链可持续发展的重要保障。

金龙鱼在建立和保障共生关系方面,采取了很多措施。一方面,采用了区域独家代理这种独特的模式。1994年前后,可供金龙鱼选择的地区性实力雄厚的经销商并不多,且实力和经营管理水平良莠不齐。金龙鱼迅速作出反应,实现区域代理的"一夫一妻制",即在一个城市建立一级独家代理商,进而迅速建立了稳定的合作关系。这种区域独家代理的合作方式不是建立在纯利益基础上的,也不是跟随政策或市场的变化而反复的不稳定结构,而是一种建立在诚信基础上的、长期稳定的战略合作伙伴关系。

另一方面,金龙鱼高起点、合作共赢的模式也保障了这种关系的稳定。同沃尔玛、家乐福、麦德龙等国际性大型零售企业建立长期友好的合作关系,金龙鱼能够进一步深入地研究重点零售客户,针对其特点进行专业化管理,充分利用卖场的窗口优势,及时准确地把握消费者的需求变化,并向消费者传达"金龙鱼"一贯倡导的健康理念。

金龙鱼还形成了自己独特的企业制度——渠道管理,双剑合璧。覆盖全国的生产基地、超过 2000 多家的经销商团队及榜样性的直营队伍,这不仅降低了企业的运输成本和采购成本,还大大地提高了企业在华的知名度。除了"精耕细作的城乡销售网络,建立稳定的销售商关系"外,公司还成立了集团直营团队。金龙鱼采用了一种人性化的、科学化的精耕细作的模式。

金龙鱼表彰优秀经销商

在日常基础工作上，公司要求每个办事处，每个客户代表，对每个销售点都务必做到"精耕细作"。金龙鱼相信，必须要让经销商和分销商感到公司的存在，保证他们有归属感、存在感；对促销员的临场指导和培训；利用公司的资源开展主题活动；进行产品的销售推动……要让经销商和分销商能知道公司对他们的重视，通过这些活动，销售上来了，经销商和分销商的利润上来了，他们就更愿意、更积极地去做。采集竞争品牌的信息，及时把握市场动向，调整策略，让经销商和分销商安心、放心。

目前，金龙鱼经销商数量已经超过2000家。其中，一级网络遍布全国350个大中小城市，二级网络几乎覆盖绝大多数县以上城市，沿海市场渠道细化到乡镇与村的销售网络。即使在西藏一样也能见到"金龙鱼"的身影。在当今中国食品业界的渠道细化方面，金龙鱼无疑是一个领先者。除了制度等方面的保障外，金龙鱼的品牌文化和品牌基因更是让经销商和分销商成为一个统一整体、共生共荣的关键。

3. 为员工提供上升空间

深圳是个移民城市，拓荒伴随着动荡成为这个城市的主调。而在益海嘉里公司中，十几年的老员工却比比皆是。在这家公司里，员工则被视为企业最宝贵的财富，人尽其才、才尽其用，关爱员工、激励员工、提升员工，是金龙鱼培育人才的基本准则，也是这家公司发展与成功的根本。

员工辞职了，还能再返回企业？这在益海嘉里完全没问题的，企业的大门永远为优秀的员工敞开，尤其是很多老员工，跟企业都很有感情。万缨还补充说，离开的这两个月时间，也为自己后来在公司的成长提供了帮助。因为换工作，她参加了很多面试，无论是单面，还是群面都经历过，回来以后就把这些面试方法用来面试别人。现在已经对面试流程非常熟悉，公司的其他部门需要面试也经常会请她帮忙。

"出去转了一圈，我又回公司了"

流程优化部的万缨，加入金龙鱼大家庭已经13年了，她跟公司也有过"七年之痒"——2007年的时候万缨曾经离开公司到一个服装企业工作，但是在这家公司只待了一个月就发现了很多问题，最主要的问题就是凝聚力。

"其中有个很小的细节，我们企业有一个文化，就是每年吃年夜饭的时候大家一起祝酒，这时候会大家会一桌一桌地大声喊'Yam Seng'，这是马来语干杯的意思，在公司的时候不会特别注意这个环节，但是到其他公司以后，就发现这个非常体现凝聚力，甚至连我们同事的婚礼也要喊。我们的凝聚力特别强，有些时候我们开会，因为员工的积极性太强了，都会参加，有的还自费参加，所以老板会控制人数，但是别的企业开会一般都很松散。"

"再回到最初的问题，我为什么会回来——因为这个公司非常的包容、非常的信任你，我回来后有了又有了很好的发展。公司也提供了很多的机会。"

4. 品牌的良心，做公益的艺术

与李嘉诚、李兆基等耳熟能详的顶级富豪相比，郭鹤年显得异常低调，他几乎和所有媒体访问、招待会绝缘，即使在收购香港无线后，也并没有按照惯例举行记者招待会。因此，郭鹤年也被称为神秘的富豪。

2011年8月，87岁的郭鹤年先生罕见地接受了中央电视台《对话》栏目组的采访，分享他作为华商领袖的故事。其间，谈到从商之道，先生感慨对自己一生影响最大的是母亲。"先母出生在1900年，年轻的时候也受了很好的教育，她对做生意的技术完全不懂，也不想去学，只是劝我们做生意一定要走道德的路，劝我们赚的钱不要自己崇拜物质。我母亲如果今天还在，一定会劝我继续谦虚，继续帮穷人。"益海嘉里始终将履行企业社会公民责任作为重要使命，这不仅是郭鹤年先生所提的"帮助穷人"，也是侨商报效祖国的一片赤子之心。

怎么把公益做出新意、做得不被骂成"作秀"、得到大众的理解与支持，也是一门艺术和技巧。2012年8月17日，国内首个由企业赞助制作，企业出资播出，中央电视台主持人代言，号召捐助山区儿童的"免费午餐"劝捐广告在中央电视台一套黄金时间开始播出，这就是金龙鱼大米的"分享美味，传播爱心"为主题的公益活动。2012年9月7日，云南省彝良县发生地震，金龙鱼又迅速做出反应，除了在震后60小时内，把5万斤赈灾大米运送到彝良教育局，移交到著名公益组织"免费午餐"基金的手中之外，还在新浪微博平台发起"爱的一斤米——祈福彝良"的大型微公益活动,只要网友关注 @ 金龙鱼大米微公益官方微博,并转发对彝良的祈福,金龙鱼就追加捐助彝良受灾儿童一斤大米。活动得到了网友的热烈响应,显示出金龙鱼公益2.0模式的巨大魅力。

爱的一斤米,您转发我捐米

公益——益海实验小学师生参观泉州福海工厂

(二)生产的艺术

如果说挚爱是价值观,科技创新更像是方法论,贯穿于企业的产业布局、生产、销售的全过程。

1. 严苛的品管:自讨苦吃请来 AIB

品质管理是一家食品企业的生命线,在金龙鱼,对"生命线"的要求几近严苛。

金龙鱼不仅是国内粮油行业较早通过 ISO9000 认证的企业，同时也通过了食品安全管理体系 HACCP 认证、计量"C 标志"认证、QS 市场准入审核，并融合 5S 先进管理模式，使产品质量得以保障和提升。2011 年，金龙鱼主动申请美国烘焙协会 (American Institute of Baking, 简称 AIB) 的审查，执行这一"世界上最严格"的食品安全标准，得到 AIB 认证的食物声称可以直接端上美国总统的餐桌。

回忆起 AIB 的审查，金龙鱼工厂的一位员工称："至今仍有想哭的感觉。"

灭蚊灯应该放多高？管道随时切开检查，焊接处必须光滑如新……在为期 4 天的审查中，几个头戴"矿灯"、白手套的老外极尽严苛。最终金龙鱼以高分通过得到了 AIB 的认证。

自 1998 年起，金龙鱼就在企业内部建立了食品管理体系，现在已经形成了一个集成优化的多种管理体系。首先在企业制度方面，企业设立专职的食品安全部门，对下属全部生产企业垂直管理，直接向董事长汇报食品安全工作，拥有"一票否决权"。同时还设立了首席质量官 CQO，切实落实质量安全主体责任，强化企业质量管理，为食品安全提供严密的组织保障。

高标准的质量管理以及无缝管理体制，从根本上保证了每一件金龙鱼粮油产品的卫生、安全与高品质。

2. **绿色循环经济：一颗大豆的奇妙之旅**

随着原材料、劳动力的价格不断上涨，许多企业陷入产品价格、成本与效益之间的经济悖论。而益海嘉里和它旗下的"金龙鱼"品牌巧妙地运用了"循环经济"产业模式，解决了这一困惑。曾有媒体以"一颗大豆在工厂里的奇妙之旅"形象地解释这种循环经济模式。

一颗小小的大豆，在益海嘉里的工厂里会经历数次"奇妙旅行"，蛋白、豆皮、油角，每一道工序的余料都被当成了下一道工序的原料，从而延伸出一条长长的大豆产业链。这条产业链，把作物原料的深加工，做到了"吃干榨净"的极致。而这样的极致，创造出了更多的价值。原来 4000 元的大豆，加工之后能卖 6000~7000 元。而经过深加工之后，最高可以卖到 1 万元。

不仅是大豆，这样的经营模式还应用到了大米、面粉等农产品的生产加工。通过深加工、拉长产业链从而获得更多利润，米糠和稻壳，这些过去没有什么价值的

东西全部被送进了加工车间。稻米油是世卫组织推荐的三大健康食用油之一,作为"金龙鱼大米产业链创新技术"的重要组成部分,金龙鱼谷维多稻米油的生产将稻米的开发利用提高到一个新的水平。米糠精炼稻米油、稻壳燃烧发电、稻壳灰提炼活性炭和白炭黑,益海嘉里积极寻求资源最大化利用的创新途径。正因如此,除了领跑食用油行业,益海嘉里2012年在米和面两大行业分别取得了20%和40%的销售增长,占据了10%的市场份额。2010年,金龙鱼大米产业链创新技术荣获中国粮油学会科学技术奖一等奖,因为这项技术对大米生产过程中产生的稻壳、米糠、碎米等副产品采取"吃干榨净"式的深加工和综合利用,降低了环境污染。而在产业分布上,益海嘉里也多将工厂与采购、包材、能源上下游布局在一起,这样既节省了运输成本,又能资源互享,提高了生产能力。

3. 产品的唯一来源是市场

益海嘉里的产品研发团队认为,产品只有一个来源,就是市场真实的需求。一则酥油的故事更能说明问题。

藏民们一直有喝酥油茶的习惯,不过,传统中用纯奶制作的酥油只有寺庙和贵族享用得起。益海嘉里的销售人员和研发同志在走市场时,发现了这个商机,回来就提出,我们能不能调配出这样的酥油,让藏民们都喝得起?

于是,研发团队就开始用植物油和牛奶试验……目前,由益海嘉里出品的酥油在西藏、青海市场年销量近两万吨,售价只有天然酥油的四分之一,被藏区政府称之为民生产品。

2009年底,益海嘉里斥资8亿元在上海建立了全球研发中心,这里面就寄托着郭孔丰很大的商业和社会抱负。按照他的说法,丰益国际把研发中心设在中国,一方面可以继续在行业中保持绝对的竞争优势;另一方面,在当前食品安全事件层出不穷、政府和舆论对食品质量日益关注之时,郭孔丰也希望借助全球领先的技术研发实力,给中国消费者打造健康安全的餐桌食品。

这位益海嘉里集团的现任掌门曾经这样说过,"人的一生就要不断挑战自我。如果停滞不前,满足于过去的成绩,我们就枉费了人生"。

结束语

在这 30 多年的巨变中,很多企业都是摸着石头过河。

益海嘉里的这一幅"龙骨"也正是在这种摸索中形成,偶然与必然再次奇妙融合。我们无意为这幅"龙骨"强加些逻辑公式,本文的目的只是希望将其全貌

丰益全球研发中心

以及隐含其中的来龙去脉展现给大家。

在品牌营销的理论探索中，研究者们经常在一些看似矛盾的学说面前争论不休，一部分动机是对学术的执著，更主要的动机是希望求证出一条真理，借以指导实践者们少走弯路。

当这幅"龙骨"作为经典案例摆在面前时，真理再次得到印证——总结式出来的公式，永远不及实践者们的鞋底正确，它们真实清楚应该以何种节奏、哪种姿势去适应高低不平的路径。

任你说得天花乱坠，有理无理，市场就在那里。它是唯一的试金石，也是智者唯一不变的参照。

北京大学新闻与传播学院：陈刚、侯佳、孔龙、谷颖、卜庆鹏、范晓雅

经济观察报：朱熹妍

中央电视台广告经营管理中心：吴天丹、田宁、张璇

案例组参观益海嘉里

采访手记

第一次看到金龙鱼的油，觉得很诧异。食用油还可以这么卖？因为在之前中国的老百姓一直是吃没有品牌的油。小的时候最常做的一件事是拿着各种瓶子到粮店里去买油。

而在今天，金龙鱼几乎成了食用油的代名词。

2013 年的春天，第一次迈进金龙鱼的营销总部，感觉蛮特殊的。金龙鱼已经变成了一条巨大的鱼，在全球同类领域排名第一。在这个发展过程中，金龙鱼到底经历了怎样的努力？如何使得产品被中国的消费者逐步接受，并成为最有影响力的品牌？在新的社会环境中金龙鱼如何进一步拓展？面对日益激烈的市场竞争，金龙鱼有什么思考和对策？

金龙鱼的安排是非常细致而周到的。王大姐负责接待。只能用两个字评价：贴心。几天的时间，同多个关键部门进行了访谈。陈波总经理、周强总监对金龙鱼的发展做了全面深入的介绍。同时，到生产车间进行了参观和体验。站在第一瓶金龙鱼下线的地方，每个人都拍照留影，真的很激动。因为这是一个具有历史意义的位置。由此，改变了中国人的生活。

金龙鱼的品牌是很有质感的。品牌之路稳健而扎实。从 20 世纪 90 年代创建知名度，到目前通过产品开发而不断充实品牌的内涵，金龙鱼的品牌一步一步地向前迈进。不浮夸，不炫耀，但是正是通过产品的品质、产品的创新，牢牢地扎根在老百姓的心里。

同时，金龙鱼的企业文化使得在剧变的社会变化和市场环境中，始终能够凝聚一批优秀的人才，全身心地投入到金龙鱼的品牌发展之中，并在这个过程中不断创新。深圳是个移民城市。很多心怀梦想的年轻人不断地从五湖四海汇聚到深圳，寻找自己的机会，然后逐渐地沉淀下来，发展自己。金龙鱼是让无数人梦想可以生长的基地。

其实，在这次案例研究中，最让我感动的是金龙鱼的人。大家围坐在一起，都来自四面八方，但正因为陌生而亲切。听他们讲述闯荡深圳，发现了金龙鱼，在金龙鱼的大家庭中成长的故事，感受这个企业的平等、轻松的文化氛围，我更加能够体会金龙鱼品牌的深厚的底蕴,以及蓬勃强劲的动力。

没有办法不爱上这条鱼。

案例组与企业合影

陈刚

教授、博士、博士生导师。现任北京大学新闻与传播学院副院长、广告学系主任、北京大学现代广告研究所所长。中国广告协会学术委员会委员，中国企业家协会广告主工作委员会专家组成员，中央电视台广告中心策略顾问，中国人寿保险公司、中国电信、天津日报集团等多家大型企业和媒体顾问。曾荣获"2003年中国广告业年度十大广告学人"和"北京大学十佳教师"称号。

国内最早进行中国广告产业发展研究的学者和最早从新媒体的角度探讨广告经营的学者之一。曾出版《新媒体与广告》等广告学专著，并发表多篇广告研究学术论文。

案例点评

打造品牌的关键在于成为"第一",金龙鱼的成功秘诀就在于,它是第一个进入心智的小包装油品牌。率先在央视打广告让品牌被顾客认知,随后运用"1:1:1"平衡膳食脂肪酸的全新理念在消费者的认知中注入一个USP(独特的销售主张),年销量超过100万吨,成为中国食用油史上最畅销的一款产品。

益海嘉里在其他油品种上启用了不同的多品牌,在产业链经营过程中,差异化的品牌形象,独立的团队运作,也是非常值得肯定的。每一个细分的品类都需要对产品本身、源点人群、分销渠道、市场战略节奏、样板市场的特性及竞争局势进行独特分析与理解,这非常有利于不同品牌的打造。

需要提醒的是,金龙鱼大米违背了这一法则,希望引起足够重视。当一个市场容量够大时切忌采用延伸品牌,大米是一个巨大的市场,必须为此量身定制一个定位精准的品牌,才能充分把握这一巨大机会。

特劳特(中国)高级分析师

徐廉政

第五章
传承与超越

  品牌是一段历史,一个故事,藏在邮政博物馆里,藏在四川遂宁的酒窖里。历史通过文化和性格,熔铸为品牌的烙印和灵魂。不尊重历史,就不能面对现在,更无法创造未来。

  "中国不缺银行,但缺少有特色的银行",邮政储蓄从创立之初就坚持走普惠金融和大众品牌之路。沱牌舍得最大的资源不仅是丰富的窖藏和绿色的品质,更是其独特的文化。太平洋保险有着鲜明的海派风格,稳健、专注、注重服务。

  品牌的传承和文化取得了消费者的信赖。但也需要把握消费动向,才能抓住机遇,赢得未来的市场。邮政储蓄迎来了城镇化、小微企业和电子商务的新机遇和新需求。沱牌舍得在原有沱牌基础上,推出中高端品牌舍得,用传统的文化,"太极"的手法来打造品牌,巧妙运用中央电视台媒介资源。太平洋保险以90后"孙杨"作为品牌代言人,用"保哥"在社会化媒体上为客户服务,品牌年轻化后焕发新的活力。

  在传承的基础上超越,就能再造品牌传奇!

新启程·再回归

——中国邮政储蓄银行的普惠金融品牌实践

2007年3月20日,中国邮政储蓄银行(以下简称"邮储银行")在北京挂牌成立,短短6年的发展时间告诉我们,这仍是一家相当年轻的银行。然而回顾邮储银行的前身,早在1898年,大清邮政开办了国内邮政汇兑业务,宣告了邮政金融业务的百年发端。

百年历史沉浮,邮储银行最终选择了回归历史本源:践行"人嫌细微,我宁繁琐;不争大利,但求稳妥"的企业精神,坚守普惠金融理念,致力于为三农、为社区、为中小企业提供可持续的金融服务。

纵观海内外金融业,抑或回顾邮政储蓄的百年史,普惠金融的道路从来就不会一帆风顺。在当下这个市场化竞争日益激烈的大时代,邮储银行的举动可谓"逆大潮而动",挑战尤为严峻。选择了这样一条差异化的发展道路,仅仅是为了完成国家的托付、践行企业的责任、回应历史的传承?

答案并不尽然。邮储银行肩上担的,绝不仅仅是传承与贡献的责任,还有它作为一家大型零售商业银行追求金融梦想、实现自我超越的成长与蜕变。

没错,"致力于差异化服务,打造成为一家有特色的大型商业零售银行"正是邮储银行给我们的答案,追求"商业可持续"的普惠金融才是它作为一家专业的、独立的金融机构的真正使命。中国邮政储蓄银行董事长李国华表示,"邮储银行将坚持走普惠金融和商业可持续发展道路,我们致力于让金融服务'普之城乡,惠之于民',不做唯利是图的银行"。

前路尽管崎岖,但信念既定,唯有大步前行。怀抱一颗普惠金融之心,坚信普惠金融于民、于国、于未来金融市场具有重要的战略意义。邮储银行能否完成历史的传承?能否实现未来的超越?我们且行且看。

一、反向定位的战略抉择

人人都有自己的一亩三分地。相比别人家的土壤肥沃、机器轰鸣和丰收景象，邮储银行的这一亩三分地略显贫瘠却又娇贵，只能依靠人力精工细作，一分耕耘、一分收获。

正是在各大银行深耕城市业务的大潮之中，邮储银行坚定地走向了城镇和农村。坚守普惠金融理念，服务小微金融市场，确定小额信贷为战略性业务，这些需要的远不止破茧的勇气，还有扎根土地的信念与定力。

（一）大潮之中，逆流而上

1. 银行业战略转移，小微金融市场留白

伴随商业银行改革的推进，银行间原有的经营界限被打破，"工行下乡、农行进城、中行上岸、建行破墙"成为当时四大行突破藩篱，参与更广阔市场竞争的真实写照。然而，自由、广阔的竞争也意味着更残酷的生存和发展博弈，其间总是伴随着艰难的战略抉择。低风险、高利润的业务令各大银行趋之若鹜：它们纷纷将大量人力物力从成本高、风险大、盈利周期长、利润微薄的县域及农村金融领域撤离，集中资源聚焦中心城市、优势行业以及获利前景更好的中高端个人客户。

作为行业发展大势下的战略选择，业务重心的转移无可厚非，但三农、社区、中小企业等在内的小微金融市场也因此大片留白，首当其冲的便是农村及县域市场的金融服务，其网点数量一夜骤减。1998年到2007年，四大国有银行撤掉的县域金融网点达到31000个。

网点虽然减少，但县域市场的金融需求却从未间断。农业产业化、城镇居民消费、中小企业融资等小微金融需求的日渐旺盛与相应金融服务的匮乏之间的反差日渐明显。

2. 零售业务白手起家，普惠金融反向定位

在各大银行开始撤离农村、主攻城市业务的时候，邮储银行做出了看似令人百思不得其解的举动，以较低成本接受四大行撤离农村所留下的部分网点，纳入到自己的邮政储蓄网点体系之中。

"反常"的举动不仅仅在收编网点上。邮储银行的发展路径和方式方法与其他

商业银行均有差异。

一方面，大多商业银行的第一桶金都以抓公司业务为主，直到近年来向零售银行转型的浪潮在整个行业如火如荼，才开始将零售业务放到日益重要的位置。而邮储银行一开始就是从零售业务起家的，它关注社区老百姓业务，关注农村，提供"便利店式"的业务，称得上是"金融的百货公司"，普通老百姓可以来存款、汇款、交水电煤气费，还可以买基金和保险。

另一方面，自1986年恢复开办储蓄业务以来，邮储银行就瞄准了小微金融领域，通过向国外银行学习小额信贷经验和分支机构的不断试水，致力于提供普通民众的金融服务。

因此，邮储银行要做的是不仅仅是零售银行，还在这一基础定位之上，坚持普惠金融的理念，通过服务三农、服务社区、服务中小企业来实现其大型零售商业银行的发展目标。在向全功能的大型零售商业银行迈进的过程中，邮储银行能够反其道而行之，立足零售业务起家，反向定位于普惠金融，走出一条差异化的路子，其背后的底气与考量何在？

（二）抉择背后的考量

零售业务是一块难啃的骨头，践行普惠金融的理念更是实打实的"体力活"，没有捷径、没有大利，只有一个一个客户磕下来才有可能聚沙成塔。

邮储银行最终选择了通过普惠金融的发展路径实现大型零售商业银行的发展目标，究竟是出于何种考量？

1. 时代激活新生

至2007年，国有大型商业银行基本完成了股改上市，中国金融体系改革的大框架基本建立。与此同时，服务于三农、小微企业、社区的金融服务匮乏：农业产业化发展、农村基础设施建设、农民融资难的问题如何解决？如何解决中小企业贷款难、融资难的问题，更好地扶持民营经济发展？城镇社区居民房贷、汽车等大宗消费的信贷资金如何更好地供给？

三农发展直接关系社会是否稳定；中小企业发展关乎中国经济是否能保持活力；城镇居民消费则是现阶段拉动中国经济的三驾马车中最为关键的一环。

无论是三农、小微企业还是居民消费，国内日渐旺盛的大众化金融需求都呼吁

邮储银行新疆喀什分行服务三农工作站投入使用

一个能够提供相应服务的金融机构诞生。除了农行、农信社、城商行等已有的涉农或地方性金融机构外,一家能够覆盖全国的、能和已有的金融机构形成差异化经营的大型商业银行成为时代发展所需。

2. "绿色"的使命

除了国家政治经济发展的时代需求,邮储银行同时延续了中国邮政承担社会责任、提供普遍服务的传统和文化。《万国邮政公约》第一条明确规定了邮政普遍服务即"以均一低廉的资费向所有地区的所有用户提供经常、优质的永久性邮政服务"。在邮政储蓄的历史传承中,民国时期创立储金汇业总局,曾提出"人嫌细微,我宁繁琐;不争大利,但求稳妥"的经营方针,这一与"普惠"本质意义无异的方针一直延续至现在的邮储银行,作为其企业精神贯彻至每一位邮储人的思想观念中。

在走访邮储银行的过程中,我们能感受到从行长到中层管理人员再到普通员工,邮储银行的员工高度认同普惠金融的理念与实践:"这是国家给我们的定位,也是

邮储银行为偏远少数民族地区提供金融服务

我们的优势所在,绝对不能丢掉服务三农、服务社区和服务中小企业的三个定位。"邮储银行一位分行行长坚定地说道。

普遍服务的理念、惠及大众的价值观和高度的社会责任意识,在最基础的邮储银行网点建设上得到体现。邮储银行目前的网点已超过3.9万个,覆盖全国98%的县域,中西部地区网点数量超过2.4万个,占全行网点总数的62%。

3. 拥抱城镇化的春天

尽管有国家的需求在先,也有企业文化与责任意识使然,但邮储银行毕竟不是公益组织,而是一家大型零售商业银行。因此,邮储银行之所以如此坚守普惠金融的理念,更重要的原因在于看到了这条路线在未来不可限量的成长空间。如果说这片土地尚且没有得到太多收获,那只是因为金矿埋藏得太深。

城镇化是中国经济新的发动机。在国内大中型城市市场逐渐饱和、消费增长动力不足的发展趋势下,包括农村市场在内的县域经济将成为中国最大的经济增长点。城镇居民和在城镇化过程中由农村转移到城镇的农村居民,将是未来消费经济的核心群体,成为金融市场进一步发展的主要动力。

因此，在城镇化不断推进、县域经济不断起飞的将来，"普惠金融"的定位极具成长性。

（三）挑战？机遇！

拥有未来的发展空间，并不意味着当下能够把握机会。

对于成立仅6年的邮储银行而言，选择普惠金融的发展道路是一个全新的尝试，国内目前并无现成的案例可以借鉴，只能由邮储银行自己去不断摸索和实践。

其实，邮储人常常会思考和审视"普惠金融"发展道路上将会遇到的挑战与风险：邮储银行拥有的资源是否能够支撑"普惠金融"的战略定位？邮储银行实现普惠金融的具体路径是否符合中国实际？

1. 普惠金融挑战重重

一问：邮储银行庞大的网点资源究竟是优势还是鸡肋？

国家支持邮储银行成立的初衷之一就是，希望它借力自身庞大的网点布局开展服务三农、服务社区、服务中小企业的金融业务。网点多成为邮储银行在县域及农村市场渗透、下沉、抢占空白市场的优势，但是3.9万多个网点终端也给邮储银行带来了不少烦恼：在电子银行成为行业重要的发展趋势，甚至成为未来竞争重地的情况下，海量的网点是否会成为邮储银行建立自身竞争优势的一大累赘？

二问：邮政转岗邮储银行的员工能否支撑普惠金融的战略实践？

邮储银行成立初期，专业的金融人才匮乏，大部分从事业务的员工，都是由原来邮政系统转岗而来。金融业务的培训在很大程度上解决了邮政员工转换为银行员工的难题，但是培训毕竟不能代替专业的学习和实践。与其他银行相比，邮储银行基层员工的金融专业素养还存在一定差距。

三问：邮储银行能否适应小微业务模式带来的成本管理、人员管理、客户管理的挑战？

以小额信贷、小企业贷款等小微业务为核心的普惠金融业务，其鲜明特征在于客户多而分散，单个客户业务规模小。与别家银行动辄上千万或上亿元的单笔贷款数额相比，邮储银行的贷款额度大多为5万到500万元。客户的贷款金额小、分布分散，意味着总额相同的贷款，邮储银行需要投入更多的人员去维护客户。由此带来的高人力成本、高管理成本，邮储银行能否一一化解？

2. 化危为机的智慧

"危""机"似乎从来不分家,尤其是遇到有心的观察者与实干家。

重重挑战看似是横亘在邮储银行战略发展道路上的诸多阻碍,然而如果把眼光放得更长远一些,挑战背后的机遇若隐若现。邮储银行采取了更为直接的行动,通过创新性的思考与实践,将这些挑战一一转化成了前进的动力。

一解:物理网点是未来金融业的稀缺资源。

金融业建立在扎实的信用体系的基础上,需要面对面的沟通以及建立人与人之间的信赖感,在电子金融快速发展的大潮中,可以提供面对面沟通服务、贯通城乡的物理网点逐渐成为稀缺资源。如近年来迅猛发展的电商,其主要瓶颈和短板就是货物送达的最后一公里。而邮储银行却可以凭借自身的网络优势,近乎无死角地将金融服务延伸、惠及到全国各个角落。"有烟(炊烟)的地方就有邮储银行",这句话是对邮储银行网点分布最生动的写照,即使在我国最北端的黑龙江漠河县、青藏高原上的西藏日喀则萨嘎县,都能看到邮储银行的身影。

因此,邮储银行的3.9万个网点,恰恰是未来银行业竞争非常重要的资产,而非发展的累赘。只要对部分相对混乱、老化、不专业的网点加以修整和改善,3.9

邮储银行遍布京郊的信贷营业部成为农户商户办理贷款的"前沿阵地"

万个网点就能够成为3.9万个立体灵活的传播平台,对邮储银行的品牌塑造而言是非常难得的工具。在未来金融机构的发展中,如果能够将实体的终端网点与后台的数据库、物流系统相连接,必将产生更加巨大的联动效应。

二解:人挪活、树挪死,创新的人才引进与培训机制能够最大化地释放邮储银行员工的潜力与活力。

除了转岗员工多、专业性不足,邮储银行在人员结构上还有一个很明显的特色,那就是年轻化。平均年龄仅33岁的邮储人有着饱满的工作激情,正是由于队伍年轻、上升空间大,很多80后已经成长为邮储银行的管理人员,他们不仅带来了年轻人的朝气和活力,还带来了创新与创造的能力。邮储银行所定位的普惠金融发展道路,与目前国内领先的各大银行所聚焦的业务模式在运作上、管理上都有很大不同,这样一批年轻、学习能力强、创新意识强的人才队伍将是邮储银行攻克业务难题的重要支持力量。

邮储银行为了弥补专业性人才的不足,还做出了很多令人欣喜的开创性举动,例如开展大学生村官人才引进计划。早在2009年,邮储银行就看中了大学生"村官"了解农村、熟悉农村、对农村有深厚感情的特质,开辟了"绿色通道"聘请卸任的

邮储银行开展大学生村官人才引进计划,与大学生"村官"签订劳动合同

大学生"村官"。大学生"村官"转岗邮储银行后,凭借自己就任"村官"时期积累下来的人脉资源,深入农村,与农户面对面展开交流,了解其金融需求。这群年轻的"村官"将邮储银行为其量身打造的"村官贷"产品送到了田间地头,将金融知识送到了农民身边,力图通过帮助农民脱贫致富,转变农民陈旧、传统的金融理念,帮助他们开拓融资理财的新思路。

又如通过赞助比赛培养人才。2013年3月,"邮储银行杯"第六届全国大学生网络商务创新应用大赛正式拉开帷幕,该赛事是目前国内参与人数最多、影响力最广的全国性大学生互联网创新公益赛事。赞助这项赛事,邮储银行看重比赛本身的影响力对品牌的促进作用,更看重通过对参赛高校学生提供创业指导和实践、实习的平台,借机吸纳网络商务创新应用的人才。

三解:高利率、严规则保障小额贷款商业可持续。

同大多数地方性金融机构按照政策发放小额贷款支农不同,作为一家大型商业银行,邮储银行以整体设计、整体推进的形式开展小额信贷业务。其小额信贷"支农,但不扶贫",追求的是商业可持续,"商业可持续的利率设计是关乎生存与兴

邮储银行的信贷员到客户的大棚内介绍小额贷款

衰的一个关键"。因此,邮储银行在综合考虑央行基准利率、资金成本、贷款损失风险、人工作业成本、管理成本等因素的基础上,参照国际通行的小额贷款利率定价公式及相应经验数据,统一确定小额贷款利率下限为 13.5%。

小额贷款发展的成果也证明了邮储银行利率决策的正确,不但解决了成本高的问题,还实现了可持续发展。邮储银行阳光透明的信贷政策,不增加农户任何隐形的贷款成本。邮储银行还制定了信贷人员"八不准"规定,不允许信贷人员喝客户一口水、吸客户一支烟,农民不用走后门就能拿到贷款,并且承诺 7 天之内放款,真正满足了广大农户贷款的时效性要求。

二、普惠金融的品牌实践

集腋可以成裘,聚沙可以成塔。

普惠金融的道路虽然艰辛,但经过 6 年脚踏实地的实践,在服务三农、服务中小企业、服务社区的大舞台上,从每一笔存款、汇款到每一次创业融资的业务创新实践,邮储银行辛勤付出,也收获了喜悦。

(一)"三农"金融服务的践行者

无论是早期收编的四大行的部分网点,还是金融服务的输出,邮储银行从一开始就把目光放在了农村这片领地,对于服务"三农",始终带着一种特别而浓厚的感情。

1. 改善农村金融环境

在我国广大的农村地区,平均每个乡镇只有 2.13 个金融网点,平均每个营业网点要服务近 2 万人,农民存取款难已经成为政府重视、社会关注的重要民生问题。破解农村金融困境,首先需从基础工程的建设抓起。自成立以来,邮储银行在对于农村地区终端的建设上毫不惜力,加大投放 ATM 机、POS 机等硬件设施、扩展网点和助农取款服务点,不断优化现有网络布局,确保"三农"金融服务的广覆盖与高成效。

邮储银行还开发出商易通设备,解决农村普遍存在的小额提现难的问题。邮储银行在乡镇及以下农村地区选择具有一定经济实力、信誉良好的商户为其安装"商易通"固话设备,以商户先行垫付现金的方式为农民提供"银行卡助农取款服务"。这项创新实践,在2011年3月,得到了CCTV《今日观察》两会特别节目《2011中国经济新动力》的特别报道。在邮储银行的不断努力下,大量农村地区特别是偏远的山村地区的金融空白得以填补。

打好基础之后,邮储银行开始进行多元化的产品创新,满足农民日益增长的多层次金融需求。在"绿卡"的基础上,邮储银行延伸开发了"福农卡"等特别为农村地区打造的支付产品,以期让产品真正覆盖广大的农户群体。这些特色产品可以让农民享受到更多的手续费优惠,还可以享受如小额贷款等更多的金融服务,让金融产品真正切合广大农户的需求。

邮储银行发行的福农卡

在把握到农村地区手机普及率迅速上升的趋势后,邮储银行还率先在农村地区开展手机支付业务,第一时间让农民享受到更为简单、更为全面的支付服务。考虑到大部分农村地区移动互联网尚未普及的情况,邮储银行推出了万能版手机银行,采用加密短信进行交易以减少对网络的依赖,并通过贴膜技术与用户的SIM卡进行绑定,保证交易的安全,借此让使用中低端非智能手机的客户,即使在手机信号网络不好的情况下,仍可以享受到安全、便捷的手机银行服务。

2. 农村经济"灌溉渠"

农民的发展致富、安居乐业,离不开农村经济的繁荣与农业的支持,邮储银行致力于成为农村经济发展的"灌溉渠",毫不松懈地支持农业发展。

针对农村市场客户缺乏有效抵、质押物的情况,邮储银行推出了农户联保贷款、

邮储银行的信贷员深入农户家中走访，为他们提供更好的金融服务

农户保证贷款产品。通过联保，邮储银行批量化开发客户，解决成本偏高的问题，有效地分散了风险。邮储银行信贷员深入到田间地头去了解农户贷款需求与还款能力，还通过"送贷款下乡"走近农户身边。

此外，邮储银行深入开展"一行一品"工程，因地制宜，制定差异化的信贷政策，不断推出粮食直补资金担保贷款、烟农小额贷款、农房建设贷款等创新信贷产品，引导资金回流农村，为农村经济建设源源不断地注入动力。

3. 做惠民工程的桥梁

金融服务既是民生所系，也是改善民生的突破口之一。邮储银行正是借助既有的平台，担当起了惠民工程传导者的角色。邮储银行利用自身深入农村的网点与人员优势，为分布广阔、分散的农村居民提供新农保和新农合的代缴、代发服务，担当国家惠民工程的"桥梁"。

为了将这些惠民政策落实好，邮储银行积极探索、创新服务模式，破解代发工作中的难题。针对各地千差万别的实际情况，创新多种服务方式，例如通过在村委会或村中的超市等地设置电话刷卡机、商易通等设备，让农民不出村就能办理业务。

邮储银行"新农保"发放现场

邮储银行开展"反假币宣传"

为了弥补一些偏远地区网点的空白，邮储银行在没有营业网点的乡镇建立了"三农"工作服务站，或者通过派出流动服务车的方式，安排专人上门代收发业务。

截至2012年底，邮储银行服务了全国约三分之一的试点县，累计代缴"新农保"3000多万笔、代缴金额60多亿元，累计代发"新农保"2亿多笔、代发金额约217亿元，成为"新农保"服务参与度最高的金融机构。

惠民实践不局限于此。邮储银行还多次开展大规模的"送理财知识下乡""反假币宣传"等公益宣传活动，希望通过多途径的金融知识宣传提升农民的金融知识水平，为社会公众营造学金融、懂金融、用金融的良好环境。在宣传交流的过程中，自然也能够让农民对邮储银行的了解更为深入，拉近与邮储银行的距离。

（二）"小微"企业不"微小"

由于战略路径不同，在其他各大银行开发客户的过程中，小微企业总是被习惯性地晾在一旁。不过对于邮储银行而言，小微企业可是重要的客户，是其小额信贷战略业务的重要构成。

1. 破解信贷难题

小企业规模小、缺乏合格的抵押担保物、抗风险能力差、收益不稳定，长期以来融资难是制约小企业发展的瓶颈。立足于服务中小企业的定位，邮储银行如何破解小企业信贷的难题？

继"好借好还"小额贷款、个人商务贷款之后，邮储银行推出了"好借好还"小企业贷款。这款产品具有申请简便、审批效率高、贷款方式灵活的特点：抵押物既可以是本企业主或是第三方名下的房产、厂房、国有土地使用权。单户最高授信额度可达1000万元，授信有效期限最长2年，满足了小企业资金周转、扩大生产等方面的融资需求。但小企业的信贷风险如何控制？

邮储银行研发了独特的小企业信贷技术：一是在调查环节，总结出"看、拍、问、听、要"五项调查要领，强化对申请人信息的核查，通过编制小企业财务简表得出客户的财务概况，经分析得出调查结论；二是在审批决策环节，遵循"5P"框架——全面分析借款人（people）、融资用途（purpose）、还款能力（payment）、担保（protection）和借款人展望（perspective），据此做出贷不贷、贷多少、怎么贷的授信决策；三是在贷后检查环节，建立"专人负责、全员参与"的小企业贷款贷后监控机制，实

邮储银行小企业贷款实地调查

邮储银行信贷员在市场内对商户进行贷前调查

现对客户的动态监控。

2. 创新信贷产品

为更好地服务中小企业，邮储银行成立了专门的小企业信贷中心，从行业特点、业务模式、担保方式等维度入手，陆续推出十几项新产品和新举措，例如围绕核心产业链条开发的"一行一式"工程。邮储银行在服务制造业企业时，先后与三一重工、厦门重工、中国重汽、中联重科、宇通客车等重要企业分别签署合作协议或建立战略合作关系，推出经营性车辆按揭贷款，试图通过与核心企业的合作，打通经营性车辆产业链条中的各大节点，为链条中相关联的小微企业提供更为高效及时的信贷服务。

凭借庞大的网络优势与其贴近客户需求、不断创新的信贷技术，邮储银行不断将网点和组织优势转化为信贷业务上的优势。截至 2012 年底，邮储银行累计为小微企业发放贷款超过 1.3 万亿元，解决了 700 多万户小微企业经营资金短缺的难题。

邮储银行坚持不懈地扶持小微企业发展，引起了中央电视台的高度关注。2012 年 1 月 1 日，邮储银行四川省分行迎来了中央电视台财经频道"走基层"栏目组一行的采访，之后央视还专门就破解小微企业融资难、支持中小企业发展等问题召开了"中小企业调研行"专题座谈会。

在服务小微企业的同时，邮储银行也通过与中石化、中广核、万达集团、恒大集团等大型企业开展战略合作，进一步拓展了信贷产品的服务范围，全面提升了综合服务能力。

（三）将金融触角延伸进社区

在过去，银行工作人员严谨、不苟言笑的面孔会给人一种冷冰冰的印象，提起银行，大家或多或少会有一种疏离感。作为一家定位于服务社区的银行，邮储银行近年来逐渐扩展其服务的点、面以及深度，力图以贴心的服务拉近与居民之间的距离，真正成为百姓身边的银行。

1. 贴心的服务拓展

"不管网银再怎么万能，再怎么方便，一旦涉及大宗交易，我还是习惯到银行办理。但是对于我们这样的白领来说，到银行办业务就像跟银行捉迷藏一样。好不容易利用午饭时间赶到银行，却被长队耗尽了时间；等到我下班，银行也下班了。"

金融夜市邮储银行夜间延时营业网点

在一些大中城市，对于银行网点营业的"朝九晚五"制度，上班族们普遍感到很头疼，或多或少都会感同身受。

为了打破这样的惯例，邮储银行于2011年底率先在北京开办"金融夜市"，推出银行网点夜间延时服务措施，将营业时间延长至晚间8点，为广大居民尤其是上班族提供了更为便利、贴心的金融服务。

2012年底，邮储银行电视银行上线，将坐在家里一边看电视、一边办理银行业务的梦想转换为现实。以前必须到银行才能办理的业务，现在坐在家中也能轻松办理。这是国内首个全国性银行在总行层面组织建设的电视银行系统，可以称得上"银行开进客厅，24小时都不打烊"，为广大群众提供了更为贴心的服务。

2. 暖心服务银发人

在邮储银行服务的对象中，有一个群体还特别受到关心，那就是"银发一族"。邮储银行利用网点多、服务面广、深入社区的天然优势，承担起了代发养老金的工作。每个月的15号，是邮储银行北京分行发放养老金的日子。为了不让老人们在寒风烈日等候，网点一般会提前半个小时开门，并为每个等候的老人递上一杯热水。2012年全年，邮储银行累计发放养老金近4.7亿笔，发放金额超过4000亿元。

邮储银行工作人员引导客户办理养老金业务

针对一些高龄和行动不便的老人，邮储银行还上门发放养老金。北京延庆县退休工人付利民是一位失明的老人，每到发放养老金的日子，邮储银行的送款员都将养老金亲自送达老人家中，还会帮老人缴水费、电费，将大钞换成零钱，方便老人平日使用。现在付利民和邮储银行的送款员熟悉得像是一家人。

为了更加方便老人群体，邮储银行还推出了金融社保IC卡，集养老金账户、社保卡、交通卡等功能于一身，让老人享受到存取款、看病和消费等一卡多用的便利。

邮储银行坚持把养老金业务作为其服务实体经济、服务民生的一个落脚点，打造百姓身边的社区银行。除了基于高度责任意识，邮储银行的着眼点还在银发市场的未来潜力。从2011年到2015年，全国60岁以上老年人将由1.78亿增加到2.21亿，2030年将翻一番，伴随老龄化的必将是社会养老保障和养老服务需求的急剧增加。

3. 与社区居民互动

在服务之外，邮储银行各地分支机构还通过社区文艺汇演等方式走近百姓生活。例如，在2013年5月，邮储银行携手福建省厦门市枋湖社区举行文艺汇演，共同庆祝当地人所信仰的"妈祖"诞辰。汇演上，社区老人与邮储银行员工共同载歌载舞，还通过有奖问答、幸运奖抽取等互动环节进一步增进社区居民与邮储银行之间

邮储银行开展金融知识宣传活动

的感情。这些都帮助邮储银行在巩固老客户的同时，吸引新的社区客户。

三、三维传播锻造品牌影响力

普惠金融面向的是普通民众，因此普惠金融品牌的锻造需要与大众展开亲近的沟通。但如何更好地与大众沟通，对于年轻的邮储银行来说，还是一门正在研究的学问。

由于年轻，邮储银行似乎还没有理出一个清晰的品牌轮廓和成长路径。从当前的品牌口号"进步，与您同步"中，我们也能窥见邮储银行品牌正处于进行时。不过难能可贵的是，无论要塑造怎样的品牌形象，走怎样的品牌发展路径，邮储银行已经深刻地意识到品牌的力量，打造品牌的决心与信心坚定不移。

根据 CTR 的监测数据显示，从 2009 年开始，邮储银行一直维持稳定的央视广告投放，体现了其品牌宣传策略的持续性和稳定性，与之对应，其品牌认知度几年来也一直维持稳定的增长。

（一）品牌高度：聚焦央视，居高声远

在邮储银行为期仅 6 年的品牌活动中，最为明确的一条线索就是对央视的高度

倚重。攻占央视传播高地的阵仗声势浩大且掷地有声，虽不能说拳拳到肉，但也足够强势。

央视的广覆盖、高收视等优势，能够帮助邮储银行锁定规模巨大的客户群，登上性价比最高的媒体高地。对央视平台的执著和投入并不是邮储银行盲目跟风、崇拜权威的表现，而是其如毛细血管般遍布全国大城小镇乃至边远村落的3.9万个网点所决定的，是其总数达6亿的客户所决定的。

央视的强力背书效应，能够帮助邮储银行最快地提升其作为金融品牌的认知度与美誉度。与五大国有商业银行和股份制银行相比，邮储银行初期以相对弱势的形象出道，作为新生的金融机构，需要借助高权威性、高辐射力、高影响力的媒体平台做品牌背书，为其金融信用体系与品牌形象增添注脚。

2008年年底至今，邮储银行一直在央视《天气预报》后A特段投放产品及企业形象广告。从最早的《翻绳篇》，到获得第五届中国国际电视广告艺术周最佳广告艺术质量奖的"有情有爱有未来·编织梦想篇"品牌形象广告片，再到搭载全运会专题节目集中亮相央视，与央视的联结更为紧密并且品牌传播规划更具体系化。

邮储银行与央视的合作，经过短短几年的时间已经从相对粗放式的广告投放，开始向深度合作的尝试迈进，逐渐进入平台化运作的阶段。而央视的价值之于邮储

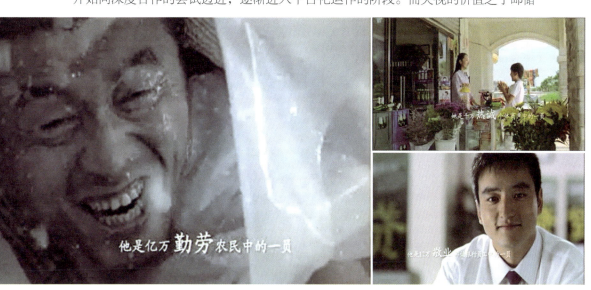

中国邮政储蓄银行小额信贷（平凡篇）

中国邮政储蓄银行小企业贷款

银行而言，也不再是简单的高覆盖和高收视，更多的是平台之上和平台背后的价值。与之相适应的，在央视的传播高地之外，邮储银行的线下延展与落地承接也会更深入、更同步、整合度更高。邮储银行精耕细作的品牌运作阶段已经到来了。

（二）品牌广度：创富大赛，梦想起航

创富大赛在邮储银行连续几年的打造下，已经出落为一个有口皆碑的品牌活动。

从 2010 年开始，邮储银行广东分行以创富大赛为载体，为那些创富有门却无资金支持、想要扩大企业规模却无融资渠道的有志之士，提供解决融资难题的重要渠道。邮储银行创富大赛面向大众和小微企业主征集创富方案，通过专家学者、优秀企业家、邮储银行和权威媒体对参赛选手的创富项目进行综合评比等方式，最终评出各赛区的优胜者。

2011 年起，创富大赛连续三年在全国范围举办。在 2012 年落下帷幕的创富大赛中，来自北京赛区的北京世能中晶能源科技有限公司总经理童裳慧经过三轮的角逐，站在决赛的舞台上，向大家展示自己的节能环保项目与环保梦想。"最近的雾霾天气可以说让大家苦恼不已，而我的企业正好治理烟气有奇招。"童裳慧向大家介绍，她的公司拥有国内首创的技术，能将工业生产中的脱硫废液制成有用的七水硫酸镁，也就是化肥等副产品。"如果大家不愿意看到北京再有雾霾，那就支持我吧！"最终其激昂的梦想宣言打动了现场的评委和观众，北京世能中晶公司在比赛中拔得头筹，荣获"创富先锋"称号。

与童裳慧一样的许多中小企业主，通过创富大赛有机会向更多人展示自己的创业梦想，最终获得邮储银行提供的上千万融资支持。在这个过程中，邮储银行还通过开展创富论坛、创富巡展等配套活动对选手进行商业培训，为选手提供与创业成功的企业家面对面交流的机会，汲取创富的成功经验。

在为企业搭建梦想起航平台的同时，邮储银行也通过举办创富大赛与小微企业共同成长。"通过创富大赛，邮储银行为小微企业搭建了有效的展示、交流和融资平台；同时，在与小微企业沟通互动的过程中，也有助于邮储银行更加了解小微企业发展特点，创造更多个性化、有针对性的融资品种。"中国邮政储蓄银行行长吕家进表示。

在 2012 年创富大赛期间，邮储银行共为中小企业提供贷款达到 3093 亿元。无

邮储银行2012年创富大赛陕西赛区

论是实际的资金支持，还是大赛带来的品牌曝光，都将邮储银行的品牌内涵实实在在地展现在了大众面前，为邮储银行品牌注入了强大的感召力。

（三）品牌深度：百年历史，照亮未来

若要追根究底，很长一段时期内邮储银行在品牌耕耘上的困惑，很多时候其实是因为蒙上了自己的眼睛。

"我未来要发展成为一家什么样的银行？在人们心中占据一个怎样的位置？"这或许是邮储银行最常问自己的一句话。

答案的关键就在于，在回答这个问题之前，我们要先回答一个根本性的问题："邮储银行是一家什么样的银行？我脱胎于怎样的母体？发展中的起伏又有着怎样

的缘起?"

回归历史,邮储银行的品牌基因才开始变得日渐清晰。一家成立仅6年的新银行却是一家比许多同业竞争对手历史都要悠久的老机构。历史上的邮政储蓄,不是银行机构,但却是一股相当重要的金融力量,其坚持为大众服务的金融理念历久弥新。

1. 历史上的金融支柱

早在19世纪末,邮政机构办理金融业务的帷幕就已拉开。1898年(戊戌年),各路仁人志士为探索救国救民的真理而奔走呼号,同样在这一年,大清邮政开办国内邮政汇兑业务。

1906年,时任邮传部尚书徐世昌认识到,邮政储金可以奖励储蓄,有益于民生。

南京邮政储金汇业局门景

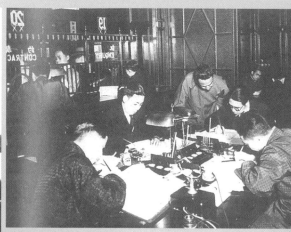

上海邮政储金汇业局办公场所 (1946)

南京邮政储金汇业局办公场所

邮政储金汇业局湘潭分局门景（1943.7）

他向清廷建议："邮政储蓄金，法良意美，应当效仿。"好事多磨，开办邮政储蓄业务的提议虽早，但由于晚晴时期风雨飘摇，直至1919年邮政储金业务才得以开办，各地邮政储金汇业局也相继成立。

邮政储金汇业局成立后，还增加了保险业务与经营股票、抵押放款等银行业务，成为了名副其实的金融机构。除产品业务的不断丰富之外，邮政储蓄还是当时覆盖范围最广的金融机构,在各类金融业务中发挥网络优势,在当时通信技术不发达的情况下,与外资银行及其他中资银行形成错位竞争的互补格局。

1942年,邮政储蓄凭借特色的市场定位、遍布全国的网点以及良好的信誉,跃升为民国六大金融支柱之一,并入了国民政府"四行两局"之列。

2. 小额储蓄惠及百姓

20世纪30年代,彼时的邮政储金汇业局首次提出了"人嫌细微,我宁繁琐;不争大利,但求稳妥"的立业之本,这句口号至今仍是邮储银行的座右铭。

结合民国时期的特殊国情,邮政储蓄建立了小额储蓄制度,打破了当时钱庄、银行照搬西方大银行发展模式、普遍不重视小额存款的做法,大力吸收社会余资,并被誉为"最稳固而最便利之国家储蓄机关"。

例如,邮政部门专门设计了"邮政储蓄金"邮票、邮政储金罐等特色产品以方便小额储蓄。储金罐和储金邮票等举措的推出,符合中国人聚沙成塔、集腋成裘的节俭美德,对早期邮政储蓄吸收大量社会闲散资金起到了很大的推动作用。

贴1角储金邮票的邮政储金券

储金罐

"邮政储蓄金"邮票

1. 邮政储金邮票

"邮政储蓄金"邮票的面值通常为5分或1角,它不能贴在信封上寄递信件,而是为了方便小额储户而准备的。储户在手里的闲钱不足1元的时候,先购买"邮政储蓄金"邮票,将其贴在储蓄券上,由邮政部门盖销。待集满1元钱后,就可以正式开户存钱。这种储蓄形式的出现,在普通百姓当中相当受欢迎,为民国政府吸收了大量社会闲散资金。

2. 邮政储金罐

为了方便小市民也来参加储蓄,促进邮政储蓄金业务的发展,1945年前后储汇局还面向内部和社会推出了一种独具特色的储蓄方式——铁质信筒型的邮政储蓄金罐,连同配的钥匙一起免费送给储户,用以吸收小额资金,提高社会上积少成多的储蓄习惯。人们储蓄钱满后即可到邮局开锁,同时办理储蓄手续。时人有童谣传唱:"买个储金罐,零钱放里边;存入邮局里,小钱也生钱;存折拿到手,儿童乐颠颠。"

3. 亲民口碑在传承中延续

无论是汇兑、储蓄还是保险业务,通过面向基层民众开展金融服务,邮政储蓄逐步奠定了大众基础,一时有"大众银行"之誉。

1921年、1923年,北京等地曾发生金融挤兑风潮,一度引起社会波动,储户人心惶惶。但邮政储金没有受到影响,能够悉数提取,再次显示了公众对邮政的信任,在人们的心目中赢得了良好的信誉,树立了可信赖的形象。抗战时期,物价飞涨,金融业十分不景气,储金汇业局凭借邮政部门的担保以及民众的信赖,在动荡年代实现了储户及储蓄余额的稳定增长,这是当时其他金融机构所没有做到的。

正是在对其厚重历史的追溯中,我们捕捉到了邮储银行的成长足迹和品牌基因。这些品牌DNA并非横空出世,而是从传承中延续,历久弥新。更为重要的是,从历史的灰烬中获取余热，以历史的薪火照亮今天乃至未来的品牌发展之路，对于邮储银行而言既是一次重新认知自我的回归，同时也开启了未来全新的旅程。

结束语

"中国不缺银行，尤其不缺大银行，但缺少有特色的银行。谁打造出有特色的银行，谁就会在将来的竞争中占据先机。"中国邮政储蓄银行副行长徐学明如是说。

银行业依赖政策红利和利差收入轻易获取高利润的时代已近尾声。在金融脱媒和利率市场化进程进一步加快的过程中，找准定位、发挥自身优势，以差异化的金融服务走出一条有特色的发展道路，才是银行长期发展的硬道理。邮储银行选择绕开各大银行在大客户、大城市的蚕食鲸吞，另辟蹊径，定位于服务三农、服务中小企业、服务社区，走出了一条普惠金融的路子。

邮储银行的净利润从2007年底的6.5亿元跃至2012年底的284亿元，5年扩张了约44倍。对于自身的进步，邮储银行行长吕家进认为"这还远远不够"。在他眼中，一家企业如果只活在当下还远远不够，一定要着眼未来，认真思考未来发展的路径。

毕竟成立只有6年时间，邮储银行着实还很年轻，还在探索具体的发展方式与发展路径。也正因如此，邮储银行的品牌轮廓还不够清晰。但可以明确的是，邮储银行建设品牌的信心十足，品牌实践也正在跟随着发展实践不断摸索，品牌成形将只是时间问题。

中国传媒大学广告学院：黄升民、邵华冬、刘兰博、徐煊
媒介360：吴康军
中央电视台广告经营管理中心：陈高杰、吴天丹、刘明、李悦

采访手记

邮储银行的品牌有三个支点，第一个是普惠金融的方针，服务三农、服务社区、服务中小企业的定位，这是非常具有差异性的。这个定位跟国家整个政治的发展方向相一致，跟邮储银行领导和员工强烈的责任意识相一致。在未来，普罗大众的生活水准会不断提升，特别是在城镇化过程中从农村迁移到城镇生活的活跃人群，将会成为未来金融市场扩展的主要动力。因此，普惠金融的定位非常具有成长性。

第二个支点是网点。今后，金融电子化不断发展、虚拟产品将越来越多，最稀

缺的反而将是物理网点。大家都明白，但是目前电商的主要瓶颈就是送达最后一公里。马云退休之后最关心的"菜鸟计划"，第一个选择的合作对象就是中国邮政。他们看中邮政10万个覆盖全国的网点，欲将其打造为天猫的服务站。现在邮储银行拥有3.9万个网点，正是3.9万个传播平台，是邮储银行非常重要的资本和难得的传播工具。

第三个支点是邮储银行厚重的历史。在大银行中，邮储银行成立仅6年的时间，但是它又是一家历史悠久的金融机构，可以与同样有历史渊源的中行、交行相媲美。不管是在清朝还是民国时期，邮政储金汇业局的方针、定位跟现在都十分吻合。这正是邮储银行的品牌DNA所在。邮储银行品牌既有差异化的定位方针、又有物理上的网点优势，加上历史文化的承传，三个支点就都立住了。

邮储银行跟那些很高端、以资本运营去操作的银行不尽相同。你可以说它保守，你可以说它动作慢，甚至可以说它老土，但它却在火树银花的繁华中坚持着自己的步伐，稳当、从容、不紧不慢。

案例组与企业合影（左三为副行长徐学明，左四为黄升民教授）

黄升民

1955年出生，广东佛冈人。中国传媒大学广告学院院长、教授、博士生导师，中国广告协会学术委员会常务委员、国际广告协会中国分会个人会员、中国广告主协会专家委员会常务委员，中央电视台广告中心策略顾问。

1972年高中毕业，在《广州日报》编辑部担任文字记者工作。1978年至1982年，就读于北京广播学院新闻系编采专业。1986年至1989年，日本留学期间主攻传播学、广告学等，获日本一桥大学研究生院社会学硕士学位。1990年底回国，在北京广播学院任教。1998年经人事部批准为有突出贡献的中青年专家。

在媒介经营与产业化研究、中国广告生态研究、新媒体、消费行为与生活形态研究、中国当代广告史研究、高龄沟通与传播等多个领域具有杰出成就。常以农民自居，是一个质朴、持重、踏实并有着强烈社会责任感的学人。

案例点评

"中国不缺银行,尤其不缺大银行,但缺少有特色的银行。"徐副行长之语道出了我国金融业高度同质化竞争的严酷现状。尽管各大银行都在试图寻找差异化,但在求大求全的思路上,任何创新都在被对手复制和模仿,在运营物理层面上寻求差异化的"蓝海战略"终属不易,除非你在结构上与对手形成了差异。

这里,邮储银行抓住历史性的机遇,逆潮流而动:人家进城,咱下乡;人家抓大额对公业务和中高端客户,咱服务三农、社区和中小企业。看起来似属无奈之举,谁又不想吃"低风险,高收益"的肥肉,想象咱邮储银行的员工肯定没少抱怨和艳羡同行的处尊养优。但正是这样"反着干",便和强大的竞争对手在运营层面上就形成了天然的差别。

这种"反着干"模式专业上则被称之为对立性定位(也称为反向定位)。除了上述能在运营物理层面上避开强势竞争、赢得结构性的差异化外,一个更为重要的原则就是这种对立性定位能在顾客心智中形成巨大的差异而得以突显。大家拼命往东奔,唯独我朝西行。我们的每一次为顾客所做的努力、每一个创新动作都能在顾客心智中沉淀专业的认知、积累品牌的价值,而且是在少有干扰的情况下。

只要邮储银行坚持走服务三农、社区和中小企业的路子,把"普惠金融"深入到乡镇的千家万户,在顾客心智中扎根下来,那么这个品牌就一定能挖到深埋地下的金矿,一定能活在未来,而且绝对会活得非常好。

特劳特(中国)高级分析师

谈云海

文化激活老名酒
——沱牌舍得的品牌战略转型

"悠悠岁月久，滴滴沱牌情"承载着一代饮酒者的记忆。岁月沧桑，商海沉浮，在激烈的白酒竞争市场上，沱牌酒一度就像半老徐娘，风韵犹存却风光不再。直到经过"沱牌""舍得"的双品牌战略调整和转型，沱牌孕育了"舍得"这一全新品牌。传承优良的名酒基因，"舍得"在高端白酒市场上为沱牌带来了新生，"智慧人生，品味舍得"谱写了新的品牌乐章。

为什么沉寂多年的名酒，在白酒竞争日益激烈的今天，能够重新站立？我们可以看到，"舍得"不仅是商标选择，更是品牌定位。这个案例让我们看到了有舍才有得、舍即是得的的企业智慧。

一、从一枝独秀到双轮驱动

（一）沱牌的辉煌与暗淡

"悠悠岁月久，滴滴沱牌情"这句沱牌曲酒的广告歌，十几年前通过央视传遍全国。那时候的沱牌公司曾经风光无限。1991年至1993年连续被评为中国500家最大规模和最佳经济效益企业之一，1996年成为100家全国现代企业制度试点企业的第一家上市公司，1999年实现白酒产销量全国白酒制造企业第一位。在那个年代。虽然川中好酒遍地，但沱牌的名头却不仅响亮而且相当普及，沱牌深深扎根于"寻常百姓家"。

而随后沱牌的沉寂，除了与大多数老字号酒企业相似的体制因素外，更加重要的原因却是当年的定位为发展埋下了致命的隐患。当时面对五粮液、茅台等名酒的提价，沱牌老酒选择了继续走百姓路线，决心做老百姓喝得起的名酒，产品价格定位很低；虽然成就了沱牌一时的红火，然而，"便宜无好货，好货不便宜"的白酒消费心理，却使消费者把沱牌酒看作了低端酒，从而使沱牌逐渐成为一个低价、年迈的白酒品牌，失去了市场竞争上的活力。

这个结果让沱牌集团这个国家大一档企业、这个全国优质白酒产量最大的企业、这个全国国家级调酒师最多的企业、这个高端纯粮原酒储存最多的企业不胜尴尬。加上2001年5月1日白酒又执行从量从价双重计税的税制政策，让以低端为主的沱牌雪上加霜，除了低价位产品在部分市场保持领先外，"悠悠岁月久，滴滴沱牌情"已渐行渐远，沱牌酒慢慢成为很多酒友的追忆……

（二）脱胎换骨的双品牌战略

就在白酒新税政出台的前后，催生了高端白酒品牌开拓潮。1999年，水井坊面世；2000年，国窖1573面世；沱牌的高端白酒品牌——舍得，也在2000年登台了。

显然，当时的白酒企业都清楚高端品牌塑造对于企业发展的重要性。在特殊时期出台的舍得酒，无疑承载了当时的沱牌公司脱困的使命。对于沱牌来说，由于原品牌在消费者心中的定位根深蒂固，一方面是识别和认同的优势，另一方面又是升级和转型的包袱。公司经过深入的研究、分析和痛苦的选择、比较，最终下决心"彻

"悠悠岁月久,滴滴沱牌情"电视广告截图

底"与沱牌的品牌分割，摆脱老品牌的渠道和口碑，重新创造一个全新的品牌：舍得。让中低端的沱牌品牌和高端的舍得品牌独立运行，暗地里相互支撑，明面上则一个追求贵族之高端大气，一个继续草根之价廉物美。

沱牌舍得的双品牌

舍得的品牌建设分为了三个阶段：第一阶段，2001年到2005年，主要是产品打造，选择试点区域低调推出舍得酒，并将其作为沱牌酒的一个品类；2006年是品牌发展的分水岭，沱牌开始把舍得当作战略品牌来打造，经过谨慎评估，决定用另外一个企业名称即四川舍得酒业来打造该品牌；经过五六年时间的积累，舍得酒在质量、价格体系、市场运作、合作伙伴发展等方面都已经完善，基本形成较好的市场局面；到了2010年，进入第三阶段，即舍得产品品牌反哺企业品牌。这一年沱牌曲酒股份有限责任公司申请更名为沱牌舍得酒业股份有限公司，并在2011年获工商局批准。至此，沱牌集团更名为沱牌舍得集团。

无论是茅台、五粮液或是泸州老窖、汾酒，都是在原有品牌上升级。而在高端白酒品牌中，像舍得这样完全另起炉灶的高端品牌应该说是一个冒险也是一次机会。幸运的是，舍得最终在沱牌这棵老树上绽放出了鲜艳的新花。不仅如此，舍得作为高端白酒品牌，一方面带动了沱牌整个系列品牌的发展，让消费者明白，沱牌系列酒是高中低产品齐头并进发展的企业；而另一方面则是让更多消费者知道，舍得酒与隶属于川酒"六朵金花"之一的沱牌之间血缘紧密、基因纯厚，最终通过分离和结合，达成了两个品牌同中有异、异中有同、相互支撑、相互补充的双赢效果。

二、以文会酒、品味舍得

在打造"舍得"品牌之前，从哪里寻找品牌之精魂，如何确定与其他高端白酒的差异性，是当时众多战略决策的核心。放眼望去，许多白酒品牌都在诉求历史卖点，"倚老卖老"成为白酒行业的一种流行策略。虽然沱牌曲酒也是源远流长，论历史，可追溯到唐代的"射洪春酒"、明代的"谢酒"；论窖池，建于明朝嘉靖年间的"泰安作坊"遗留两口古窖池一直沿用到现在。但如果仅仅停留在这样的层面，沱牌难脱杵臼。在这样的背景下，"舍得"二字就成为了关键。

（一）是古酒更是老智慧

沱牌推出的新品牌，为什么会选中"舍得"？

"这是品牌差异化定位的选择。水井坊占了'坊'这个概念，国窖1573占了'窖'这个概念，我们没有跟随，而是做文化酒。"沱牌舍得营销公司副总经理朱应才说，

泰安作坊老窖池

"泰安作坊"位于四川省遂宁市射洪县沱牌镇,作坊始建于唐代,建筑面积为929㎡,现存古窖池两处,古井一口,作坊内设施齐全、历史传承真实完整,保存完好,至今仍在正常生产。经古窖酿制而成的曲酒,具有中国浓香型白酒寒绿、醇甘、清洌之独特风味,被中国白酒界泰斗周恒刚、沈怡方称赞为"中国白酒之典范"。

"泰安作坊"由清末开明酒商李明方从古酒坊易名而来,有"举酒恭祝国泰民安"之意。作坊一直传承唐代"春酒"、明代"谢酒"生产工艺酿制白酒,闻名川中。民国初年,作坊主人李吉安进行工艺改革,聘请成都酿酒名师郭炳林攻研曲酒生产终获成功,酒有"入门便觉鼻生香,发幕先令指取尝"之芬芳美誉,一时名噪四川,前清举人马天衢化"沱泉酿美酒,牌名誉千秋"之诗意,命名"沱牌曲酒",沿用至今。新中国成立后,"泰安作坊"改组为地方国有企业射洪沱牌曲酒厂。

2007—2008年,四川省文物考古研究院对泰安作坊遗址进行考古勘探与抢救性发掘，揭露出含有明、清时代文化遗物的堆积层，厚逾2米。清理出大量的酿酒遗迹、遗物。这些出土遗物俱与酿酒、饮酒、酒肆、酒坊有关，初步估计，完整、基本完整以及可复原的器物愈100件。遗迹中的大型酿酒窖池、接酒坑及遗物中的"品酒杯"为我国酒类作坊遗迹中首次发现，弥足珍贵。

泰安作坊经过百年传承，完整地留存着沱牌曲酒传统酿制技艺的全过程，犹如一个活生生的酿酒博物馆，从中可以窥见中国传统蒸馏白酒的前世与今生，是中国白酒工业发展的一个典范。经我国白酒界众多知名专家鉴定，李氏泰安作坊是"中国酒文化的活文物"。2005年，泰安作坊被国家文物局、中国食品工业协会列入"中国食品文化遗产"。

2009年5月，中央电视台中文国际频道（CCTV-4）国宝档案栏目摄制组来到遂宁，走进泰安作坊，对沱牌曲酒的传统酿造工艺、泰安作坊的出土文物及遂宁的诗酒文化进行深入而详细的拍摄。

"舍得是一种人生大智慧，容易得到高端消费人群的认同。"

事实证明，后来舍得酒的畅销，有个很重要的因素是其主推的"舍得文化"，在越来越多的人群中引起共鸣，并深入人心，由此大家在品味舍得酒之时，也在品味舍得之道，感悟舍得带来的智慧人生。

在企业当家人心中，舍得二字，虽然有很功利的、低层面上的"舍是为了得"之义，但它同时也是一个襟怀广阔的人生价值观，体现的是宠辱皆忘、胸怀坦荡、举重若轻、闲云野鹤的为人处世之态。所以，舍得，体现的正是一种成功人士、精英人士理想的人生境界。舍得酒的核心消费群体也被清晰地定位为真正的社会高端人群。

（二）是文化更是品牌内核

在解释"舍得"的文化含义时，沱牌舍得营销公司副总经理朱应才提供了三层维度：

第一层最基本的，舍得代表一种酿造文化。因为舍得酒所提倡的就是"百斤好酒得2斤舍得精华"，为了得到2%的精品，要舍掉98%。那么放大到全世界，要成就一个精品，就要舍杂求纯，去伪存真，要有这样一种酿造好酒的精神。

第二层就是儒、释、道三家讲的有关取舍的文化内涵。佛学界知名人士，台湾

的星云大师在其著作《舍得》中阐述"舍得"二字的含义为：舍，于人是慈悲，于己得精进；以舍为得，无处不春风。不同于普遍理解的"有舍有得"或者"先舍后得"，"以舍为得"强调奉献是福德，不是负担；服务是获得，不是牺牲。真正懂得舍得的人认为舍就是得，付出并非为了物质上的追求，而是心灵的一种安逸。公司将其引用借鉴，作为企业文化的重要组成部分。

第三层维度是现代成功人士心灵深处的舍得理念。舍得是一种奉献，更是一种大智慧。《感动中国》人物评选出来的那些教师、军人、普通工人，他们是真正以舍为得的人，他们舍但是不求得，他们得到的不是物质回报，而是社会的认可，心灵的慰藉。

这三层维度，不仅仅是说在嘴上，更重要的是体现在酒的气质上，体现在包装营销策略上，同时更重要的是要体现在企业文化上。沱牌20世纪90年代就提出了"质量求真、为人求善、生活求美"的企业核心价值观，一直沿用到现在。现在，沱牌舍得在秉承"真、善、美"价值观的基础上，更用舍得文化来为诠释企业文化，比如"质量求真"就是要敢于抛弃不好的东西，企业内部评选"最孝顺的10个儿媳妇"就是要让员工"为人求善"，最终实现"生活求美"。

舍得文化可以说，不仅提供了一个商标，实际上也为是沱牌舍得的发展提供了一个文化的抓手，不仅让消费者有了识别、认同，同时也让企业上下得到了共鸣、共识。这种以文会酒的定位核心，的确为舍得插上了文化的翅膀，许多人在选择舍得酒的时候，满足的不仅是口舌之快，得到的还是一种心灵净化。许多人一边畅饮一边用自己的方式阐释对"舍得"二字各自不同的理解，成为人们经常能够见到的景象，充分体现了舍得文化的魅力。

三、传奇，从舍得开始

刚起步时，当时的沱牌舍得是没太多"资本"用来专攻舍得的。

一方面是经营压力。位居行业前列的产能造就了沱牌舍得的规模优势，也支撑和加固了沱牌舍得在低端白酒市场的地位，但在白酒消费税从价从量复合计税政策的持续影响下，低端白酒亏损，而产能优势也变成了一个包袱。短期内，企业可以通过调整产品结构、内部降耗挖潜等调整来改善经营，但过去的经营模式积重难返，很难一下子调整过来。年报显示，2002年沱牌虽然付出诸多努力，但主营业务的净利润只有1000多万元，比上年减少66.80%。

一方面是高端品牌推广资源的欠缺。当时陷入困境中的沱牌舍得，用来运作舍得的资金并不充足。更重要的是，高端白酒的消费人群与低端白酒不一样，在中低端白酒市场耕耘已久的沱牌，其渠道、销售团队、销售经验等资源很难给舍得共享。

这些因素合在一起，体现了沱牌舍得运营舍得的难度。但是，几十年来沱牌的中高档优质酒销量非常少，经过多年积累，其中高档优质原酒储量超过5万吨，远超过国内同等规模、同质量等级产品几千吨的储量。

于是，依托老沱牌的优质原酒优势，舍得酒从一开始低调试水、稳扎稳打，到后来厚积薄发，酿就传奇。

（一）生态酿造：为产品优质筑起安全屏障

凡是到沱牌舍得生态酿酒工业园参观过的游客，无不感叹这里优美的环境。游客们都说这里不像工厂，更像座美丽的花园。

俗话说，好山好水出好酒，可见环境对酿酒有着至关重要的作用。为了提高酒的品质，早在20世纪80年代，沱牌舍得就提出了生态化经营的理念，致力于环境的保护与改造。2001年率先在同行业创建了全国第一家生态酿酒工业园。

公司董事长李家顺曾在多个场合说道："我担心中国将来面临的最大问题，是食品安全和生态恶化的问题。沱牌舍得作为一家食品饮料生产企业，绝对不能急功

绿荫环绕的沱牌舍得生态园

　　20 世纪 90 年代初，沱牌舍得公司高层考察丹麦卡伦堡生态园后，制定了适宜酿酒生产经营的生态园区建设规划。经过十余年的努力，投入 6 亿多元，建成占地 5.6 平方公里的沱牌舍得生态酿酒工业园，园区生态环境和美化优于欧美一些著名工业园。园中光银杏、楠木、香樟等就有 5 万多株，四季鸟语花香，4 万吨曲酒酿造园为万株良木环绕覆盖，空气清新芳香。当之无愧为世界上最佳酿酒生态园。根据环保部门 2003 年检测，沱牌舍得园区空气质量由过去的 Ⅱ 级上升为 Ⅰ 级，水质大大提高，为酿造高品质饮品创造了一流的生态小环境。这里的环境有益于酿酒微生物特别是有抗癌作用的阿魏酸等的生成。2001 年 3 月，沱牌舍得生态酿酒工业园被正式确认为中国第一个生态酿酒工业园，并纳入国家级"星火计划"，作为示范项目在全国同行中广泛推广。2001 年，沱牌舍得公司顺利通过中国质量认证中心（CQC）现场审核认证，取得 ISO14001 环境管理体系证书。

近利，一定要走新型工业化的循环经济道路，引领生态绿色酿酒，打造成为中国食品安全的标杆企业。"

　　这不仅是公司董事长的想法，更是沱牌舍得人的行动指南。为了确保产品安全和品质，沱牌舍得建立起一系列的配套设施，从"产前、产中、产后"各个环节加强对产品质量安全的控制：

1. 产前：从源头入手，实现全过程绿色卫生

　　首先是酿酒原料的选择上，公司在东北和内蒙古的优质粮食基地，选购粮食，并对粮食提出了苛刻的质量安全要求，保证进厂粮食的农药残留量最低。

　　其次是酿酒原料的保存上，为杜绝传统贮粮过程中添加杀虫剂、鼠药等造成的二次污染，沱牌舍得投资 1.5 亿元人民币从美国引进行业唯一的 10 万吨自动化金属粮仓，该系统自动除杂、烘干、控温控湿。公司还从瑞士引进目前世界上先进的低温储粮技术，降低粮食的呼吸损耗，使粮食长期处于低温休眠状态，不生虫、不霉变、营养成分不流失。

　　再是在酿造用水上。"水如酒之血"，水对人体和酒有极其重要的作用。沱牌舍得酿造用水来自距生态园区 8 公里外无污染的沱泉，通过从美国引进的先进水处

10万吨自动化金属粮仓

别具一格的高位水库

案例组调研纯净水处理车间

理系统，经反复过滤、活性炭处理、软化处理后，再经两级反渗透过滤装置处理，有效去除水中有害物质，再利用物理能量将其改变为小分子团水。小分子活性水具有溶解力强、扩散力大、代谢力强、渗透力快的特点，能很好地促进生物的新陈代谢，有活化细胞的作用，对酿酒、对人体都有很好的作用。

2. 产中：通过技改确保酿酒环节的"绿色"

传统酿酒用柴、煤烧锅蒸糟，烟熏火燎，乌烟瘴气，供热不均，自然影响酒质。沱牌舍得淘汰了大锅小灶蒸糟的落后工艺，采用国内领先的热电联产环保节能项目，将电厂蒸汽通过管道输送到车间酿酒，引进行业领先的反渗透加电去离子处理技术（出水硬度接近为零，污水零排放），为酿酒生产提供安全优质的汽源，引进环保节能循环硫化床锅炉，使其炉内脱硫，热风回收，除尘效率达到97%以上。

另外，公司采用人工智能优化、优质安全生态维护、近红外光谱等高新技术保证产品高品质，并依靠科技改造传统酿酒工艺，使优质酒出酒率更高、更卫生、更安全、更生态。应用生物工程技术，对有益酿酒的微生物菌种加以培育，并抑制有害微生物的生长，有效祛除酒体有害成分，提高饮品的品质和安全可靠性。

3. 产后：在灌装、储存中同样生态化

沱牌舍得公司有国内白酒行业储存能力最大的生态酒库，总储量近 30 万吨，容器不仅选用安全无害的不锈钢容器，更多的使用优质的江苏宜兴的陶坛使酒可以在坛内自由呼吸。库内墙壁用环保防霉涂料，避免了青霉菌、黑霉菌和其他有害杂菌的滋生。并且建立了质量安全跟踪信息体系，每一瓶酒都能追溯到窖池。

在产后环节中，沱牌舍得还进行有效的"三废"治理和资源型废物利用，实现酿酒产业低消耗、无污染的全程生态化。

而为了保障食品容器安全，沱牌舍得还引进设计国际领先的生态环保玻瓶生产技术，使同一批次容器容量误差 ±1.5ml（国家标准 ±10 ml），料重 ±4g（国家

沱牌舍得公司储酒库里的陶坛阵

众所周知，陶坛储酒是中国白酒的悠久传统。早在距今一千多年的隋唐，射洪地区酿酒业发达，酿出的美酒味甜、香浓、色绿，人们将其储藏于陶瓮中，经年日久，寒香醇美，色绿而清，被称之为"春酒"。

陶坛经过高温烧结后，形成大小不一的孔隙网状结构，用之储藏陈年基酒，

具有过气不过液的特点，酒可以在坛内自由呼吸，因此被誉为"会呼吸的陶坛"。陶坛还能够有效吸附异杂味物质，促进酒体中醇醛等的氧化，提高酒体的老熟速度和质量。通过陶坛储藏，自然老熟的白酒，口感更醇和，品质更陈香。宜兴陶坛因其储酒性能优异，被公认为最佳的白酒陈酿设备。

目前，沱牌舍得总储酒量近30万吨，已拥有各种型号陶坛近20万个，是全国白酒行业最大的储酒基地之一。位于沱牌舍得酿酒生态园中的"世纪酒库"，储藏最为上乘的陈年基酒，其面积92340平米，储酒能力可达110000吨。丰富的植被，冬暖夏凉的小气候，清新湿润的空气，常年20℃的恒温，78%的湿度，令其达到了生态储酒的最佳标准。

标准±10g），规格尺寸精度高、能耗低，不含砷、汞。所有酿造用辅料，都必须经过严格检验，达不到卫生和生态指标的决不让其进入生产流程。

沱牌舍得就是通过以上措施从源头上保证产品的卫生安全。国务院参事、全国政协委员、中国科学院可持续发展战略研究组组长兼首席科学家牛文元在参观沱牌舍得后，给予了高度评价，他说："沱牌舍得系列酒是真正的生态酿造，绿色品质。能酿造出这么好的酒与生态环境和公司不懈的坚持分不开。"

（二）营销转型：新模式开启销售大局面

有品质作保障，有文化做助推，舍得酒逐渐打开了市场，然而，其发展却并不像想象中迅速。在一些白酒企业很快做到100亿规模的时候，沱牌舍得还长期在10亿徘徊。沱牌人总结分析后，发现问题出在营销上——企业自2000年至2009年营销部门的员工数几乎没有变化，而且远少于同行；生产人员与销售人员比例不协调，急需调整。于是2010年，沱牌舍得提出营销战略转型，尝试新的营销模式。

相应的营销策略调整，重点包括：第一、全方位开发舍得酒市场；第二、继续巩固中端、低端酒市场；第三、实施"三位一体"的市场运作模式，即企业、合作伙伴、品牌推广公司共同运作市场；第四、市场开发下沉，从过去的省级代理、市级代理，下沉到县级代理，以县为中心，多品牌多客户全方位精耕细作；第五、重点市场进行重点运作，集中人力、物力、财力，各个击破；第六、加大营销指挥力量和功能，营销公司新设事业部制；第七、加强销售队伍建设。

具体而言，面对以往品牌过多、过散的问题，沱牌舍得梳理了现有品牌，通过实施舍得、沱牌双品牌战略，公司确立了酱香天子呼、吞之乎两大品牌线，浓香舍得、沱牌曲酒、陶醉三大品牌线的格局，从而使公司产品结构调整进入到一个全新的阶段。产品也实现了高端、中端、低端全渠道覆盖。高端品牌有天子呼、吞之乎、舍得酒，中高端品牌有沱牌曲酒、沱牌特曲、陶醉酒、百年沱牌，低端产品有头曲、

沱牌舍得产品系列

大曲、沱牌酒，产品系列根据市场需求同步发展，不同的人群匹配不同的产品，进一步扩大消费空间和消费量。

在推进深度分销模式中，渠道也进一步下沉，即将舍得的市场做到地级和县级城市，以避开与那些以省级市场为单位进行招商的高端白酒品牌的直接竞争，并体现出舍得的市场优势。

沱牌舍得的整个营销组织架构经过调整，分设了舍得事业部、沱牌事业部和大师工坊事业部，分别负责舍得系列酒的销售、沱牌系列酒的销售、高端定制酒销售和大师工坊专卖店系统的建设。事业部既是受公司控制的利润中心，又是产品责任单位或市场责任单位。这种组织结构形式最突出的特点是"集中决策、分散经营"，即公司集团决策，事业部独立经营。

设立事业部运作是沱牌舍得营销战略转型的重要举措，目的是加强其对不同系列酒销售的统一策划及指挥职能，加强对销售区相关工作的检查及考核能力。以高效、快速、科学的运作机制适应不同品牌、不同价位段产品瞬息万变的市场需求，全面提高产品的经营能力和服务水平。

以上变化，离不了人力资源的支撑。所以沱牌舍得一方面从大专院校招聘毕业生，同时外聘高端营销人才，另一方面在完善考核办法，从过去比较笼统的、广泛的考核过渡到每位销售员的实际效果考核。

以舍得品牌为基点，以营销策略调整为框架，通过加大广告投入，借助舍得品牌的明星效应，带动沱牌舍得全系列酒的整体销售，这也是舍得传奇的进一步延伸。

（三）聚焦央视：带动品牌群整体提升

广告是企业向消费者承诺的一种很重要的方式。近几年来，酒行业特别是白酒企业广告投放量不断加大的现象，这是行业快速发展、竞争激烈的表现。只有不断提高产品质量，扶植优质品牌，提高行业的集中度，优胜劣汰，才能真正维护消费者的利益，并保持行业的持续健康稳定发展。

沱牌舍得是最早在电视上打广告的酒类产品之一，那首"悠悠岁月久、滴滴沱牌情"曾经让亿万观众耳熟能详。央视作为白酒品牌"兵家必争"的高地，沱牌舍得酒业始终坚持与央视进行战略合作，通过舍得高端品牌形象的塑造，带动沱牌曲酒及其系列产品的发展和提升。

2013年，舍得酒的广告投放全面覆盖中央电视台CCTV-1、CCTV-3、CCTV-4、CCTV-7、CCTV-音乐、CCTV-高清、CCTV-英语、CCTV-法语、CCTV-阿拉伯语、CCTV-俄语频道。在这些频道中，公司不仅精心选择受众多、节目质量好、播出时段佳的栏目进行合作，更重要的是选择那些与"舍得文化"的气质相匹配的载体进行投放。例如《黄金档剧场》《晚间新闻》《电影盛典》《军事报道》《军事纪实》《和平年代》《寰宇视野》《人文地理》《探索发现》《百家讲坛》《环球视野》，偏向男性观众，偏向成熟观众，偏向高端观众，偏向文化品位，这使得广告与节目之间出现了一种良性的化学反应……

　　从策略上考虑，舍得酒并不是一股劲地进行广告"轰炸"，而是强调文火慢炖的广告效应。舍得酒的投放策略似乎与"智慧人生、品味舍得"的品牌定位有着内在一致，投放时段更是力图锁定舍得酒消费人群收视高峰时段及喜好栏目精准投放，重点合作栏目的广告播出时间大多与商界、政界高端人士的收视习惯相互吻合。

"智慧人生，品味舍得"电视广告截图

除了广告投放，沱牌舍得还在央视选择了一些与自己定位相呼应的赞助活动。2012年12月31日20时，由沱牌舍得酒业全程独家冠名直播的"启航2013——中央电视台元旦跨年晚会"在北京国家体育馆华美上演，四个多小时的盛典通过央视多个频道和中国网络电视台等面向全球直播，借助闪耀的明星、华丽的声音、震撼的现场，最激情的跨年、盛大的迎新和美好的祝福，"舍得"品牌借力发力，居高临远，收到了性价比很高的效果。

沱牌舍得全程独家冠名"央视跨年晚会"广告截图

在"舍得"的推广战役中，2013央视春晚更是一次重磅出击。借助春节期间多频道、多纬度、多方位互动加冠名的大规模高信息量视觉冲击，企业实力与高端品位得到更多观众认可。

央视春晚前拜年、冠名《厨王争霸》

（四）立体传播：传美誉，聚人气

如今，为了能更精准地投放目标消费群，沱牌舍得也不断调整传播方案。电视广告方面，"智慧人生，品味舍得"借助央视平台已传遍千家万户。同时加大重点城市黄金地段LED广告投入；选择性投放部分航空、高铁流动载体的广告；配合报纸杂志、软文宣传；加大目标市场户外大版、门头店招、终端售点落地广告宣传的投入；同时与渠道建设、营销活动跟进相结合，实现与品牌宣传、销售提升的互动，提升"沱牌"和"舍得"的品牌价值。

沱牌舍得在移动多媒体、网络媒体上也加大了投入。从2011年开始，沱牌舍得着力微博营销，成为白酒行业中首个涉足微时代探索的企业，如通过"微博说舍得""舍得V聚会"等微博积聚人气、实施品牌落地，在白酒行业塑化剂风波时通过微视频"沱牌舍得style"等形式向外界展示企业的绿色酿造环境，从侧面为企业的产品品质增加正能量。

在沱牌舍得的新媒体整合传播体系中，企业的副董事长李家民的微博就是其中的一种人格化探索。至今粉丝超过13万的李家民，已经成为沱牌舍得符号体系中的组成部分。李家民当选中国酿酒大师的时候，在微博上很多粉丝向他祝贺，他当即决定提供自己亲自挑选的100瓶酒感谢全国粉丝。此后，他用了两个月选酒、调酒，并全程向粉丝微博直播。他也非常乐意参加一些线下的活动，现场就会签名赠送粉丝几瓶酒。其中一个网友"下来就买了10件舍得酒，然后逢人就说我就喝这个酒"。在互联网上借助人格化的魅力进行产品营销，为舍得带来了一种亲切感。

作为"中国第一文化酒"的典范，沱牌舍得也通过赞助社会活动持续深化舍得品牌的文化内涵和影响力。如赞助"第25届中国戏曲梅花奖（南片）"来弘扬国粹文化，赞助"2011驻华外交官乒乓球大赛"通过外交舞台传扬美酒文化。2012

沱牌舍得的美酒style

年3月,在一年一度的天坛祭天仪式上荣耀亮相后,舍得酒又被指定为未来3年内"天坛祭天唯一指定用酒"。之后又在北京、射洪两地分别举行了"天坛祭天文化活动主题研讨会""天地人和论道舍得"等多场主题研讨活动。这些事件不仅吸引了媒体报道,更重要的是为沱牌舍得带来人文儒雅之气。

舍得酒天坛户外广告

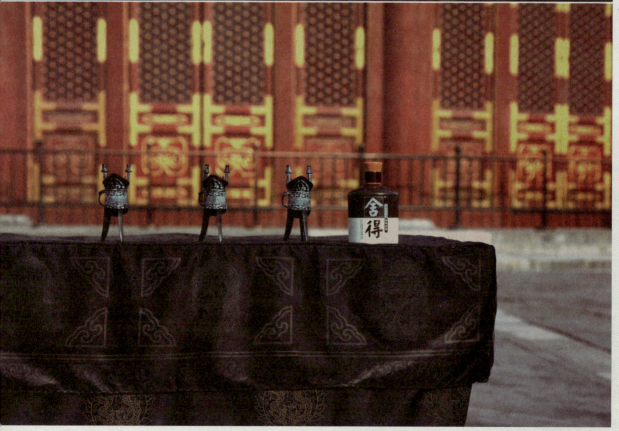

舍得酒天坛祭天

文化国酒 祈福天下

沱牌舍得·天子呼
天坛祭天唯一指定用酒

是一种仪式，更是一脉绵延的精神传承；是一瓶美酒，更是一个民族的文化符号；
公元2012年，舍得·天子呼被指定为天坛祭天大典唯一用酒，
以中华千年酒礼，祈福天地人和；以舍得大爱精神，祈愿国泰民安。
舍得——千年传承，文化国酒，缔造中国"文化符号"，复兴一个民族的精神传统。

沱牌舍得酒业

四、在行业调整中提速突破

近两年以来,中国白酒行业发生的事情比较多,如控制"三公"消费、酒驾入刑、塑化剂事件等等,由此给行业发展带来的影响,让外界很多人认为"酒行业的周期性拐点已经确立"。但实际上,任何一个行业在经历一定时期高速增长周期后都会出现一个拐点,受经济、政治、文化影响带来周期性拐点是正常的,这也是行业优胜劣汰的最好机会。

白酒行业在连续多年高速增长之后,行业的增速放缓已经是一个现实,目前行业里边出现了一些产能过剩、库存积压、市场无序、同质化竞争等的现象,其实增速放缓、行业调整也是产业自身的需要。其中的调整,需要产品的价值回归——从以数量为主转型为以质量为主、安全为本;从高端消费转向面对公众的群体消费,丰富百姓的消费层次。

而一直坚持"生态酿造"理念和做法的沱牌舍得,无疑正好契合当前行业的转型需求。

(一)这边"风景"独好

面对当前高端白酒市场的去泡沫化,沱牌舍得人有自己的声音:

董事长李家顺说:"健康型生态白酒是市场永远的追求。"

副董事长李家民说:"限制'三公'消费政策打击了公款吃喝,会激长民间消费市场,中低端白酒崛起的机会。"

营销公司副总经理朱应才说:"舍得走的是商务层面,限'三公'消费,这一政策对公司的影响较小,因为舍得现在有很多的空白市场待开发。"

沱牌舍得更多的是针对商务群体和老百姓,是实实在在地做市场,做文化。中国白酒市场在经历10年高速增长后,需要冷静地面对过度扩张所面临的危机,只有这样,中国白酒品牌才能真正建立起来。

总而言之,正如副董事长李家民在接受采访时说的:"10多年前,五毛钱的白酒从量税打击了沱牌;10多年后,限制'三公'消费正是沱牌舍得的机会。"

(二)以价值应万变

近年来,沱牌舍得紧紧围绕品牌进行价值营销、生态营销、文化营销,不管行业如何调整，沱牌舍得始终坚持以品牌价值为核心，以不变应万变。

在产品结构调整后，沱牌舍得以价值为导向的品牌战略更明确：将天子呼、吞之乎酱香系列打造为形象高贵、文化丰富、品质卓越的酱香超高端新贵；将"舍得"酒打造为中国高端文化酒第一品牌；将中国名酒"沱牌曲酒"培育为全国性品牌和中高端产品价值典范，并带动中端、中低端沱牌系列产品畅销全国，努力实现"沱牌"和"舍得"双品牌的强势崛起。

"沱牌舍得酒业"这一企业品牌的整合，优势互补，迎来了一个历史性的发展时刻。2012年6月，世界品牌实验室在北京公布了2012年（第九届）《中国500最具价值品牌》排行榜，沱牌位居品牌榜第108位；舍得位居品牌榜第297位。两个品牌总价值位居白酒行业第4位。

进入2013年，"提速、突破、跨越"，这三个词更是成为沱牌舍得营销战略本年度的关键词。沱牌舍得集团副总经理、营销公司总经理张萃富认为，随着公司加大在央视上的品牌战略投入，打造中国白酒金三角等系列战略举动，营销公司有理由、有能力、有信心在2013年携手全国近千家经销商实现新的跨越！

（三）酒业新生

白酒是世界蒸馏酒中独具一格的酒类，经过长达几千年的发展，已经成为中华民族、中国文化的经典。除了古法酿制外，中国白酒的香气也颇为丰富和多元，关于饮酒的典故更是纵横古今，每个品牌几乎都有一条可以传颂千百年的文化脉络，在世界上也独树一帜。

白酒也是我国唯一一个具有高端品牌及自主定价权的行业。但这一具有中华文化特色的产业近年来被一些机构误导，我们注意到从2012年11月开始针对白酒行业的负面新闻一波未平，一波又起，恐怕与一些机构的做空有很大关系。近来还有些媒体将白酒与公共消费挂钩，给行业扣帽子。

但我们可以看到，如威士忌洋酒、LV包、瑞士名表、奔驰名车等价格很高，生产成本很低，市场需求量很大，却没有人说其"价格高"。因此，理性消费并不意味着排斥高端产品，而是要引导消费者去认知高端白酒的真正价值所在，根据自身实际需求，理性选购高品质、高品位的白酒产品。

但是，我们也看到，随着我国居民消费水平的提升，海外各类洋酒品牌进入中国市场的欲望日益增强。以马爹利、轩尼诗、人头马、芝华士、尊尼获加等为代表的洋酒品牌不断加大在中国市场的推广力度，包括加大广告的投放量，争夺传统白酒的市场份额。而中国优秀的白酒品牌在国外却很少为消费者认知，更无从谈起占有世界酒市场这一巨大的金矿多少份额。

从产业发展来看，目前白酒品牌过多。据中国酿酒工业协会白酒分会统计数据显示，目前全国1.8万家（其中获证企业8848家）白酒生产企业中，规模以上企业（国有企业及年销售额超过2000万元的企业）每年仅为1200家左右，占6.67%；而规模以上企业中，前50位企业的各项数据占行业比重为：产量占70%、销售收入占

案例组走访沱牌舍得

80%、税金占 90%、利润占 99%。由于白酒行业门槛较低，"散、小、乱"局面未能得到根本改变，严重影响了行业的整体架构形象。而目前啤酒行业大品牌通过整合只有燕京、雪花、青岛和百威等四家，家电行业大品牌也只有美的、格力、海尔等三家。因此，白酒行业需要整合，要抬高门槛。

在目前中国的食品市场上，无论是碳酸饮料、啤酒还是方便面，基本上都是由外资控股的企业占据主导，只有白酒企业还是我们自己的自主品牌。因此，白酒这个我国唯一一个具有高端品牌及自主定价权的行业，一方面要通过行业整合，提升企业的品牌塑造能力和营销水平，巩固在国内已有的市场，维护"国酒"的地位，同时也要走出国门，获取更多在全球的市场份额，更重要的是将中国的传统文化及品牌形象传播出去。

在当前的行业变革与机遇下，沱牌舍得秉承千百年来的深厚文化底蕴，在以价值为导向的品牌战略道路上，将有机会成为白酒业新生中的一个企业典范。

清华大学新闻与传播学院：尹鸿、王笑楠、梁植

《销售与管理》杂志：谢海峰

中央电视台广告经营管理中心：杨斌、曹晓峰、徐婷婷、张超

采访手记

钟灵毓秀的四川是名酒之乡，青山绿水，滋润肥沃，为美酒提供了得天独厚的酿造条件。在众多地方好酒之中，"舍得"从"沱牌"的老树上开出新花，与五粮液、剑南春、泸州老窖等中国名酒一起争奇斗艳，不能不引起人们的好奇。

我们一行在初春之际来到沱牌舍得酒业的所在地，四川靠近重庆边界的射洪县沱牌镇，街道干净整洁，空气中酒味飘香。如同国外许多大学城一样，这可以说就是一个名副其实的酒镇。沱牌舍得是这个镇的核心。全镇的生态、产业、社会都围绕着这个酒企业而规划和展开。远离大城市的秀美环境和古已有之的酿酒传统共同创造了名酒生产的先天条件。

企业的管理者们似乎都不健谈或者不愿意多谈。但是我们从与他们短暂的接触中，感受到"取舍之间，彰显智慧"这句"舍得"广告语的内涵。无论分分合合的双品牌战略，或是舍即是得的品牌内涵；无论是生态酿造的产品标准，或是文化国酒的推广策略，都显示了沱牌舍得人的经营智慧。

或许现在就给舍得酒定义为成功还为时尚早,毕竟无论其品牌价值或是市场业绩都离其既定目标"把舍得全力打造成像茅台、五粮液这样的高端品牌"还有一段距离,但沱牌集团剑走偏锋,以哲学理念注入品牌,运作舍得品牌的独特之处却可圈可点。老树新花,差异定位,以文会酒,杯酒人生,使舍得为白酒文化注入了某些对酒当歌、人生几何的韵味。

从沱牌镇走马观花归来,"品味舍得"四个字,不经意间竟然被铭刻在了记忆中。

沱牌舍得酒业副董事长李家民(左一)与清华大学尹鸿教授合影

尹鸿

博士，清华大学教授，新闻与传播学院常务副院长、影视传播研究中心主任。兼任北京电影家协会副主席，中国电影家协会理论评论委员会主任，中国电视艺术家协会高校委员会副主任，中国传媒经济与管理研究会副会长；中国电视剧导演委员会、编剧委员会指导委员；多届中国电影金鸡奖、华表奖，中国电视剧飞天奖，电视文艺星光奖评委。中央电视台广告部策略顾问。

著有《百年跨越：全球化背景下的中国电影》《当代电影艺术导论》《尹鸿自选集：媒介图景·中国影像》《新中国电影史》《尹鸿影视时评》等。

案例点评

　　以"舍得"新品牌进入高端白酒市场，是沱牌集团非常英明的决定，"沱牌"二字在中低端市场是宝贝，而在高端市场却是负担。然而，启用新品牌仅是一个成功的开始，要在高端白酒激烈的竞争中突围，舍得酒需要想清楚一个问题：消费者选择舍得酒的理由是什么？顾客需要知道舍得酒比其他高端酒好在哪里。

　　买茅台的人大都非富即贵，因而这个品牌代表显赫尊贵；可口可乐是美国最畅销的商品，也是全球最畅销的美国商品，所以它代表美国文化……一个品牌如果定位成功了，它会赢得众多的某类消费者，有可能形成某种社会或文化现象，品牌也就会被赋予某些象征性意义。舍得酒想通过塑造一种有品位、有文化的形象来争夺市场份额，目前舍得酒推出"智慧人生，品位舍得"品牌形象广告，希望通过塑造一个形象来吸引消费者，除此之外，舍得酒还需梳理自己的竞争优势，找到更有效的定位，助力品牌腾飞。

　　跳出"舍得酒"本身反观沱牌舍得集团，或会发现宝藏另在别处，回到消费者心智中，答案是显而易见的。

特劳特（中国）高级分析师
郭禹芊寻

在你身边的太平洋
——中国太平洋保险的品牌蓝海

在大数据、移动和社交媒体、云计算为代表的新科技浪潮冲击下，中国的金融保险业正面临着前所未有的新挑战。企业要获取成功，就离不开两方面的因素：对外，以科技创新满足客户多元化需求，整合渠道与通路，捕捉市场新机；对内，打造整合、灵活、高效的业务运营模式，以客户为先，降低运营成本，提升企业利润空间。以此为背景，越来越多的中国企业进行了价值的创新与自身的转型。

新科技浪潮下，金融业、保险业作为改革的排头兵首当其冲，中国太平洋保险这家"上海牌"保险企业，具有专注、创新、稳健中求突破的海派精神，它也在不断思考，如何寻找突破口，再塑企业核心竞争力？

基于科技创新，中国太平洋保险全面实施以客户需求为导向的战略转型，通过对商业模式和流程的再造，成功走出了以客户价值升级驱动发展的新路径。在这条路上，太平洋保险也完成了从优秀民族品牌到耀眼国际品牌的华丽转身。自2011起，太平洋保险已经连续三年登上美国《财富》世界500强企业，并且排名年年攀升，这是一份荣誉，也是一份对未来的希冀。

过去22年的流金岁月成就了今天的太平洋保险，未来如何站在更高的平台上，以更为广阔、前瞻的视角审视企业的战略运营，谋求更为长远的发展，令品牌永续，这是所有太平洋保险人正在做的努力……

一、专注才是硬道理

2013年7月8日,美国《财富》杂志发布了最新一期世界500强企业榜单,在其中,我们又一次看到了这个熟悉的品牌——中国太平洋保险,从2011年第467位,到2012年第450位,再到今年第429位,每一次进步都是对自我的超越,而每一次超越都是太平洋保险专注的成果。

根深才能叶茂,叶茂才能庇荫广众。太平洋保险自成立以来始终以"诚信天下,稳健一生,追求卓越"为企业核心价值观,践行"做一家负责任的保险公司"的使命,专注于保险主业,用坚持铸就了至深的专业能力,也为其赢得了骄傲和尊严。

(一)保险业的未来思考

近年来中国金融市场一直处在发展的快车道,快速发展的市场提供了众多的机会。保险行业中的一些公司全部或部分地改变企业原有产品的市场定位,将企业现有产品大类延长。这些举措在一定程度上帮助企业通过较短的时间、较低的风险迅速占领市场;但产品延伸所带来的品牌忠诚度降低、品牌产品缺失以及由此引起的成本增加都可能给企业带来潜在威胁。面对这股浪潮,是随波逐流发展综合金融,还是坚持保险主业,发挥核心价值优势?

太平洋保险选择了后者。专注保险主业,并在此基础上扩张保险相关价值链,这是太平洋保险与同业不同的地方。在业务层面,太平洋保险产险、寿险、养老险、健康险以及资产管理全面布局,产寿业务协调均衡发展。

对此,太平洋保险集团总裁霍联宏曾谈到:"太平洋保险在成长过程中,积累了丰富的保险经营管理经验。保险是我们所擅长的,只要能做深做透,那就是最无可替代的价值所在。"

2009年,国内投连险、万能险等投资型产品呈现爆发式增长态势,太平洋保险没有盲目跟风,而是从价值持续增长的思路入手,埋头发展传统型和分红型业务。在这一阶段,太平洋保险的规模保费相对于同业出现下滑,来自市场和舆论的压力骤然加大,给业务经营带来一定的影响。但太平洋保险仍坚持价值持续增长的理念,排除干扰,发展内含价值高的产品。

时间证明,太平洋保险的选择是正确的,坚持走价值持续增长之路,为今后的发展夯实了基础。

对于企业而言，只有把产业做强做大才能真正提高抵御风险的能力。专注核心主业，即是通过集中资源进行优化配置，降低经营成本与风险，从而强化自己的核心竞争力。"心无旁骛专注主业"是太平洋保险以往取得成功的原因，也将更好地支撑公司在新时期继续保持良好的经营状态，实现战略转型。

（二）"海派"精髓

"千万要记得保存好住院期间发生的医疗费用单据原件，收集好目前工作单位的劳动合同和工资证明，来医院复查时的打车费发票也保存好，不要丢了。"2013年3月21日下午，苏州高新区人民医院病房里传出了太平洋保险客户服务人员的叮咛。这其实是太平洋保险为解决车险理赔繁琐问题新推出的一对一"人伤经理人"服务，客户遭遇事故后只要拨打95500电话报案，3分钟内就会收到短信与负责受理理赔的"经理人"对接，24小时内便可接受上门调查，"经理人"还会根据案件情况探视住院客户并适时开展后续跟踪。一对一的服务模式不仅提高了理赔速度，也增进了客户与负责代理人之间的情感纽带，危难时的这份宽慰让人心生温暖。

贴身贴心的服务是太平洋保险对爱的诠释：将最美好的献给最爱的人，为所爱的人创造幸福，体现的是太平洋保险的精致与细腻，展现了上海这座城市所独有的"精致"海派文化。太平洋保险1991年成立于上海，总部在上海，是伴随浦东开发开放而产生的第一家全国性股份制商业保险公司，太平洋保险深谙与人沟通、人性服务的道理，它将精致服务的文化理念延伸到企业活动的各部分，通过多渠道、多方式的客户接触点体验提升，精确细致的满足消费者需求。

海派文化中另一个显著的特点是包容与变通。为了能给客户提供更具实效性的保险保障，太平洋保险自破藩篱，自2005年起与国际SOS救援中心携手，并于2009年正式签订战略合作协议，成为了国内最早与专业救援机构开展合作和最早开展VIP客户海外救援服务的保险公司。在2009年发生的"1·31赴美旅游团车祸"中，太平洋保险在第一时间启动绿色理赔通道，快速赔付遇难游客185万保险理赔金。同时，立即启动急难救助计划，委托国际SOS紧急救援组织，对赴美旅游团车祸伤亡游客实施海外救援，迅速将受伤游客医疗转运回国，同时将受难者遗体转运回上海。事后，一位伤者动情地说：身在异国他乡，还能及时感受到太平洋保险

中国太平洋保险公司总部

的关爱,很感动。这充分说明太平洋保险奉行的包容变通的企业价值,最后很好地转化为人性服务,将人道至上写进了公司的史册。

兼容并包的气度使太平洋保险能够吸收本行业、各层面不同的力量,努力结合自身特点,创造出了许多创新的经营模式;以开放的胸襟展现出强烈的进取意愿,满怀热诚接待所有的客户,积极听取并采纳有助于企业发展的意见,不断提升自身能力,在行业中、在客户间形成良好的开放进取的形象,从而为自身赢得尊严。

(三)品牌永续的秘诀

1995年1月26日,香港"亚太二号"通信卫星升空后突然爆炸,星箭俱损。太平洋保险承保了该卫星的发射及初始轨道运行保险和星箭分离后的第三者责任险,保额分别为1.6亿美元和1亿英镑,这是当时中国保险市场上承保额最大的卫星项目。当时注册资本金只有10亿元人民币的太平洋保险能承担得起如此巨额的赔款吗?面对世人的疑问,太平洋保险坚定地表示,一定要按照保险合同承担责任,以一流的工作效率尽快赔付到位。

为了这个承诺,太平洋保险人度过了一个难忘的春节——他们夜以继日,与大洋彼岸的国际再保险公司、保险经纪人公司保持密切联络。3月28日,太平洋保险向海内外新闻媒体宣布,已将1.6亿美元的赔付款全部划给香港亚太卫星公司。短短的52天创下了国内保险理赔案的"新纪录"。

对于保险业来说,诚信是订立保险合同的基础,是保险公司赖以生存、永续经营的首要条件,也是保险公司品牌管理的核心。做好保险,"诚信"为先。

回顾太平洋保险发展历程,这样的案例举不胜举,稳健始终是太平洋保险的价值基石。从"做一家负责任的保险公司"的庄严承诺,到企业提高风险控管能力乃至各阶段重大决策,稳健是太平洋保险人踏实的处事态度,是太平洋保险对主业和核心价值的坚守。多年来,太平洋保险始终倡导诚实守信的道德准则和价值观念,坚持重合同、守信用;坚持"用心承诺,用爱负责",赢得了广大客户的信赖,树立了良好的品牌形象。

创新则成为太平洋保险稳健发展的重要保障。从成立起太平洋保险就十分重视企业的变革,并通过创新给企业注入生机,增强企业活力,推进企业的变革与发展。特别是2007年和2009年公司先后在沪港两地上市后,太平洋保险更是加大了创新的力度，并取得了显著成果。在未来的发展中，太平洋保险将继续在产品创新、服务创新、管理创新等方面加快步伐，以强占市场先机，提升核心竞争力。

中国太平洋保险沪港两地上市

二、不一样的明天

当人们谈论到保险，总是期待着拥有那份安全与保障，在面对不可预知的未来时，总希望能够怀着坚定信心与积极态度去面对。如同电影给人带来充满希冀、无限追寻的梦想，而保险产业则是提供一个可以期待的明天，一种充满阳光的信念，一种实践于今天的关怀、承诺在明天的保障。

（一）致力于明天的保险事业

太平洋保险致力于这份"明天"的事业，提出"在你身边"的战略，正是对客户昨天、今天、明天这一全生命周期需求的专业关注。对于个人客户，太平洋保险关注人生的每个阶段，了解客户多种需求，帮助个人积极规划美好人生；对企业客户，太平洋保险在企业发展生命周期的各个阶段，提供专业的整体解决方案，提升风险防范及管理能力，为企业的成长保驾护航。明天的保障不停留在简单的承诺上，而是扎根于对主业的专业和负责，对客户的便利和亲和。

1. 拥有明天的美好人生

"接受太平洋保险的承保、理赔服务就像看见'金鱼缸'，清清楚楚、明明白白。"这是一些客户在接受了太平洋保险服务后的朴素表达。对于个体的保险消费者而言，构建拥有明天的美好人生需要落实到清晰的承保流程、简明的理赔程序上。如何满足客户的这些显性需求，实现"可持续价值增长"的发展目标？太平洋保险从梳理服务职能，优化服务流程入手，在提高承保、理赔作业时效的基础上，实施了作业流程透明化项目，通过多种渠道和手段让消费者了解和熟悉承保、理赔的全流程。这不仅方便了客户对于保险产品的选择，更进一步细化和落实了公司有条理、清晰、透明化的办事理念，从而使消费者产生了良好的品牌感知。这些朴素的表达正是客户对太平洋保险产品、价值和品牌的认同和赞许。

承保透明化必须基于业务平台的整合及新技术的运用：一方面，它打破原有分散业务平台之间的壁垒，完整梳理从客户递交投保单到签收保单全流程各关键节点，有效压缩营运基地到终端业务员之间多层级流转的人工物流节点为"直送式电子物流"；另一方面，运用短信、网络等新技术手段，梳理并再造承保流程，将原先封闭的公司内部承保作业全流程向客户公开，为客户提供更具亲和力、界面更友好的

一站式查询平台。真正实现使客户"明明白白投保、顺顺利利承保",持续提升客户体验。

为应对人口老龄化给社会和老年人带来的经济压力,太平洋保险主动参与个人税收递延型养老保险的试点工作,与旗下的长江养老保险股份有限公司合作,打造适合老年人的保险服务;为帮助农村居民获得保险保障,太平洋保险还增设了政策性农业保险险种并协助政府相关部门建设新型农村合作医疗体系,为同行树立起了"江阴模式""晋江模式"等保险服务典范。这些关注客户生命每个阶段的产品和服务,在帮助客户积极规划拥有明天的美好人生时,也建构起属于太平洋保险自己的品牌。

2. 放眼明天的企业发展

作为中国金融中心的上海,为了鼓励金融企业的创新,由政府出资设立了金融创新奖,自该奖项设立以来,太平洋保险已经连续三年有三个项目获得一等奖,另外六个项目获得二等奖和三等奖。其中,在创新社会管理模式方面,太平洋保险尝试引入保险机制参与城市社区管理,在上海开办了社区综合保险业务。在创新城市建设工程质量保险方面,太平洋保险在上海威宁路苏州河桥梁新建工程中开展风险管理全委托试点,这个项目也获得"2010年度上海金融创新成果一等奖"。在创新保险资金运用方面,太平洋保险牵头发行了40亿元"太平洋-上海公共租赁房项目债权投资计划",这是全国保险资金投资保障房建设突破的第一单,有力地支持了上海公租房建设,这一项目获得"2011年度上海金融创新成果一等奖"。在创新社会风险专业化管理方面,太平洋保险开展轨道交通运营安全第三方评估,有效提升了城市安全管理能力,这一项目获得了"2012年度上海金融创新成果一等奖"。

这些创新不仅意味着企业本身的成长,更意味着保险业务创新推进着行业的创新,以及更好地发挥保险行业的经济补偿、资金融通和社会管理职能,加快推进经济发展方式转变和结构调整。这与太平洋保险"做一家负责任的保险公司"的企业使命高度吻合,也真正使太平洋保险成为能够全面满足客户多样化保险需求的综合保险集团,给客户和公司带来双赢。

（二）品牌成就信任

明天美好的同时也具有不确定性，保险作为一种金融服务类产品，其责任在于构建对美好未来的承诺。但这种承诺具有无形性，其价值在不可测的未来才得到兑现。当下，企业销售的是承诺，客户付出的是信任，在这种特殊的交易关系中，清晰量化的利益将引导受众理性思考，而要使受众产生信任还需要品牌力量做推动。根据品牌学原理，感觉是定义品牌的基础，建构一个品牌就是将品牌的感觉实在化。通过塑造品牌、传播品牌，让客户、员工、股东和社会最终产生信任，是现代企业的必由之路。

1. 从意涵提炼到品牌战略转型

2010年，太平洋保险率先在行业内提出以客户需求为导向的战略转型，品牌建设也因此有了新突破。针对"在你身边"这句简单朴素的承诺，太平洋保险梳理提炼出品牌意涵——"对您全生命周期需求的专业关注"，并将品牌特性落实在"专业、便利、亲和"三个关键信息点上。简化了的信息使品牌传播更具规范性和统一性。

伴随企业成长，太平洋保险的品牌也在不断改进发展战略和实施方案。集团整体A股上市前，由于子公司独立经营，太平洋保险分产险和寿险两个品牌来经营。统一上市后，便开始组建专业化的品牌建设部门，共同推行"一个品牌"战略。建设初期，品牌建设部与企业传媒部等部门独立运营。但毕竟品牌不是附着在企业表层的标签，品牌培育、管理和传播都是品牌建设的重要步骤，相互关联、相互驱动。运行一段时间后，太平洋保险就意识到了这一问题，将原先的品牌建设部与企业传媒部进行了合并重组，并与子公司职能部门形成条线化管理体系，内外联手，上下打通，共同建设"一个品牌"。

为增强品牌传播效果，太平洋保险又进一步从语气、语调等形式上对文字语言做了细微调整。例如，过去，企业多用"您"来体现客户的尊敬、稳重、专业，但缺乏亲切感。如今，已经可以看到，企业新阶段的品牌传播采用的都是"你"和"我"的对话式称谓，更契合年轻化消费群体的日常沟通方式，因此，非但不失敬意反而起到拉近企业与客户关系的作用。

此外，太平洋保险还对品牌关键信息做了逻辑性归纳，通过客户访谈研究品牌形象的感知现状，将关键传播信息划分为三个传播等级，通过在不同接触点的进行不同强度的传播，树立品牌形象。同时，根据客户在于品牌沟通的不同阶段需求的

差别，针对微博、电视广告、门店等于客户有着重要接触的渠道进行信息布阵，以达到清晰、集中的品牌传播。

推进实施对外的品牌传播策略自然离不开对内的品牌修炼，太平洋保险为完善品牌平台，参考借鉴了国内外优秀案例，在前人品牌管理模型的基础上逐步搭建起了太平洋保险的品牌平台，包含目标受众定义与洞察、驱动因素、品牌理念、品牌定位、品牌价值观、品牌个性个品牌主张等。全新的 VI 系统联系内外，柔软而富有环抱感的设计借图形、色彩演绎了品牌魅力，激活品牌生命力。

2. 品牌战略引领广告策略

广告作为企业与社会、与客户、与员工沟通的重要的渠道，往往能反映出企业的品牌核心内涵和理念。

在公司的一系列品牌广告中，太平洋保险始终把品牌标志色——海洋蓝作为重要元素加以运用，而作为公司品牌另一个标志性的视觉元素，有一把蓝色雨伞的出镜率极高。太平洋保险通过广告的创意表现，借用"伞"这一具体的符号诠释了"风险无处不在，保险就如同一把伞，陪伴在你身边，在你最需要的时候，为你遮风避雨"的理念。此外，在每一支广告的背景音乐中，都会响起一首熟悉的旋律——"在你身边"，太平洋保险根据每一支广告的创意需求通过不同的方式加以演绎。除了广告以外，这首曲子还在客服电话的背景音乐、员工手机的等待音和铃声、门店及产品说明会现场等各个客户接触点上被充分应用，很多营销人员在拜访客户时发现，提起公司的广告，许多客户都会哼唱起这支旋律。太平洋保险在公司 CI 体系中引入音乐识别系统，这在整个保险行业内都是首创

近年来，太平洋保险的广告始终以"讲故事"的风格，在内容创意上呈现出层层递进的阶段性发展变化。在第一阶段，太平洋保险在广告中充分运用伞、大海、"在你身边"旋律等公司品牌元素，逐渐传播并建立"太平洋保险在你身边"的品牌形象。例如在 2010 年推出的广告《伞递篇》中，一把蓝色的雨伞贯穿全片，每当客户最需要的时候，这把蓝伞就会从画面外递送到客户身边。在第二阶段的广告中，太平洋保险进一步强调品牌广告的情感诉求，用人文关怀和情感交流来阐释"在你身边"的意涵。例如 2011 年的《彩虹篇》中，妈妈与女孩间眼神的交流、老夫妇相扶相伴携手同行、雨过天晴后一家五口灿烂的微笑……。第三阶段的广告加强

了与公司业务的紧密结合,通过公司业务、服务等创新举措的创意呈现,从更深的层次诠释"在你身边"。例如2012年连续推出的两支广告,一支以公司的"3G快速理赔系统"为元素,结合F1赛事特点进行创意,一支则对公司"神行太保"智能移动保险平台等诸多技术创新亮点进行了充分的凸显。

2012年末,太平洋保险围绕品牌转型新目标,首次引入品牌代言人,表面看来,这似乎晚于同行其他品牌,但实际反映的是太平洋保险对待品牌传播的谨慎态度。一直以来,太平洋保险都坚持立足品牌自身发展的生命周期需要,寻觅与品牌形象高度契合的形象代言人。

选择孙杨做代言一方面是因为他在训练中对精准、规范动作的严苛要求与太平洋保险专注的企业文化相契合,都暗含了追求卓越的价值取向。另一方面,1991年,即太平洋保险的诞生之年恰巧也是孙杨出生之年,都是沐浴改革开放新气息的"90后",未来潜力无限、充满希望。再者,太平洋保险的命名给人最直观的品牌联想就是蔚蓝大海,且孙杨之"杨"与太平洋之"洋"谐音相关,多种机缘巧合似乎注定了这一和谐的代言关系。今年春节,太平洋保险首支由孙杨代言的品牌广告在央视春晚播出,为全国人民送上了惊喜与祝福。3月,另一支采用蒙太奇手法拍摄的品牌广告全新亮相,太平洋保险通过对自身品牌的深刻理解和对孙杨的深入挖掘,

中国太平洋保险最新品牌广告《专业坚持篇》

借助这支画面充满表现力的广告,在受众心目中迅速建立起了强烈的品牌联想。作为奥运游泳冠军,夺冠,不仅在于体能,重要的在于每一个游泳动作的精准与流畅,更重要的是日复一日的坚持锻炼。太平洋保险将孙杨每一个标准的游泳动作和公司的标准化服务流程和规范化动作连接起来,并且突出坚持不懈的努力,以此来建立"在太平洋保险专业化能力与效率的背后,是标准的流程、规范的动作、完美的细节,因为坚持,所以卓越"的品牌联想。

(三)平台助力明天

2013年7月8日是我国首个保险公众宣传日,当晚,太平洋保险通过微博与大家重温了那支宣传短片《在你身边》,片中的小女孩杨洋因地震失去了家人,悲痛将她幼小的心灵封锁了起来,幸好身边还有一群关爱她的热心人,他们坚持付出,用爱融化枷锁,点燃希望。与其说太平洋保险是在宣传品牌不如说是它是在传递关爱,而这份情感一直流荡并渗透在太平洋保险对内对外的传播平台中。

传统意义上,我们将顾客狭义地理解为消费者,而广告则是面对这类消费者展示品牌或产品的工具。但从品牌管理者的角度,广义的顾客包括与企业相关的一切利益相关者,基于这一思想,太平洋保险将品牌传播的受众分为投资者、合作者、员工、营销人员、消费者等。面对不同受众,共通的传播目的是为建立并维持良好的品牌形象,不同的是受众各方的利益需求,因此信息关注点也会有差异。

为达到精准高效的传播效果,同时保证各方接收到的品牌形象能够统一,太平洋保险将主流媒体与社会化媒体相结合,从而组建了一套完善的整合传播机制。此外,集团还将企业管理与品牌传播相结合,打通内外,协同各部门配合传播团队,共同维护好"一个品牌"。

1. 央视平台夯实品牌自信

在广告投放中,要根据不同的受众群体采取针对性的投放策略,选择合适的渠道与媒体进行投放。当广告受众符合品牌的目标人群定位,广告产生的效益往往能够获得最大化。

在太平洋保险的品牌提升过程中,中央电视台的平台起到了不可取代的作用。央视广告带来的效应,对公司的广大营销人员及现有客户群体的影响要远远超过对潜在客户的影响力。

从客户角度而言，买保险其实买的是一个信心，买的是未来的梦。某种程度上说，营销人员的信心就是产品的执行者。中央电视台在全国人民心中的权威性，让太平洋保险的营销人员在面对客户咨询、制定风险规划、介绍产品服务的时候充满信心，这就是一种信息的传递。

近几年，太平洋保险与央视的合作逐渐深入。从规模上可以明显看出，从2009年的2个月，到2013年的10个月，太平洋保险在央视的年度广告投放量在不断增加。从央视广告投放的时间选择上也可看出，近几年，太平洋保险更注重广告播出时间与公司业务节奏的关联性，更倾向于选择时长较长的广告资源，广告信息得以更完整地展现，沟通传播效果也更具渗透力。

经过多年合作，双方的合作方式也结合市场和受众需求的改变不断创新。2012年初适逢F1赛事在中国举办，太平洋保险为推广新保险服务——3G快速理赔系统，特别制作了一支融合赛车元素的品牌广告，并选择转播F1赛事的央视5套为传播渠道，结合网络、户外、电台等多种媒体，开展了一系列线上与线下的事件营销活动。事后，这次整合传播也被评选为"中国最佳品牌建设案例奖"，而这支广告也获评"最佳广告片"。利用这些有深度的媒介资源，太平洋保险在央视的媒介影响力下搭建了多维系统化的传播组织，将品牌变为品牌沟通，互动性更强，与受众关系更紧密。

2. 社会化媒体强化品牌黏性

种类繁多的新型社会化媒体为企业开辟了新的品牌传播渠道，及时、便捷而又低成本的互动操作可以拉近企业与受众之间的距离，但也降低了受众取消关注和转换关注对象的门槛限制。因此，建立关系只是企业在社会化媒体中生存的初级目标，与受众维系长久关系才能达到操控媒体的目的，一方面取决于信息传播的方式和态度，另一方面也取决于信息的内容。

近期，太平洋保险主要是通过新浪微博这一网民普及率较高的社会化媒体来发展社会关系网，并虚拟了一位名为"保哥"的掌门人，截至2013年5月，他的粉丝数已经超过27万，其中包括了与企业相关的所有受众类别，为了增强信息的吸引力和可读性，"保哥"几乎很少发布商业性的广告信息，而是与粉丝交流生活感悟、评论时政经济。当然，作为太平洋保险的"发言人"，"保哥"时常也会向粉

丝普及推广保险知识，以专业者的身份成为微博媒介环境中的意见领袖，为了能在140字内交代清楚基本信息，"保哥"还将保险行业的一些专业术语转化成了浅显易懂的常用语以便于粉丝理解。"保哥"的出现让品牌形象变得人性化，信息更具生动性，沟通更具亲近感。

在2013年4月20日的雅安地震中，"保哥"临危受命，担负起了宣传太平洋保险应急保险服务的责任。震后不到1小时就发布第一条信息：告知受灾群众太平洋保险已经启动客户排查和必要的救援工作，并提供电话报案和咨询服务。半小时后，又发布第二条微博：告知太平洋保险已经启动应急预案，并已开通绿色理赔通道。10:29分，"保哥"发布了太平洋保险此次地震理赔绿色通道的6项具体内容。下午14:57，又一条令人倍感温暖的信息发布了："太平洋保险在为雅安地震灾区开通理赔绿色通道、提供紧急救援的同时，决定为赴震区采访的每位前方记者提供一份保险保障，其中意外身故保额为50万元，医疗保额2万元。"这条微博背后实际凝聚了太平洋保险上下全员的共同努力。事后太平洋保险的一位负责人说："地震后不久我们就接到几位记者的需求，我们立刻意识到，那么多冒着生命危险赶赴受灾地区的记者们，需要得到保护，而我们一定可以为他们做些什么。"值得注意的是，有了这个想法之后，太平洋保险不是轻易地在微博或其他媒体上放出承诺，而是首先抓紧联系业务部门，沟通商榷投保流程，待一切确定无误后才做出表态。

急人所急不难，但要真正做到解人所忧并不是一句诺言就能实现。即便微博只是一个相对比较随性的互动沟通空间，不具有强制的法律效应，太平洋保险在传播信息时还是坚持以稳健为本，不盲目追求信息的轰动效应。

3. 接触点管理释放品牌张力

"保险是传递关爱的事业，在工作中我们学会了担当与感恩，也懂得了什么是责任"，太平洋保险员工们在公司品牌电影短片《在你身边》中发出了掷地有声的承诺，也让我们看到了一个专业保险公司的深厚实力。

品牌形象是企业实力的外化，只有做实做强品牌才能让品牌传播有底气。谙熟品牌建设之道的太平洋保险在品牌传播的过程中抓住保险行业特质，以企业员工为品牌关键接触点，特别关注的是那些在一线服务客户的营销员，因为，他们的一言一行直接关系到保险的销售，且服务过程中的一举一动还会影响客户对品牌形象的感知。

中国太平洋保险品牌电影短片《在你身边》

  具体实施的过程中，太平洋保险策划开展了一系列常态化的"员工行为品牌化"的培训与宣传活动。首先，企业通过制作、发放《员工行为手册》，推广企业文化，转变员工思维模式，从观念上增强他们对品牌的认可度。其次，太平洋保险还组织专业讲师队伍，搭建教育培训课程体系框架，分期分批对员工进行业务培训，将感性的品牌理念转化为具体实施过程中的品牌化行为。2012年，太平洋保险举办了首届青年员工"五小"创新成果评选活动，动员全体员工设计构想提升客户体验的"微创新"，活动中许多优秀的创意都来自一线员工，他们将平时与客户接触过程中观察、了解到的客户需求做了整理和反馈，并提出了自己的解决方案，经公司内部进一步完善后就成了可实施的服务修正举措，如"出单系统加设电子签收功能"等都是活动中涌现出的优秀项目。这种创新征集方式既能激发员工智慧，增强企业内部凝聚力，又能促使员工在平时更细心地服务顾客，对内、对外都有助于提升品牌形象。

  员工是品牌传播过程中最具能动性的节点。对内传播，员工是品牌信息的接受者，对外传播，员工则成为品牌信息的传播者，角色的改变使得话语权发生转化，先前接受培育阶段所收到的信息会传导到后一阶段，在与客户交流沟通中流露出来。太平洋保险对内传播从普及、渗透价值观念做起，即将品牌意识根植于员工内心，由此展现的品牌化行为是习惯成自然的，使信息转换过程中发生失真的偶然性概率降低，也使服务更具真诚的体验感。

三、你身边的正能量

在企业经历了最初的创业发展，进入了良性增长的时期，往往会在思想觉悟和精神修养上进行提升，以达到进一步促进企业的发展的目的，这就是一个成熟企业追求的境界。进入世界500强的太平洋保险，将"在你身边"这一朴素的表达设定为企业战略，自信的彰显了企业诚信稳健、追求卓越的精神境界。

（一）服务在你身边

在太平洋保险全面实施"以客户需求为导向"战略转型的同时，保监会也对整个保险行业提出了新的监管思路——"抓服务、严监管、防风险、促发展"，要求以治理车险"理赔难"和寿险"销售误导"两个主要问题为重点工作。在内、外驱动力的共同作用下，太平洋保险着力改善服务质量、提高理赔能力，从而让客户体验到专业、便捷与亲和的保险服务。得益于数字化科学技术的推动，业务运作更高效，突破了传统人工模式中不可避免的瓶颈限制。除了整个社会以及行业都在利用的新技术外，太平洋保险也创新开发出了一些独具特色的保险服务。

1. 移动中保险相随

近几年，智能手机、平板电脑等移动终端设备的普及改变了人们的网络接触习惯，使互联网呈现出较明显的移动化趋势，随机产生的是受众强烈的媒体依存感，引发生活习惯和消费方式的改变。身处移动浪潮，2011年，太平洋保险打造了一款基于平板电脑、3G网络、第三方支付以及保险智能引擎等新技术的"神行太保"智能移动保险平台，为客户提供"量身定制"的最优选的保障方案。要支撑这样一个智能化平台必须依靠强大数据处理系统，据了解，为开发"神行太保"，太平洋保险对数据库中200多万张典型客户样本进行了细致的分析，归纳需求特点，最终才建立起了这样一套服务模型。平台的建立也能更充分地发挥大数据资源优势，内部客户资源流通可方便企业开展"精确营销"，提升整个营销队伍的综合实力。

经过一整年的试点推广应用，至2012年年底，"神行太保"已经覆盖太平洋保险38家寿险分公司的所有分支机构，累计用户超过21.5万人，累计客户数量超过113.84万人，保障额度达133亿元。这也坚定了企业继续推行智能平台的信

中国太平洋保险品牌广告中，客户在体验"神行太保"

中国太平洋保险品牌广告中，理赔人员正为客户提供"3G快速理赔"服务

念，据了解，"神行太保"在太平洋保险寿险天津和四川分公司的占比已经超过99.5%。

除此之外，太平洋保险孕育的另一创新服务——3G快速理赔系统，也从2012年起得到了全面推广。服务结合3G移动视频新科技，与车险理赔系统对接运用，可以起到简化理赔流程，缩短查勘定损时间的作用。

抓住保监会提出的车险"理赔难"问题，太平洋保险从自身企业服务和行业问题入手，寻找与客户之间的矛盾，发现"时效慢、手续繁、感受差"等主要问题后，研发出了这套"同一平台、多种模式"的快速理赔系统。通过开发车险理赔实时监控系统，聚焦关键环节的时效要求，强化过程管理，有效缩短了理赔周期。

2. 一站式保险服务

电子商务的发展也为太平洋保险开辟了一条新的销售渠道。2012年8月22日，太平洋保险在线商城正式上线开业。自此，太平洋保险构建起了集电话、网络及移动终端"三位一体"的"全方位客户沟通平台"。对客户来说，网络销售虽然提高了购物的便捷性和选购的自由度，但毕竟保险是一项高度卷入的产品，要求客户必须具备一定的保险专业背景知识才能做出合理的购买决策。在线销售少了营销员面对面的沟通交流，面对冰冷的电子屏幕，仅仅是文字形式的保险产品展示和视频形式的广告不可避免地还是会让客户产生困惑。

为解决这一矛盾，新上线的电子商场中还引入WebChat（在线客服）技术，为每一位资讯的客户提供"私人助理"般的贴心引导，这项服务贯穿于整个在线咨询、网上投保、支付、理赔查询等全流程。在技术的帮助下，客服可以高效地反馈信息，从而增进了双方沟通的舒畅性。传统实体门店只能为客户提供朝九晚五的服务，其中大段时间都与客户的工作时间相冲突，而新的在线服务让客服24小时在你身边，为你答疑解惑。

科学技术让"在你身边"有了新的专业高度，但"标准的流程，规范的动作，完美的细节"仍然需要每一个接触点上的员工来执行，是技术与太平洋保险员工的结合将电子商城的便利性充分发挥出来。

（二）责任在你身边

诚信可以说是所有企业在经营时必须遵守的立身法则，对保险行业来说，诚信更是立业之本，因为，从某种程度上说保险公司所销售的就是承诺，客户付出的则是信任。许多消费者之所以不愿意购买保险就是因为担心今日付出的这份信任在未来得不到保障。

太平洋保险提出"在你身边"是一种长期的伴随关系，太平洋保险提出这样的主张是将企业对客户的责任常态化，不仅仅是在危险发生后能做到及时提供保险服务,还意味着企业会一直在背后陪伴着客户,默默地给予他们保险保障,这已经超出了保险行业对诚信的普遍标准。

前不久,太平洋保险寿险湖北分公司就开展了一次"寻找3000万保险金主人"活动。在在为期5个月的"寻亲"活动中,共办理给付案近2.8万件,为老客户办理领取给付金额3500多万元。

活动起因于2012年10月,分公司的数据显示有3.1万件满期金保单未领取,合计金额3141万元。这笔开支对于一个世界500强集团来说,或许并不是大数目,但对于一家守信用的保险公司来说,太平洋保险将它看作客户责任的寄托。为了找回"信心的主人",太平洋保险发起了这次寻找保险金主人的活动,在武汉市内,共组织了180人的"寻亲"服务团队。

"寻亲"之路并不如想象中那么顺畅,虽然数据库内仍然保存着老客户的信息。但由于长期没有更新,许多员工在"寻亲"过程中就发现原先客户留下的电话已经打不通,原住址也找不到人,没有联系客户的线索成为他们面临的最大问题。但是,企业诚信、负责的精神驱使他们不能放弃。为了找回那些失散的老客户,太平洋保险还在省内最大的报纸上刊登相关广告,几近周折,他们终于完成了任务。许多客户收到保险金时,都十分惊讶,客户刘先生在接到太平洋保险员工上门送上的保金时就说道:"我搬家几年了,真没想到太平洋保险的人还能找到我!"诚信服务赢得了客户的好感和信赖,刘先生此后还为自己的孙子投了保。

另外,许多年轻员工在"寻亲"过程中还遇到了语言障碍。因为,许多老客户都上了年纪,说话带有很浓的方言口音。员工听不懂他们的话,他们也不理解员工所用的专业术语,沟通不了自然无法建立信任,一些"寻亲"者还因此遭遇了闭门羹。意识到这个问题后,公司在不到活动开始不到一个月的时间就组织了专属服务团队对老产品进行学习和拜访话术训练。在上门拜访老客户时,员工细心地帮助老客户检视保单,耐心地为他们介绍保险服务,让他们了解自己的保单权益、并协助他们办理满期金领取手续、确认保单信息、变更个人资料等手续。

(三)关爱在你身边

客户的信任是保险行业发展的最大动力,而信任的来源是责任的兑现。作为一家"负责任的保险公司",太平洋保险除了对客户负责外,还始终坚持对社会负责,为更好地服务社会，太平洋保险将企业社会责任融入企业的商业模式，以己之长，帮助社会解决突出矛盾。

从实务看，太平洋保险将社会化营销看作是一种品牌的长效积累，经过多年培育，企业已经建立起了两个品牌化的活动："乐行天下"和"责任照亮未来"。

1. 在音乐中传递关怀

"乐行天下"品牌化活动自2009年启动以来已经先后走过了18个城市，这项活动是太平洋保险与上海交响乐团共同打造的全国交响乐巡演活动，对社会来说，是企业推动文化产业发展的一次积极有益的实践。每到一个城市，太平洋保险就会邀请当地的客户、股东、合作伙伴以及辛勤的员工来参加音乐会。在一场场音乐会

中国太平洋保险"乐行天下 大师在你身边"活动现场

中，参与者看到了不一样的太平洋保险，"新潮""高端""国际化"……所有人都在感叹"太平洋保险和我们想象的不一样！"

四年来，"乐行天下"已经成为国内金融行业品牌化活动的"金字招牌"。2012年，围绕"以客户需求为导向"的战略转型，太平洋保险又创办了新的"大师在你身边"经典音乐品鉴会活动。太平洋保险诚邀客户带着热爱音乐的儿女来一展身手，并安排大师现场点评，指导演奏，还设置了乐曲欣赏及竞答等互动环节。让孩子们有机会与大师"零距离"切磋。活动中，许多客户和他们的孩子都表示受益匪浅，他们中有许多孩子都是初次登上舞台，家长们难掩兴奋之情。活动结束后，客户都对太平洋保险的用心表示感激，客户孟女士就欣慰地说："这样的公司，这样的服务，我放心。"

2. 责任照亮未来

太平洋保险认为，公益不是单方面给予，而是要像做品牌那样从受众需求出发。在一次次深入乡村小学的过程中，志愿者们也在观察思索，他们发现，"素质教育资源匮乏及留守儿童人数众多"是乡村落后地区面临的主要问题，基于这个问题，太平洋保险从多方面制定了切实的援助计划。

从改善教育资源开始，太平洋保险为学校援建了爱心图书室和多媒体教室，并针对乡村教师教学短板配备了音乐、美术、英语、学前教育等多媒体教学资料，帮助老师借助多媒体教学设备开展持续的素质教育教学。此外，"责任照亮未来"的志愿者们也为孩子们送去了统一购置的学习用品。

此外，为丰富充实教育内容，让课程更具吸引力，"责任照亮未来"品牌公益活动在2012年首次统一设置了阅读、音乐、美术和体育在内的一周支教课程，以及与课程对应的"五个一"活动，包括：为每一个孩子准备包括学习关爱、安全关爱和生活关爱用品在内的"学生关爱包"；指导留守儿童给在外打工的父母或其他长辈写"一封家书"；组建一支"阳光合唱团"，让孩子们持续接受音乐的熏陶，在歌声里找到更多自信；带领孩子们举办一次"校园美化行动"，帮助学校提升校园文化建设；开展一场"趣味运动会"，让孩子们在快乐中体验团结与协作。

全新的支教活动在安徽和陕西率先进行试点，去年10月，选拔出的12名志愿者队伍兵分两路，分赴两地，在当地的太平洋保险希望小学开始了为期一周的支教

中国太平洋保险"责任照亮未来"品牌活动

活动。孩子们在课程中接触到了一个全新的世界。大渡口镇太平洋保险希望小学的孩子们第一次见识了乐器葫芦丝、尤克里里,第一次知道如何制作树叶画和手工贺卡,第一次参加了趣味运动会;滴水铺太平洋保险希望小学的孩子第一次尝试了用手指作画,第一次在手风琴的伴奏下演唱,第一次排演了"情景剧"。

在安徽,在为支教志愿者们准备的最后一顿晚餐桌上,为志愿者开车的段师傅向在座的志愿者敬茶致谢,他流着泪说道:"刚开始不知道你们来做什么,这几天你们在学校为孩子们做的一切,我看在眼里,感动在心里。我也是一名在外打工的父亲,我的孩子留在老家,通过你们的活动,我领悟到了关爱留守的孩子是多么重要。你们在做有意义的事,你们公司在做有意义的事,我代表所有留守儿童的家长,谢谢你们。"

此外,除了"乐行天下"和"责任照亮未来"这两个已经成体系的品牌化的公益活动外,太平洋保险还经常开展各类中小型的主题公益活动。如"健康在你身边"巡讲活动,在全国范围内开展流动巡讲,满足了公众对健康的需求。每一位参与健康巡讲的"健康素养宣讲员"都是经过专业化培养从公司内部选拔出来的志愿者。截至 2012 年年底,太平洋保险的"健康小分队"已经走了 34 个城市,共举办了 36 场公益巡讲活动。

一句简单的"在你身边"是太平洋保险责任常伴、关爱不息的承诺,以这种大爱的境界普度社会,"予人玫瑰手留余香",相信太平洋保险的真诚会感动社会,它的实力会让更多人看见,它的专业不会辜负客户的信赖。

案例组合影（左五为贾怡总经理，左四为金定海教授）

上海师范大学人文与传播学院：金定海、张华、朱婷、张佳琦

媒介360：沈浩卿

中央电视台广告经营管理中心：刘明、徐婷婷、李悦

结束语

"诚信天下，稳健一生，追求卓越"，中国太平洋保险用22年的不懈努力，赢得了成功，铸就了卓越。22岁，正年轻！未来的路还很长。站在发展的新起点上，37万太平洋保险人满怀信心，向着"专注保险主业，价值持续增长，具有国际竞争力的一流保险金融服务集团"大踏步前进。

采访手记

四月末的一天，空气湿湿的，黄浦江上弥散着一些雾霾。江水东流，带走了城市的喧闹。在江边的一处僻静地，我们课题组约访了太平洋保险品牌建设部总经理贾怡小姐。

因为雅安地震缘故，贾怡有点忙。交谈中得知，灾难发生后，太平洋保险借助于微博、微信的快速传播，也创下了多个"第一"：业内第一家在震后第一时间发布关注信息、业内第一家宣布启动应急预案并开通绿色理赔通道、业内第一家公布绿色理赔通道具体举措、第一家表示实施无保单理赔服务、支付保险业第一笔理赔款等等。在贾怡及其团队的忙碌中，太平洋保险开展的一系列救灾工作通过微博、微信等新媒体在第一时间到达公众的眼中，并且得到了迅速的传播。

事后，我们通过媒体得知，太平洋保险在雅安地震后开展的震灾理赔应急工作，在媒体业界获得了一致认可，被评为"最快速、最专业、最踏实"。

在贾怡看来，这恰恰就是太平洋保险的品牌理念在客户接触点上的充分显现。"客户与品牌的接触点包括了广告、新闻、行销品、活动、视觉识别等传统意义上的品牌传播点，还包括与产品本身、员工、销售人员、客户服务、门店、交流感受的亲朋好友等等。品牌管理者需要了解这些接触点分布在哪些地方，并找出关键传播点。客户在关键点上的体验与期望值之间的差异，决定了他的满意度，决定了他对品牌的认知与记忆。找出关键接触点，持续改善客户在关键接触点的体验，提高客户满意度，这是未来品牌缔造者努力的方向。"贾怡如是说。

在太平洋保险人的心目中，踏踏实实做好主业是永远第一位的，长期的品牌塑造和传播必须牢牢扎根于此。在没有经营好主业、练好内功之前，流于表面的品牌宣传就容易走向反面。因此及至每一次的见面采访，都会让人真切地感受到太平洋保险的稳健和真诚。

在采访中，太平洋保险的形象代言人孙杨的话题一度成为热点。孙杨是太平洋保险的第一位形象代言人。在太平洋保险看来，孙杨充满朝气，富有实力，在相应领域的骄人战绩和潜力，和太平洋保险的品牌形象高度契合。认准了就坚决地走下去，事实也证明，当太平洋保险的这则广告在央视平台播出之后，第一时间就接到了基层员工的反馈："真的蛮好的，一个孙杨，一个太平洋，不要太合适哦！"

品牌建设推进的同时，太平洋保险的产品和服务一直没有停滞。身处中国金融最前沿，太平洋保险连续三年获得上海市颁发的金融创新一等奖。时代在发展，行业在进步，没有创新的企业迟早会被淘汰。太平洋保险在面对竞争异常激烈的保险市场，一直不曾停止思考，一直没有放慢创新的脚步。稳健的背后是源源不断的创新，生生不息的创造力让太平洋保险行走得更加自信和沉稳。

春天的申城还有些微凉，在陆家嘴金融中心辉煌的建筑群落里，太平洋保险所在的大厦，并不特别耀眼，却异常坚固而稳重，一如它一路走来的风格：不矫饰，不浮躁，自有一份思想的坚持和认真的美丽！

金定海

上海师范大学人文与传播学院副院长、广告系主任，教授，博士生导师。兼任中国商务广告协会副会长，中国广告协会学术委员会主任，中国高等教育学会广告专业委员会副理事长，中国广告教育研究会副会长，中央电视台广告中心策略顾问，《国际品牌观察》编委会副主任，《城市形象》研究专刊编委会主任等。曾获"首届中国十大广告学人""中国广告25年25人突出贡献人物""中国广告30年突出贡献人物"等荣誉称号。

案例点评

随着国民收入日增,保险业将步入蓬勃发展期。太平洋保险借助央视等主流媒体,率先打造品牌的做法是正确的。相对于大多数保险公司将大多数广告主要集中投放交通广播电台,要技高一筹。但我们处于同质化竞争时代,顾客任何一个需求,都有无数个品牌"在他身边",所以企业既要"以客户需求为导向",还要"以竞争为导向"。

22年的太平洋保险拥有丰富的运营经验,故针对市场的需求及自身的强弱势应该非常了解,在接下来的市场争夺战中,可以更多的关注竞争对手在顾客心智中的认知,分析对手在顾客认知中的强弱势,然后结合自身的特点寻求一个差异化,并调配尽可能多的资源强势出击,强化这个差异化,再加上巧妙运用央视这样的覆盖面广的大媒体的力量,去进一步改变行业格局。

特劳特(中国)高级分析师

陈逸伦

后记

在布满荆棘同时也充满希望的中国市场上,营销人努力创造着品牌的奇迹。作为这种奇迹的见证者,《中国市场品牌成长攻略》已进入到第四辑。

截至第四辑,《中国市场品牌成长攻略》已梳理了43个品牌的案例。其中既有年轻品牌的速成之道,亦有成熟品牌在新时代的突破;我们记录的品牌涵盖了吃、穿、住、行,也包括了金融、社交、旅游。

接触的品牌越多,我们对企业的不易理解得越透彻。这种不易让我们感动,让我们如履薄冰。

所幸我们的团队实力强劲。此次案例团队中的专家都已经跟随案例项目多年,包括中国人民大学的倪宁教授、喻国明教授、刘凤军教授,中国传媒大学的丁俊杰教授、黄升民教授、张树庭教授,清华大学的尹鸿教授,厦门大学的黄合水教授,北京大学的陈刚教授,上海师范大学金定海教授。

记者团队亦是如此。《国际品牌观察》社长助理王纪辛、《新营销》副主编闫芬、《销售与管理》副主编谢海峰、《经济观察报》资深记者朱熹妍再次加盟,"媒介360"总经理钱峻、执行主编孙洁瑾、东北区总经理宋阳、编辑吴康军以及《金融观察》编辑总监丁磊的加入,让我们的案例写作视野更加开阔。同时,《国际品牌观察》社长刘立宾的倾力指导与企业、代理公司的大力支持,也使本书从文字到内容大为增色。

四年来，我们的案例团队投入的精力不断加大。教授和记者们在采访中提出的问题日益犀利；后期写作从一位教授带领一名学生，发展为一位教授带领一名老师、两名学生的写作组合；数万字的初稿反复修改，甚至推倒重来，只为挖掘出品牌成功的灵魂。

年复一年，在采访过程中，总有一种精神感染着我们的团队。企业家们的谦逊、低调以及洋溢在企业身上的责任与坚持给我们留下了深刻的印象。

在娃哈哈，我们看到从董事长宗庆后到普通员工，加班统一吃盒饭；在东风日产，员工的"笑脸墙"与"员工万能热线"让我们感受到一种"国企情怀"；在太平洋保险，我们记住了太保员工因支援雅安地震的忙碌——他们在 24 小时内为大量奔赴灾区采访的记者提供了免费保险服务；在雪花啤酒，为实际了解不同渠道商的制胜秘诀，企业陪同案例团队采访至凌晨两点；在沱牌舍得，我们看到了白酒企业在挑战中前行的信心……

我们的案例团队在采访的过程中获益匪浅，感触良多。

我们感受到品牌建设的渴求。贵州旅游，一个以品牌引领产业、以形象改变命运的故事；燕京啤酒，董事长李福成为提升品牌质量，三顾茅庐邀人才。

我们体会到品牌长青的不易。任何一个优秀的企业品牌，都无法永远顺风顺水，而一家优秀的企业在遇到困难之时，能够找到解决问题的办法，重新崛起——所以有了统一的"凤凰计划"；技术的变革是企业进取的动力，也成为迎面而来的挑战——所以有了互联网时代海尔的"网络化"战略升级。

我们更感受到品牌蕴含的力量。金龙鱼以"至爱"为品牌核心，拓展出一品多类、一类多品的品牌族谱；中国邮政储蓄，历经百年沉浮，未改其"人嫌细微，我宁繁琐；不争大利，但求稳妥"的立业之本。

我们深信，将这些中国市场上成功品牌的经验付诸文字，是我们作为广告人、营销人的责任。倘若这些总结能使品牌之路上的前行者们有所启发和借鉴，将使我们倍感欣慰。

突破向来不是一件易事，但有众多优秀品牌的相伴，我们有信心一直走下去。

佘贤君

编委会介绍

刘立宾　中国商务广告协会常务副会长兼秘书长、《国际品牌观察》社长兼总编辑

黄升民　中国传媒大学广告学院院长、教授

丁俊杰　中国传媒大学学术委员会副主任、教授

倪　宁　中国人民大学新闻学院执行院长、教授

尹　鸿　清华大学新闻与传播学院常务副院长、教授

喻国明　中国人民大学新闻学院副院长、教授

陈　刚　北京大学新闻与传播学院副院长、教授

黄合水　厦门大学新闻传播学院副院长、教授

张树庭　中国传媒大学MBA学院院长、教授

金定海　上海师范大学人文与传播学院副院长、教授

刘凤军　中国人民大学商学院教授

何海明　中央电视台广告经营管理中心副主任

李　怡　中央电视台广告经营管理中心副主任

陈荣勇　中央电视台广告经营管理中心党总支专职副书记

刘丽华　中央电视台广告经营管理中心综合部副主任

张宇鹏　中央电视台广告经营管理中心营销部副主任

尹学东　中央电视台广告经营管理中心监审部副主任

佘贤君　中央电视台广告经营管理中心市场部副主任

王佐元　中央电视台广告经营管理中心市场部副主任

孙苗青　中央电视台广告经营管理中心公关传播总监

石正茂　中央电视台广告经营管理中心品牌总监

周罕见　中央电视台广告经营管理中心客户服务总监

杨　斌　中央电视台广告经营管理中心客户服务副总监

曾盈盈　中央电视台广告经营管理中心策略研究副总监

陈高杰　中央电视台广告经营管理中心策略研究副总监

刘　明　中央电视台广告经营管理中心客户服务副总监

高业赢　中央电视台广告经营管理中心客户服务副总监

杨正良　中央电视台广告经营管理中心公关传播副总监

孙洁璠
"媒介360"执行主编

闫芳
《新营销》副主编

豆纪辛
《国际品牌观察》社长助理

谢海峰
《销售与管理》副主编

朱熹妍
《经济观察报》资深记者

丁磊
《金融观察》编辑总监